倾听"二次拔节"的声音

—— 在学习与思考中再成长

邢成云 著

天津社会科学院出版社

图书在版编目（ＣＩＰ）数据

倾听"二次拔节"的声音 ： 在学习与思考中再成长 /
邢成云著. -- 天津 ： 天津社会科学院出版社，2021.7
ISBN 978-7-5563-0740-1

Ⅰ．①倾… Ⅱ．①邢… Ⅲ．①教育研究②教学研究
Ⅳ．①G40-03②G420

中国版本图书馆CIP数据核字(2021)第 130378 号

倾听"二次拔节"的声音:在学习与思考中再成长
QINGTING "ERCI BAJIE" DE SHENGYIN:ZAI XUEXI YU SIKAO ZHONG ZAI
CHENGZHANG

出版发行：天津社会科学院出版社
地　　址：天津市南开区迎水道 7 号
邮　　编：300191
电话/传真：（022）23360165（总编室）
　　　　　（022）23075303（发行科）
网　　址：www.tass-tj.org.cn
印　　刷：英格拉姆印刷(固安)有限公司

开　　本：710×1000　毫米　　1/16
印　　张：13.75
字　　数：255 千字
版　　次：2021 年 7 月第 1 版　2021 年 7 月第 1 次印刷
定　　价：68.00 元

CONTENTS 目录

第一编　培训感悟

从 2009 年入选"齐鲁名师"工程人选以来，笔者接受的培训陡然增多，学习的机会随之而增，本部分就是笔者外出培训、学习的一些体会或思考，零零散散、点点滴滴，留下了自己学习的足迹。

为了更好地接受培训，更好地理解专家的理论或观点，我们自己唯有不断提高内生自求的学习力，才会与专家的论调产生和声，才会有更多收获。作为一线教师，我们有丰富的实践活动、实践素材、实践案例，但我们缺的是理论，缺的是通过理论去解读我们的实践合不合理，这种理论与实践之间对接的诉求，不断敦促着笔者砥砺前行，不断用自己的笔触记录个人的成长足迹。

每一次培训、每一堂讲座、每一场报告，滋润着笔者，不断聆听专家、大腕、同行的智慧之言，不断与个人的教育教学对接，不断与自己的已有认识碰撞，或认同，或质疑，或学习吸纳，或沉淀融入，这些经历慢慢内化成自己专业成长的营养，让培训学习变成自己长足发展的良机。

"活到老，学到老"的古训以及陶行知先生"出世便是破蒙，进棺材才算毕业"的箴言不断启迪着笔者、鞭策着笔者，让笔者悦纳每一次培训、诚心进行每一次学习、沉心进行每一次感悟，塌下心来修炼自己，在发展的路上锐意进取，在"学以为己"的途中化育人心，唤醒内求，成人之美，传为人之道，授为学之方，解隐蔽之惑。

首次"国培"：专业成长的新起点

2010年11月16日，全国60人一行，踏进了由北京师范大学负责的"国培"初中数学班。虽然是数学班，但这次培训，专家们站在教育的高度传递着一种理念、一种思想、一种境界，鲜有具体课堂的末节细枝。专家们视角的高度、深度让我们思维大开，受益匪浅。非常感谢"国培"，帮我走出"职业倦怠"的瓶颈，在笔者工作20多年"高原期"的时候注入了新鲜的养分，为今后的工作注入了新的血液，让笔者对这次新课程改革的理念有了更深刻的认识，明确了厚实文化底蕴、涵养道德情怀以及提升专业素养的重要性。这次培训，新的教育理念、新的教育思想、新的教育方法时时撞击着笔者的心灵，充盈着笔者的大脑，真可谓开眼界、长见识、强技能、提观念、厚理论、定信念，15天的听课、学习，给笔者带来了诸多的思考。

思考1：不管黑猫白猫，捉到老鼠就是好猫吗？

"不管黑猫白猫，捉到老鼠就是好猫"是在战争年代经常说起的一句四川谚语。在战争年代，能把仗打赢就是胜利，这句谚语的正确性是无可非议的。但这句话用到教化育人活动中，是值得质疑的。不管什么样的教育方式，只要能教出分数就是好方式吗？我想这个问题，在新课程理念的浸染下，大家在思想上应该是澄明的，但到教学实践中去考量，我想仍有偏差。北京师范大学的郑新蓉教授谈道："所谓教育有两个角度，一种是以效果而论，一种是以目的而论。"这道出了教育的价值取向问题。的确，有些举动虽然有教育效果，但效果映射出的往往是与身心健康的交易或道德沦丧的换赎，因此，以效果论英雄不是好的"教育方式"。

教育不是兜售知识，不是商品交换，教育是情感的孕育、心灵的融汇，非短日之为、一日之功。它是一种慢的艺术，任何急功近利的做法都是要付出代价的。现有的教育体制虽然在改革，评价机制也在转身，但由于受功利化环境的影响深重，淡失了"教书育人"的根本职责，家长、社会、行政部门以分数论英雄，这种氛围造成了教育的现状，数学教学也概莫能外，教师为分数而进行大量的机械重复训练，追求"短、平、快"，透支学生的身心，丢掉了数学的育人本分（培养思维能力，发展理性思维）。这不能不称之为悲哀！

思考2：教育教学孰轻孰重？

教育教学作为一个整体，理应是不能分家的，因此，应然是不能论长短、说轻重的，但笔者在此意欲将其分离，谈一下自己的一点拙见。

一个人有了爱满天下的教育情怀，有了充满童心的稚化心理，通过文化的力量唤起了学生的自省，学生自然就能把学习数学这件小事做好。以前，自己太看中课堂的点点滴滴，唯恐耽误一点时间损伤自己的教育教学效果，其实不然，单纯地抓教学，教学是抓不出来的，纵然提高了点所谓的成绩，也可能是背离了教育的初衷。笔者认为，必须在一种正确理念支配下，在一个教育高度之下来抓教学，才可能抓出真正的数学育人成效来。进而言之，就是把教育置于首位，才会产生教学的真效果（比如魏书生、孙维刚等的所为）。因此，教学在教育面前只能做小辈，有了教育之大气，用教育统帅教学，才会有教育教学的制空权，教学的效果也就如同一道菜一样，用教之智慧把菜之真味给烧出来了！

其实，著名的教育现象学大师范梅南早就在《教学机智——教育智慧的意蕴》中提出了"教育统领教学"的论断。

思考3：教师的幸福在哪里？

有人说教师的职业境有三种，最低境界是"工作仅为养家糊口"，第二境界是"为了自己的良心而教学"，最高境界是"能享受教学的幸福"。原有认识仅停留在认可层面，内心深处并没有融入幸福的暖流。教育专家袁卫星老师说过："教育不是牺牲，而是享受；教育不是重复，而是创造；教育不是谋生的手段，而是生活的本身。教师的一生不一定要干成什么惊天动地的伟业，但它应当如百合，展开是一朵花，凝集成一枚果；它应当如星辰，远望像一盏灯，近看是一团火。应该庆幸，在教育中享受着生命，和学生一起成长，采摘到了一路的幸福体验。"朱永新教授也说过："有一种态度叫享受，有一种感觉叫幸福。学会面带微笑才能享受生活，懂得播种快乐才能收获幸福。"以上名家的论断已经把教师的幸福源泉亮了出来，关键要看我们的体悟与行动。改变自我，拒绝平庸，学会享受教师幸福，打造成功人生！

对一个数学教师而言，如何追寻教育教学之幸福呢？

首先要有对学生真诚无私的爱。一个人只有心中有爱，无论人生的路多坎坷、多痛苦，脸上的笑容会赶走阴霾，心里就会宁静淡定，幸福就会充盈我们的人生。选择了教师，就选择了奉献，选择了清贫，心里的失衡、落差只有自己去有效调节，幸福的指数才会攀升。把爱种植在学生的心底，才会结出幸福的硕果。时刻把学生放在心上，体察学生的内心世界，才能与学生建立起和谐、友爱的师生关系，幸福的教师生活才会诞生。

其次还要善于营造富有情趣的灵动课堂。这显然需要教师的智慧，陶继新老师曾说："知识关乎事物，智慧关乎人生。如果只有知识，那你看到一块石头就是一块石头，看到一粒沙子仅是一粒沙子而已。但是一旦拥有了智慧，就可以从一块石头里发现一道风景，从一粒沙子中感悟灵魂的律动。"只有拥有了教育的智慧，才使得教与学相得益彰，才能做到享受自己的课堂，使自己乐教，学生乐学，学生才能亲其师而信其道。

多年的教育实践已经证明，如果把工作作为一种负担，你就会感觉非常劳累；如果把工作作为一种享受，你就会觉得非常快乐。的确，一块石头，你若把它背在背上，它是一种沉重的负担；你若把它垫在脚下，它就会成为你进步的台阶。可见，幸福在哪里？它就在教师的心里，它就是心理调适后的一种愉悦感觉。

思考 4：数学也是美的吗？

李尚志教授的报告让我们茅塞顿开，他认为"数学是一位天生丽质的美人"，并用事例阐述了这一论断，让我们对数学之美刮目相看。

数学首先是"真"的，它是一门充满理性，并"教人"理性的学科，它肩负着理性精神培育的重任。然而，这并不意味着我们可以由此而放弃对数学"美"的追随。哲学家罗素说："数学，如果正确地看她，不但拥有真理，而且也具有至高的美。数学提供了一种精确简洁通用的科学语言，数学语言正是以她的结构与内容上的完美给人以美的感受。"另如怀特海所言："数学是真善美的辩证统一。"苏霍姆林斯基也认为"没有审美的教育，就没有任何教育"，足见"美"之于数学已不是今日之言，早已是大师们的"口头禅"。但由于"分数至上"过度左右了从教者的思想，而使得数学教育暮沉沉，冷冰冰，了无生机。"美"的缺失可以说是数学教育上的遗憾，不少孩子因此而远离数学，视数学为敝屣。如何在课堂向学生传递数学的美，让学生们耳濡目染数学带来的关于自然有序、结构的美，体验人与自然和谐共处、同生共荣的美好景象，获得对大自然的崇高和敬畏之感？或许，作为数学教师，我们首先就应具备对数学美感良好的感受、捕捉和创造能力，并带着自己对数学美的强烈体验与感悟走进课堂、走进孩子、走进数学，与他们共享数学美、共创数学美。

实际上，数学中并不缺少美，而是缺乏发现美的眼睛，一些表面上看似复杂、令人眼花缭乱的现象，一经数学的分析便显得井然有序，并唤起理性上的美感，这就是理性之美的折射。

数学的确是美的，本次培训，我深有感触。

"国培"，似春风拂面，催生心灵的复苏——更坚定了我执着教育的信念；"国培"，似春雷炸响，使我醍醐灌顶——要改革的不仅仅是课堂，更重要的是要改变自己的思想。"国培"给我们提供的其实是精神大餐！这道大餐需要我们细细地咀嚼，品出其中之味，才会觉其意境高远，才会收获教育智慧，才能享受职业幸福，才能体验桃李芬芳。

——2010 年 11 月 30 日

线上研修散记

写在前面：

以下系列文字是 2012 年 7 月在山东省中小学全员远程研修六天的集中线上活动中，笔者作为山东省滨州市初中数学三班指导教师写下的引领性小文，一天一文，期望能记录下六天集中学习的最大收获。

研修——要守住心灵的宁静

（第一天）

酷暑炎炎，一班同路人携手研修，既是缘分，也是福分。研修能让我们在体验"升温"的同时，体悟到自己的生长，何其幸哉！何其乐哉！幸的是滨州数学三班的六天"组阁"恰恰是我们这一百多人；乐的是这六天的研修之路会让我们共享专家的指导和彼此的成果，并肩比邻，研习课标之道，参悟课标之妙。

张厅长是一个让人感动的专家型官员，在研修中他总是通过"实地勘察"发出自己的由衷感言，其见地高屋建瓴，引领我们研修的高品位、高品质、高信度、高"收入"，老师们的思想涌动、智慧碰撞……研修沿着健康之路向前延伸，直指教育的核心。张厅长的"由具体而深刻"，用无声的语言给我们的研修定了一个基调，我们要用六天的时间研磨、竭尽所能去领悟。

不可讳言，在充满喧嚣和浮躁的世界里，我们教师要守得住宁静，需要在研中提，在修中升，只有我们善用宁静之心体验物性的美妙，才会让心灵得以净化，让自己的教育之道更臻于本真。

人，守得住心灵的宁静，才能蓄势、才能致远，才会有所作为。守得住心灵的宁静是一种境界，人远离了聒噪才能心安神宁，人抛却了功利才能轻装上阵，才会有心灵的自由、生活的惬境。沉静使人明智，沉静让人超脱。智者在沉静中充电，在沉静中整理羽翼。我们本次的研修，在修知、修能的同时，其实就是修道悟心。键盘的敲击声，流淌出的就是沉静，老师们一会儿蹙眉，一会儿喜上眉梢，映照出的也是沉静，悄无声息的动作唯恐惊了研修路上的追梦人！

研修——守住心灵的宁静，再热的天也会神清气爽，再累的研修，也会品出幸福！

共抗暑气 共享收获

（第二天）

昨天拉开了研修的帷幕，各位学员老师都非常积极踊跃，在炎炎暑气的袭扰下，仍能按时完成作业，展现了我们班级的研修热情！希望今天更加努力，多思多想，写出自己的精品作业。

为了让我们的作业更加精彩，首先要给自己的作业（扣紧主题）起一个靓丽的题目，然后段落的排列要规范，用词要精当，认识要有思想，有见地，总之，要将文章打扮得"楚楚动人"。

分享收获 再展精彩

（第三天）

岁月不居，六天的研修到现在已经过去了三分之一，我们的背囊是否已丰盈而起？时间在我们的键盘上悄悄流淌，是否兑换成智慧、增添了才气？埋下头、沉下心，怀揣梦想、坚守信念，执着前行，何愁不满载而归！

思想的碰撞、心灵的交汇，专家的引领，同仁的联袂，精彩的彰显，丰盛的"派对"，研修就是研修，让我们捡拾到纷杂中的一隅清静，让自己的心灵得以休整，有众位兄弟姐妹的相伴，堪为快慰！

两天的学习，两天的作业，两天的打拼，两天的悄然之变，可能让自己都刮目相看。真"研"了就会无怨无悔，真"修"了就会硕果累累。

五天修道 渐入佳境

（第四天）

研修之始，我们三班看起来是那样的孱弱，我一个欣赏者，寻寻觅觅，结果是悲悲切切，作业的粘贴，文章的拼盘，充盈了我的大脑，于是我发出了《研修——守住心灵的宁静》一呼，期待着老师们的理解、同仁们的认可，我们的老师的确境界高，第二天的作业不如意的少了，精彩的悄然如云雾氤氲。这其实就是"修"。

第三天、第四天，渐入佳境，开始有作业受到省专家的青睐，这给了我们莫大的鼓舞，这也是给我们三班"破茧成蝶"的鼓励！

直到昨天，盘点收获，发现我们竟然达到了一个可以仰慕的高度，有四篇作业得到了专家的推荐并加分，此时此刻真为大家的"蜕变"而兴奋不已！

研修行之今日，已近尾声，相聚在网络两端的你我，即将打点行囊，踏上回程的车，不舍依依，依依不舍，几天的时间让我欣赏到同仁们的灵秀、神交了老师们的风采！教育如此美丽，研修如此幸福，痛而累的研修之说得以颠覆。

三班，加油！期待最美的笑绽放在最后，登临研修之高，采摘顶峰仙草，丰盈自己的行囊，让自己变得富有！

最后的盛宴 不尽的回味

（第五天）

没有挥汗如雨，你就永远读不懂泥土地；没有迎风搏击，你就永远享受不到自由呼吸；没有凝神聚力，你就永远悟不到研修真谛……

——题记

五天飘然而逝，背囊内却骊珠盈满。有人说，研修是一条射线，研在当下，功在千秋；有人说，研修是知心爱人，心醉其中，难舍难离；有人说，研修是绵绵的雨，滋润心田，萌发春绿；有人说，研修是座宝藏，靠近了你，丰富了我；有人说，研修是有氧操，焕发青春，精神抖擞……

研修，道不完的沉醉，说不完的话题，天底下没有不散的宴席，研修余味绵绵无绝期！故我说，研修是一条常长长的链，你在这头，我在那头，或许相逢不相识，却神交已久。

研修，研修，收获多多。智慧在左，友情在右！

怀揣梦想，踏上研修的路，就永不孤独……

写在最后：研修絮语

（第六天）

走进研修，才看到研修真正的模样，才聆听到专家真实的声音，才感知研修并不像我们想的那样无聊，才嗅到研修处处溢满的求真向善之气息，才感同身受自己文辞的寡淡，才触摸到自己教学的孱弱，才欣赏到他人须仰视才见的魅力，才领悟到教育之真谛。

研修是一道风景，到处风景旖旎，尽透唯美。其以网络为大背景，将专家学者、名师大腕丰厚的底蕴无私地展现在这画面之上。其用画笔到处渲染，研修平台上腾起的情韵，熠熠放射出智慧的光辉。

研修是一种生活，一种修己悟道的心智生活。研修不需威逼，只有生活。研修，要少一份狂热，多一份静气；少一份浮躁，多一份沉稳；少一份冲动，多一份平和；少一份幼稚，多一份练达。一路研修就像一枚成熟的果子，让你尝到的不仅有甜蜜，还有涩涩的艰辛和隐隐的苦痛。这或许就是一个人"浴火重生""破茧成蝶"之蜕变所需要的能量吧！研修，像一首意境深沉的诗，让你得到的不仅有陶醉，还有无尽的思索和启迪。

研修就是一种教育，一种追求自我、追求梦想的人生之旅，是一种让自己生命勃发的回归。研修看起来是短短的六天，其实我们生活的每一天就是研修的时间，花开花落，日月轮回。一届一届的学生走过三年，将累累硕果奉献给我们的时候，并非意味着枝枯叶落，而是进入了生命季节的无限循环的轮回，去重新孕育下一个崭新的"收成"，去进一步完成教育大业赋予我们的伟大使命。

研修，是生命的升华；研修，是人生的诠释。走进研修，你就走进了充实；走进研修，你就走进了希望。研修，除了界面上的收获，带给我们更多的是对教育和生命的思考。

澳大利亚之行漫思

澳大利亚教育对我们而言，可以说是先"耳闻"后"目睹"的，结合我们在去之前的种种听说与想象，通过听课凝成了对澳大利亚教育的多角度认识。或许是文化背景的差异，感觉澳大利亚的教育有独特的味道，我们的教育则有自己的特点。澳大利亚的教育魅力表现在国际化的教育视野，以生为本的课程设置，多元化的评价（过程性评价，多元能力评价，异步评价，延迟评价、描述性评价，精确性评价等），多样化的语言选择，和谐的、安全的心理环境下的课堂文化，师生相互尊重下的人格平等等。在中国，以上的说法虽然也在倡导，但往往是停在口号上，缺乏个性卓越的践行和自下而上的执行。原因何在？我们手中只有一把尺子——成绩，量来量去，在一定程度上量掉了个性、量掉了自信、量掉了创新，这个摘之不掉，欲摘愈紧的紧箍咒，限制了师生自由发展的空间，我们无奈，只好戴着镣铐跳舞。评价体系的严重滞后，让中国的教育步履维艰。

澳大利亚一行，让我们找到了一些值得思考的内容。

找到了关注

人是教育的主体，教育就是人的教育，就是关注人、发展人，为了人的发展，追求真善美。人的生活才是教育生活，我们教育的目的何在？澳大利亚多元的课程是为学生量身打造课程，其挖掘出每一个学生的亮点去发扬光大，这是何等的教育情怀？

找到了教育公平

为每一个孩子设定课程，让每一个孩子抬起头来走路，这才是教育的公平。在澳大利亚，每一个学校都会根据学生个人的意愿申请课程，然后学校根据自己的教学实力设置课程或引进外援，帮助学生实现自己的愿望，而不是强行给学生设定课程。公平是什么？教育公平又是什么？我们是否真正地思考过这个问题？

充分展现个人价值，给所有的学生以机会，让所有的学生都有所作为，这其实才是教育公平的体现，他们做到了。

春秋时期，孔夫子就提出了"有教无类"的教育思想，一定程度地反映了我们的思想家对于某种程度教育公平的追求。

找到了开放

开放可以称之为澳大利亚教育最大的亮点，社会的开放促成了教育的开放，形成了开放的一脉体系。聚焦教育，开放无处不在，具体体现在以下几个方面：

澳大利亚学校的课程资源是开放的，澳大利亚学校学生的学习空间场所是开放的（学校没有围墙，教室没有阻隔），澳大利亚学校师生的课堂、学习方式是开放的（没有教科书，给学生无限的发展空间，给老师不尽的个性资源），澳大利亚的学校、教学管理是开放的（学生会组织发挥了极大的作用，家长协助管理学校，尤其是毕业典礼，学生、家长是主角），澳大利亚教育的指导思想、办学理念是开放的，容纳着多国的文化，有着国际的视野与情怀。

找到了尊重

澳大利亚不是一个以教学成绩和升学率论英雄的地方，而是一个以特长求生存，以特色求发展的地方。在澳大利亚的课堂上，时时处处都可看到学生打断老师话语、发表自己观点的情况，学生根本不需示意征得老师允许，更不必站起来回答问题。在澳大利亚，老师和学生是完全平等的，老师不会强迫学生去做他不愿意去做的事情。

找到了"做中学"

从南澳大利亚学校的课程设计上我们可以看出，南澳大利亚的教学很注重实效性和生活性、实践性。提高学生的动手能力，是学校强调的重点。除了实践性强的科目，如木工课、家政课（烹饪、缝纫、家具制作等）、电工课、通用技术课等基础教育与职业教育有机整合的课程外，数学、科学、艺术等教学也都十分注重动手实践。科学课，学生基本上是在实验室度过的，那里是他们的乐园，实验结论从孩子们灵巧的指尖流淌出来。此外，社会与环境、权利问题等主题式课堂教学的开设，让我们深切感受到澳大利亚的教育是紧密结合生活实际的，让学生学到了实用的技术，技术服务于学生，满足了学生未来发展和生存的需要，南澳大利亚的"做中学"直抵教育的内核，是孔子的"游于艺"较好的阐释。

找到了对个性的呵护

南澳大利亚的教育无论是对课程管理还是对教师的管理都是比较人性化、宽松的，这给了教师们一个很充分的自由空间，搭建了一个可以自我施展、自主发挥，能够充分展示出个人魅力的平台。教师个性化强，才能彰显真正的人格魅力，才会对孩子产生深远的影响，才能用深邃的思想感召学生，激其奋发，励其向上。

南澳大利亚的教育对学生的管理同样注重他们的差异性，突出了个性化。整齐划一地对学生的集体要求也有，但他们注重了学生的区分度，关照了学生的兴趣、基础等因素。他们更加注重学生的特长发展，我们更加注重全面发展。

找到了何为"基础"

我国教育的"基础"是指大脑在独立于计算机的前提下，尽可能地多储备知识，尽可能快地提取知识，中国学生在这两方面得到了充分的训练。澳大利亚教育的"基础"是指大脑在充分利用计算机的前提下，放弃发展那些属于计算机的工作领域所需的能力，只发展那些计算机无法工作的领域所需的能力。因此，在闭卷笔试的考试形式下，澳大利亚的学生比不过中国学生，但是，在可能随意使用各种信息工具的现实研究中，中国学生就稍显落后了。显然，在利用和开发大脑的内有功能上，中国的教育是卓有成效的，但在利用和综合外界的各种信息以及扩展大脑的功能方面，澳大利亚的教育则更胜一筹。

找到了何为"顺其自然"

澳大利亚的学校都是自然的、朴实的，所有参观的校园中几乎没有什么经过人工雕琢的景观，操场也没有刻意地统一规划，而是顺其自然景致，顺势而为，随形打造，这既是对大自然的敬畏，又是对自然规律的遵从，把大自然的造化之功展露出来，给人一种真切的感受，感受到一种真的生活、一种善的温润、一种美的意境，而不是虚妄、高蹈，讲门面、讲气派。教育作为人的发展，应该遵从教育规律，规律就是顺其自然。

在自然真实的环境中，学生处于一种日常状态下，孩子们呈现出来的状态就是真实自然地生活。

找到了何为"因材施教"

在澳大利亚，一堂堂蕴满生机的课，时时处处流露着因材施教的印迹。

听过一位澳籍华人丁老师的一节九年级的数学课，一个班内学生的情况各异，教师要照顾到方方面面，其中有两个学生水平较高，在学着十一年级的数学，但有一个前提，要完成九年级的基本内容。由于那一节课的内容和将要面临的考试无关，学生有的并没有完成以上相关练习，而是在做上一周学过的一元一次方程与不等式，也就是有的自己复习，有的是完成上一周的基本任务，进度不一。老师面对这种种境况，游刃有余地驾驭着，耐心地巡回指导着。

找到了"何为兴趣"

基于兴趣去学习，学生自然乐此不疲，因为课程是自己选的，是基于自己的现实、出于个人的爱好特长而定，对待学习的态度自然是积极的。因为此时的学习动机是内在的，是兴趣使然、是内动力做功，而我们的教学是一种外在的驱动力做功，学生是被推着走的。当然单靠兴趣是不够的，自己再情愿的事做久了都可能懈怠，因此外在的驱动也是少不了的，不过建立在内在驱动基础上的外在驱动才会更有效。这也其实体现了最朴素的哲学观点——外因通过内因而起作用。

澳大利亚的实验教学，在低年级组织主要让学生觉得好玩，到高年级再讲原理，层级递进，保护了学生的天分。在开始通过实验让学生看得到、感受到、觉得好玩乃至产生兴趣，学习就变得有意思了。有了意思，乐于参与了，效果自然就出来了。澳大利亚教育讲求的是自然而然，不是刻意为之！

我国与澳大利亚教育存在不同。当然，这里面有社会背景和制度的差异，他们的师生享有着得天独厚的自然环境和社会环境，站在了一个相对高的平台起点上。尺短寸长，我们国家也有澳大利亚没有的优势，比如他们在管理孩子和约束孩子上做得不够，所以他们的孩子自由散漫等问题还是比较突出的。但这些都不是我们故步自封的理由。

——2014 年 4 月

再赴华东师范大学，且学且思

写在前面：

"我闭南楼看道书，幽帘清寂在仙居。"虽居闹市，宁静致远，十天学习，感同身受。

十天前，暂离教学之境，应教育厅委派，满怀着憧憬和希冀，再次来到了华东师范大学享受"国培"。再次触摸到校园的厚重沉稳，再次漫步在美丽的丽娃河畔，让浮躁的人们在不觉中内敛，寻求精神的回归。云集大师之睿智，让莘莘学子受到心灵的洗礼。钟启泉教授让人明白：教师自身的专业发展才是课程改革的重中之重；王继延教授让人学会"倾听的艺术"；朱益明教授让人洞悉"教育究竟意味着什么"；柴俊教授让人覃思"数学创新的内涵"；祝庆东老师让人懂得"教科研并不神秘"；王华教授让人知晓"数学老师不仅着眼于四基，还要了解什么是菲尔茨奖、费马大定理"等，不一而足，饱了我们的眼福，盈了我们的背囊。体悟着大师们的智慧，把沉甸甸的收获珍藏，特以时间为序陋文记之，冀自勉自励。

一、解读钟启泉教授的两个观点（2015 年 1 月 21 日）
先进经验是不可推广的

这句铮铮之言切中了当下盲从经验、照搬他人的时弊，给了某些学校以警示。钟启泉教授谈道："经验是情景化的。"这无疑在告诉我们，所谓的先进经验都是基于情景、基于本土实际的，是在局域或自身之下摸索出的适切学校或学生发展的策略、方法等，既然有着"此地彼时"等境况的差异，推广之说自然难以成立，除非有着功利的驱动。但这并不是说经验不可以学习，而是不可以复制。面对"乱花渐欲迷人眼"的经验，魏书生先生"不懈怠、不盲从、不折腾"指明了我们的路，诚然，需要我们有着清醒的头脑，有着坚守的定力，通过自己的大脑去甄别、去筛选、去去伪存真，汲取先进经验里面的营养元素充实自己，丰盈自己，切不能东学西仿，最后迷失了自我，"邯郸学步"。

做好三件事：倾听、串联、反省

教师在教育教学工作中应做好三件事：倾听、串联、反省。这三件事说起来容易做起来难。要真正落实好"对话学生"首先要学会倾听,学会等待,这其实是一种尊重学生、关注学生、关注差异、关注发展等学生观的体现,这种倾听要为学生把好脉,提供各类内在、外在的素材,可以说是各个器官的综合调度凝成的,我们既要倾听学生发出的声音,而且还要倾听学生内隐于心却未能声化于外的声音,听他的发言与要解决问题有什么关联、与其他同学有什么差异点、与他过往的表现有什么变化等,这种视通其外、洞察其里的察言观色,其实都是钟教授所论及的倾听。但倾听不是目的,作为教师要把倾听来的东西进行取舍、整理、重组,聚焦学生、读懂学生,积极地做出回应,力争走进每一个学生的内心世界,切实做好以学定教,进而引领学生走出泥沼、走向卓越,让每一个孩子的生命充满勃勃生机。这个过程就是串联与反省的过程。"倾听—串联—反省",这是一条逻辑链,哪一个地方出现裂痕都会使得整个链条散而不举,在这个链条上,反思是贯通始终的内在行动,这个行动是师生教学相长的引擎。

二、对新课改的深度思考（2015 年 1 月 22 日）

新理念一定是对的?

对错是不分新旧的,是不能以新旧论处的。不要认为新的东西就是好的、对的,恰如张奠宙博士的比喻,一件商品有一点用就可以上市,但并不是说它取代了其他商品,那一定会出问题的!

课程改革抛出了很多新理念,这些新的理念或许是前卫的,或许是值得质疑的,但并不是说要把前面的或者说旧有的东西淘汰了,王继延教授有一句戏言:"我们这些老头子都是从旧的教育形式下走过来的,那看来该淘汰了。"课程改革是在完善而不是推翻,不要动辄提新理念,出言贬传统。其实,当下,我们缺少的就是对优良传统的坚守,"我们需要贴地而行,不要云端跳舞"。无独有偶,前不久在中国科学院大学举办的中学教师回大学的活动大会上,杨乐院士的一句话同样值得我们大家思考,他说:"我们不能把过去的东西改了就叫改革,不能认为凡是改革就是好的。改革应该改得比原来要好。"这些观点无不对流行的一些说法、认识以拨乱反正的调适与厘定。

新课程的最基本理念是什么?

以学生的发展为本!

培训专门讲了听的艺术,通过多个例子,反复道出一个核心词——倾听,这和钟启泉教授的论断是一致的。当然我们也都认识到了这一点，关键是我们的行为应该如何更新？真正为学生的发展服务、为学生的发展奠基，是不是还留驻在大脑中？这就是罗增儒教授在一篇文章中说到的"理念已接受，行动仍依旧"。

听，需要老师爱的情怀，需要一份亲切、一份平和、一份耐心，唯此才能听到最善良、最纯真、最清澈的心语，否则，孩子的心门紧闭，我们什么也听不到，更谈不上教育教学的因材施教，走进学生心灵只能是一句空话！

数学学习方式何为重？

认真听讲、积极思考、动手实践、自主探索、合作交流等，都是学习数学的重要方式。王教授坦言他看重的是前八个字。很显然，学习方式中重要的仍然是"认真听讲、积极思考"，这始终是学习数学不可或缺的基本方式，没有听就断了学习的一条脉，没有思考是断了数学学习的根，其他三类方式都是助力这两类核心学习方式的，是为了更好地发挥视听与思考的功能的，尽管后三类方式也不乏前两类的融入，但其主脉还是动手、自主、合作等。因此，坚守好优良的传统，才会有更好的发展。

情感态度价值观目标的认识

课时教学目标是指教学活动所要达到的预期结果、标准，它是一堂课的出发点和归宿，它在教学活动中的功能主要表现为导教、导学和导评。但实际的操作中，一些教师认为其可有可无，如此认识其实是没有真正把握好一节课要干什么，这就是常说的目标不明确。不明确不是没有写出来，是写出来了，但不知用途在何处，在教学的哪一个环节去落实！

有的教学目标"高大全"，一堂课承载的目标太重，有的甚至是目标"远大"、空洞，形同虚设。其实，从新课改发起的那天开始，我们的教学目标似乎成了一个套式：三维并立！自从了解到章建跃博士连续对教学目标发文以及余文森教授的《有效教学》，才坚定了自己的认识：三维目标其实是顶层设计的宏观目标，作为课时，教学目标一定是基于三维一体的，并非彼此剥离的平行三者，体验性的过程目标是以知识学习为载体的，它不会凭空而生，情感态度价值观更是如此，其不是贴标签，是有着情感的激发点，数学本来就是以知孕情的，知识学习过程中激发出的好奇心、成就感就是真实的体现，虚空高蹈的所谓情感态度价值观没有任何意义。

"三维"是三个维度，而不是单列的三种，它应然是三维的整合，是它们的和谐，相互渗透，彼此依托。但在课程改革初期，大家对三维目标的认识相对肤浅，将三维目标平行排列、依次呈现，成为初期的一种风景，经过了几年的发展，我们发现教学目标出现了问题。基于这些认识，我们进行了整改探索，变新课改初期的三维目标条块分割罗列式为三维一体的融汇式，使得思想方法有了附着的载体，情感态度价值观有了渗透、弥漫的基点，而不是彼此剥离、不相往来的独立王国，追求目标的真实可操作，而不是假、大、空。

三、教育需要善待"差异"（2015 年 1 月 23 日）

苏霍姆林斯基说："要做到摘下花朵而不使露珠被抖落，需要多么地小心谨慎……因为我们接触的是自然界最精细、最娇嫩的东西——正在成长的机体会思维。"

——题记

首先我们来看一则耐人寻味的"动物学校"的故事：

动物们聚在一起，决定办一所学校，教育委员会由狮子、老鹰、海豚和鸭子组成。

狮子坚持跑步应该成为必修课，老鹰认为所有的学生都应该学习飞翔，海豚则说："不学游泳，就不是真正办教育。"

汇集大家的建议，教育委员会出台了一份教学大纲。其开头写道："动物王国的每个在校学生都要学会教学大纲规定的所有课程。"

狮子在跑步课上表现最好，但在其他功课上问题不少，它总是四脚朝天地从树上摔下来，更不要提飞翔了。由于不得不一次次地练习飞翔，狮子的脊柱受了伤，连跑步都无法正常进行，结果它的跑步课也没能得到高分。

老鹰比狮子强，依靠着强有力的翅膀，它好歹通过了跑步课的考验。然而游泳却打湿了它的翅膀，使它变得虚弱无力。到后来，别说游泳，老鹰就连原本不在话下的飞翔课也差一点不及格。

海豚身体肥胖，一离开水面便笨重极了。它无奈地看着另两门课的教材，只好选择了放弃。看来它是拿不到毕业证书了。

鸭子倒是学会了所有课程，但没有一样精通的，它跑起步来像醉汉，游起泳来瞻前顾后，飞翔时更是笨拙无比。不过大家却认为在鸭子身上看到了教学成果。

教育不是淘汰，没有失败者

我们若从分数的角度去考量学生，那无疑会有三六九等，有的孩子会被淘汰出局，这是不是真正的教育？教育的本源在哪里？我们的教育教学到底要关注什么？这些确实需要我们思考，整个社会应关注这个问题。教育的根本是人的发展，是对人性的关注，顺应其天性，探寻出他们各自的成功点，助其成功！

教育需要多元与尊重

差异不等于差距。差异是一种教学资源，并且是一种不可或缺的教学资源，一定程度上说，没有差异就没有教育！朱益明教授在报告中多次提到要接受学生的差异性。我们都知道自然界没有完全相同的两片树叶，同样世界上也没有两个完全相同的人。学校和班级里也没有两个完全相同的学生。不管是相貌、个性、认知水平等，学生们都不一样，站在我们面前的每一个学生都是独一无二的，都是充满灵性的、活生生的、无法复制的个体。这些客观存在的差异并不能代表他们彼此之间的差距，所以教师一定要尊重学生与学生之间的差异，只有从心里真正接受了这种差异，我们才能真正做到因材施教，以学定教，不然只能是空谈。

倾听孩子们"抽穗拔节"的心语，静待孩子们花蕾绽放的花期，是我们对一个个生命的尊重、对教育本源的敬畏。

以下是郑立平老师的一段话，笔者非常欣赏，以作自勉：

"谁也无法预测每个学生的发展，补丁可以绣成一朵花，天才往往曾经是丑小鸭。许多孩子身上的所谓缺点，其实并不是缺点，而是特点。这些与众不同的特点，就是世界神奇、精彩的根源，特点可以转化成孩子的优点，成为孩子走向成功的支点。"

四、教学设计永远在路上（2015 年 1 月 24 日）

（章建跃博士的观点）做好课堂教学设计，离不开四个理解：理解数学、理解学生、理解教学、理解技术，把这四者做好了，课堂教学设计就有了保障。

一个教师在"理解数学"上深刻、到位，把准了数学的脉，这是一堂好数学课的前提条件。数学课首先还是要把数学教好，要有数学之味，需要精准知识、扣住核心、透视本质，假如教师对数学的理解不到位，连起码的"讲对"都做不到的话，那么其他一切将是奢谈。

只把数学理解好仍然不够，还需要理解学生、读懂学生，弄清学生的已有知识与基本经验，透视学生的最近发展区，如此才能更好地确立教学设计的切入点，结合对数学的理解选准知识的生长点、固着点，这样就涉及对教学的深入理解。教师应针对学情，选择合适的教学策略、教学方法、教学手段，策划好整堂课的设计，实现精致的"预设"。

不论课堂设计的高低上下，预设得多么天衣无缝，但设计就是设计，它终归是一个预案，需要经过实践的检验，然后再通过反思调整这一设计，如此的循环往复就构筑成了我们课堂教学的常态！

五、数学文明与数学创新（2015 年 1 月 25 日）
创新需要什么样的条件？

推陈出新告诉了我们，只有有了"陈"的厚重才会有创新，此即为厚积薄发。当然此处之陈非杂陈，根据柴教授的观点，所谓"陈"，是指国内外古往今来的先进成果。这需要我们很好地去获取并继承，所以说，创新是要有基础的，只有了解得透，才会有底气，有了丰厚的底蕴，才可能催开创新的火花。牛顿就是站在巨人的肩膀上，高瞻远瞩，看得远，才有了一系列的推陈出新。

另外，通过柴俊教授的报告，我们不难产生这样的想法：古往今来，我们有了很多好的想法，当一个又一个创新被外国人捷足先登时，这不能不引起我们的沉痛思考，无限小的思想我们早已有之，但就是没有用"微积分"问鼎世界，我们有那么多奥赛的金牌得主，可就是没有一人登上菲尔茨奖的领奖台。我们中国人是很聪明的，但缘何缺少大师呢？缺少了"独立之精神，自由之思想"，好的想法就会湮没于禁锢之下，何谈创新？

张奠宙教授是一位对中国数学教育怀有忧思的老人，他对当下中国数学教育的描摹可以说惟妙惟肖，尽管早已离开讲台，但仍然矢志不移地关注着教育的方向、关注着后来者，现在还在每周一次地与我们一线教师谈论着中国的教育、课堂的教学，他在呼吁、在呐喊、在调适、在引领，期望我们能紧随其后让中国教育健康发展。我们聆听老人家教诲的同时也在尝试着改变自己、改变自己的小气候，尽自己的绵薄之力，行走在理性的数学教育大道上。

数学需要欣赏

让孩子们爱数学需要理由，这个理由可能有千万个，但作为老师个人对数学的欣赏以及引领孩子学会欣赏数学，不失为一条值得关注的举措。

如果我们成天让孩子游弋于题海，用大量的形式化的推理、烦琐的计算去苛求孩子，那数学内在的本色就会淹没在这灰色的情调中，数学的精华就会在往复的解题中淡失，学生对数学的憎恨就会与日俱增。因为那样的学习学生没有触摸到数学的真脉，数学之美、数学之真、数学之善没有在学生的脑屏幕上感光显影，孩子们不知道学了啥东西，只知道一天天地与题较劲。数学的理性精神、思想方法学生不是漠视，而是根本没有对接，什么数学的文明、数学的伟大，统统是题外话。基于此，作为教师的我们，肩负起让学生爱数学，对数学有最起码的好奇心是我们的历史使命。

我们既不能离开本土谈数学，也不能盲目自信，更不能妄自尊大，当下中国只是潜在的数学大国，而非数学强国！我们需要若干代人的举力奋进，才能使中国成为数学强国，"革命尚未成功，同志尚需努力"！

六、"'三层次'科研活动"的思考（2015 年 1 月 26 日）

作为教师，我们天天与学生打交道，课堂就是我们与学生教学相长的自留地，在这块田地里我们可以按我们的意图去操作、去经营，其中生发出的资源自然是殷实而丰厚的，这是其他人员望尘莫及的。每一名学生就是一支抽穗拔节的秧苗，我们呵护着、滋养着，在这个生命的历程中，不乏问题的出现。如此说来，我们的研究实际上是在天天进行着，不过我们缺乏一种研究意识而已。

祝庆东老师给我们进一步规范了教科研活动的思路与方向——"三层次"科研活动。

第一个层次：问题反思侧重在对遇到的具体问题的即时思考和解决，其结果可以形成案例或课例。

第二个层次：专题探索是选择一个主题，以较为系统的方式寻求问题的解决，其结果可以形成专题总结。

第三个层次：研究方法的设计和运用比较规范时，就进入了课题研究的层面。其结果可以形成研究报告。

"三层次"科研活动之间的关系：

问题反思 $\xrightarrow{\text{梳理}}$ 专题探索 $\xrightarrow{\text{提炼}}$ 课题研究

"三层次"的转化究竟靠什么？离不开教研与科研。教研要做实，科研要做亮！传统教研活动与所谓的科研活动是有差异的，教研是以课例为载体，做好了再想；

科研是以课题为载体，想好了再做。融合才是两者的最高境界，进而言之，对我们一线教师而言，二者本身就是一体的，即常说的教科研活动。

对照我们平日的教学与教研，我们已经不知多少次地做了前两个层次的工作，把前两层做好了，第三层就有了材料的支撑，这个时候通过专家引领、同伴互助，完成一个课题是力所能及的，并非我们认为的高不可攀！其实感觉高不可攀是因为我们本身没有做好前两件事情，我们应该认真想想自己有没有把第一个层次的工作做好！

课堂的存在就有了问题的场域，关键是我们有没有发现与捕捉问题的眼睛，因为一个人只有有了问题意识，才会更好地收集问题，针对自己的教学现实，为了改进自己的教学进行问题的筛选，进一步反思问题，制定合理有效的对策。祝老师列举的一个经典的"互换作业本"的例子，给了我们诸多的启示，这种创新之为就是基于自己的教学而做出的行动，这些行动可以成就一个人完成从"新手"教师到"胜任"阶段的过渡，有的老师工作多年，仍停留在"新手"阶段，重复着自己的行为，缓推慢进，或者不进，其原因就是缺乏问题反思的基本意识与行为。一个人如果把"问题反思"做亮，就有了"专题探索"的底蕴，就能凝聚问题，较为系统地展开探索活动，在探索中摸索问题解决的方法与策略，然后反作用于自己的课堂，在改进中把课堂做实、做得更有效果。把这一层次的工作做好，我们最起码是一个能站稳讲台并成为小有名气的"匠师"，但仅仅满足于此，停在一个"匠"的层面，并不能真正体验到教育的幸福感。一个匠气十足的为教者，有可能做出耀人的成绩，但往往少有对优化的关注，对绿色成绩的关注，少有"研究者"的行动，教学中的"高原现象"有可能就出现了，伴随而来的可能就是职业的倦怠。要突破这种看似必然的现实，需要的是一个人更高远的追求，更深刻的思考，力争实现"做好的说出来，说好的写出来"。这个阶段首先需要个人的修炼，沉淀下去，修为自己，把自己打造得强大，才可能出现厚积薄发。于漪老师"三次备课"的经典做法，给了我们研究课堂的范例。上一次作为"齐鲁名师"工程人选的高端研修时已经目睹了于老师的风采，于老师那种对教育的执着，对教学的严谨，对问题的洞悉，对课堂的认识，让我们惊叹不已，可谓高山仰止、望其项背。我们每一个人若能像于老师一样一生践行自己的"三次备课"，想不成功都难，对教育的坚守、对课堂的挚爱，成就了一代名师。我们作为追随者，只有倾注对课堂及学生的挚爱，倾情于教科研，才会触摸到于老师为师之境的冰山一角。

我非常欣赏这样一句话：知识奠定教师教学行为的底气，思想却能给教师的教育行为带来灵气；只有既有底气又有灵气的教师，才可能在课堂上显示出沛然大气，才可能在教育教学中体现出智慧和机智。

的确，没有思想的教师，只能人云亦云，做重复书本知识的机器，进而扼杀学生的个性和成长的幸福。我们要做有思想的教师！

七、"预设"和"生成"（2015 年 1 月 27 日）

2015 年 1 月 27 日下午，翟立安老师做了题为"初中数学课堂教学预设与生成的有效性"的报告，深得一线老师的喜爱，原因何在？其实就是翟老师的课堂接地气，逼近了我们自身专业发展的"最近发展区"，有共鸣、有碰撞，分享其中的案例，领略翟老师的智慧，一下午，收获满满，不亦乐乎！

预设与生成这是新的课程改革提出的两个关键词。作为一个理性的思考者，不难从理念上摆正它们之间的关系，难在课堂的驾驭上。2007 年，笔者在《平衡营造和谐课堂》一文中对此也有过一定的思考。我的观点是——预设与生成的平衡。

本次课改发起前，我们的教育一直以预设马首是瞻，认为只要贯彻好预设就能达到教学效果的最优化。于是，在不知不觉中，数学课堂教学呈现出了这样一种状态：教师主宰课堂，掌控课堂前进的方向，用环环相扣的提问"牵引"学生；学生则只能亦步亦趋地跟在教师后面，被动地接受一个个数学结论。而课改初的一些课堂，可能由于理解的偏颇，将"生成"视为"自然生成""随意生成""自流式生成"，使得"生成"漫天飞舞，不着边际，唯"生成"而教，使"生成"成了教师新的"紧箍咒"。这种课堂很值得我们反思。

"生成"与"预设"本来就是教学中的一对矛盾统一体。"生成"是相对于"预设"而言的，课堂因为有了"生成"，才拥有了充满生命的气息，才拥有了撼人心魄的感动。"凡事预则立，不预则废"。没有"预设"方案的准备，我们的追求往往会变成空中楼阁，虚空一切。没有高质量的"预设"就没有精彩动人的"生成"，课堂"预设"闪烁着教师智慧的光芒。也有人说，"预设"也是一种生成，一种"意料生成"。翟老师就持这样的观点。他认为，"预设"的"生成"有期待的、非期待的、零生成。诚然，"生成"未必一定有价值，预设好的教学案，是为了在课堂中得到完美展现，我们期望出现我们心中的景观，但未必如愿，这样就转化成了非预设的"生成"，这也是教师课堂智慧的一种表现。可见，课堂必须有预设，但又不能故步自封于预设而不敢越雷池一步,无人敢说预设就能对课堂完全了然于胸,把握在手。布卢姆说:"人们无法预料教学所产生的成果的全部范围,没有预料不到的成果,教学也就不成为一种艺术了。"新课程改革也强调,教学过程是师生互动、生生互动的多维度动态过程,开放、互动的课堂具有较强的资源性、生成性。苏霍姆林斯基也说过:"教育的技巧并不在于预见到课的所有细节,而在于根据当时的具体情况,巧妙地在学生的不知不觉中作出相应的变动。"因为我们面对的"儿童的心灵不是一个需要填满的罐子,而是一颗需要点燃的火种"(古罗马教育家普鲁塔克语),只有我们尊重"生成",弘扬学生的课堂主权,引导"生成",保证资源的有效价值和不断地反思"生成",我们的教学才能触动生命的灵性,我们的课堂才能充满智慧的灵光、才能保证高潮迭起的美丽。

叶澜教授曾做过这样的精辟论述:"课堂应是向未知方向挺进的旅程,随时都有可能发现意外的通道和美丽的图景,而不是一切都必须遵循固定线路而没有激情的行程。"

我们应该清楚,设计是超时空的策划,缺失现场性,当教师将方案带入现场时,往往要因势而动做出调整,教学中学生的灵机一动、节外生枝、别出心裁等都可能催生出一个个活生生的教学资源,都会为"生成"带来新的可能,教师要"蹲下来"与学生平等对话,悉心捕捉鲜活的"生成"资源,放大动态"生成"的瞬间,而不是固守预设演"教案剧",要凭教学智慧做好顺应选择,使预设、生成双收双赢。

"预设"使我们的课堂教学有章可循,"生成"使我们的课堂精彩纷呈。"生成",因"预设"而精彩。而那些"不曾预约的精彩"只能是日常教学的一个惊喜而已,如果固守于此,为如此的"生成"摇旗呐喊,那与"守株待兔"又有何异?面对新课改,我们要在继承传统预设课堂的良好基础上,积极引入并探索"动态生成"的有效方法和途径,做到"预设"与"生成"的有机融合,及时反思,扬长避短,使二者相辅相成,相得益彰。这样的课堂才是学生真正需要的,也是新一轮课改所积极倡导的。

鉴于此,我们需要着重研究的,应是"如何让'预设'和'意料之外的生成'达成平衡"。笔者认为,在"课时目标"的宏观调控下,在"即时生成"的现场环境里,教师应灵动变革"预设",使其与"学情需要"更贴切。这样,逐步改进的"预设"和不断涌现的"生成"便能在相互支撑、彼此促进中达成一种动态平衡。这个过程中,现场暴露的真实学情,在多次"预设"调整中被予以高度关注和积极回应,学习的真实需要便能由此得到充分满足。

八、微课的浅思考(2015年1月28日)

微课催动了中国的课堂改革,风行每一所学校,追捧者不计其数,成为当下的一大景观。微课用精短的视频把一节课的核心清晰明了地再现出来,对学生确实有很大的帮助,但前提是学习者需要有最起码的自控力,想去学会,另外还需要有时间的保障。因为既然是可以反复地看,按自己的步调去看,学习时间的长短就不取决于视频的长短了。

以上的说辞并非笔者反对这一技术,把它用好当然能带来学生的成绩增益与素养的提高。学生原来不明白的,可以通过微课弄明白,并且观看不受地域、时间等的限制,具有跨时空的优越性。微课可作为异步教学的资源。由于学生的差异性的存在,接受能力的强弱不一,同步教学不可能保障每一个学习者的学习质量,但微课可暂停、快进、重播等,能够满足个性化的需求,反复观看、反复学习有了可能,因此,它是课后弱势群体再学习的新平台。但有一点我们应该明白,微课在某些方面具有优势,并不意味着就可以取代其他方式,独霸学校的课堂!

笔者在培训过程中看到一个被认为不错的微课视频:《"圆的周长"的探索》。整个视频无非是在介绍蕴含其中的数学方法:什么"化曲为直""无限逼近"均是老师灌输的、告知的、奉送的,哪有学生的思考与念头?更无知识方法的形成与建构!如此的教学,学生的思维发展在哪里?怎样发展?这都将成为泡影!

微课需要学生高度的自觉性与良好的自主学习的能力,否则看视频本身就是挑战。因此,我们对微课不要抱有一种浪漫主义的理想情感,而应实事求是地分析它在实践中可能发挥出的实然功效。此外,微课将知识碎片化,破坏了知识的系统性,所以它不可能取代传统的课堂教学,它只能作为课堂教学的配角。

若将微课前置于课前,把新学习的内容片段化,打断了知识的连贯性不说,更耽误学生的思考。微课需要不需要思考?这种"人灌"变"机灌"的举措更加蹩脚,灌输、介绍、告知,这还是不是数学的学习?数学的核心是思维,是以知识为载体的思维活动,用微课替代老师的授课是盲目跟风之为,贻害的是学生。说到家,微课就是一种快餐式的学习,对直白知识的学习便利快捷化,能满足学生不同的多样化的需求,这是值得肯定的,但用它取代其他方式是不可取的。

如果微课置于课前让学生们学习，有没有适合每一位学生的视频？这个视频能否保证每一位学生畅通无阻地弄懂、看完？学生的自主性是否能落实？这种学生、教师、文本的错位能否保证学习的效率？学生、教师、文本不能同时在场，效果如何？有没有调研成果？另外，翻转之后的视频课堂是在进行不折不扣的"机灌"，并且缺少感情的交流、眼神的交流，这样探究如何产生？思考如何进行？情绪如何优化？这种"机灌"是不是更乏味？久而久之的视觉疲劳，是不是会让学生更加厌恶学习？学生学习环境过程中的顺势而为、以学定教等机智性的教学之为都会淡出课堂，纵然有的视频也在引导学生探究，但归根结底是看老师的"探究过程"，是一种"被探究"，说白了就是告知探究过程，把历程全程展现在学生面前，不需要学生动手动脑，看就行了，"一看定乾坤"！

另外，微课有加重学生课业负担的嫌疑。我们可以算一个明白账：就按一天五节课来算，要落实好学生基本领会一节课的内容，一个十五分钟的微视频应该不够，至少需要两个，这样一堂课就要七十五分钟，若需要重复看那就更不用说了，其他任务在课堂上能否保质保量完成？不然的话可能还需要衍生出一些课外任务来，那时间会增加多少？学生是否能堪此重负？是向四十五分钟要质量，还是向二十四小时要成绩？这是我们必须清醒思考的，不要效益的质量势必会加重学生的课业负担。

我们听听钟启泉教授的教诲："所谓名牌中学教案，在其他学校用甚至西部地区用，那么教师还有作用吗，教育还需要考虑班级情况吗？教育需要当面交流，课堂是不可复制的，这都是教育常识。""教学的过程一定是人际互动智慧碰撞……没有思维碰撞，教育就无法完成。"

实体课堂不可颠覆，但微课可以弥补原有课堂在某些方面的不足，可作为课堂的一种有益的补充、完善，这个说法也是基于微课是在学习后的安置，对学困生的一种补偿、对优秀生的一种提升等，同时也给走读生的家长指导孩子学习提供有力资源，给缺课的孩子、远程不在实体课堂的孩子一次补偿的机会。

因此，我们对微课的态度仍需要秉持辩证的态度，取其长，避其短，既不能盲从，也不能排斥，要明白微课绝不能包治百病，我们也不能如躲瘟疫，避之不及！要发挥它应有的积极作用，服务于我们的课堂，切忌用它来颠覆我们的优势。

雪莱认为：最好的学习是由内而外的学习，而这一点是视频讲座做不到的。微视频、翻转课堂仅是教学方法的一种或一类，而教育是多元化的，是不能靠单一的方式就能化解的，教育需要智慧、需要优化。

结语

洋洋万言集纳八家智慧，凿凿千句写意个性思考。贴地前行的普通一兵，纵然孱弱，也要有自己的思想，因为思想是我们精神的脊梁。

北京之旅话教育
——对当下教育的几点认识

教育是一个宏大的话题。随着笔者眼界的开阔、教龄的增长，慢慢积淀下对教育的一点浅识，加之本次赴北京21世纪国际学校之旅的激荡，蛰伏已久的认识得以唤醒，在此谈几点感想。

教育规律何从？

何为规律？规律是事物发展或运动过程中固有的、本质的、必然的联系，教育规律自然就是教育发展过程中所固有的、本质的、必然联系。既然如此，我们需要恪守这些必然的联系，不能瞎折腾，我们需要守望教育规律，回归教育常识。我们世代传承下来的"因材施教""教学相长""长善救失""温故知新""启发式"等教学原则或思想，我们是否做到了位？

斯霞称自己不过是遵循教育常识，李镇西先生自称自己不过是做了点守望常识的事情（保持朴素，遵循常识，坚守良知），就是把老祖宗留下来的经典好好地传承，教育专家窦桂梅"回到教育的原点"，魏书生先生认为"教育要守住常识"，这些论断就是对教育规律的守望。

守望与回归不是重复古人，不是墨守成规，不是萧规曹随，回归是敬畏规律，是对传统积淀下的优秀成果的继承与发展。

回归不是走回头路，回归是冷静下来恪守教育之道，遵从教育规律，是立足本土，创新自己的教学行为，把光荣传统发扬光大。

说到底回归是对某些聒噪着远离教育本真行为的警示与敲击，是对膨胀的教学模式的叫停。

校本课程流行何由？

"校本课程"一词是一个舶来品、外来词，在20世纪70年代，"校本课程"在英美等发达国家开始出现并受到关注，1999年引入我国（当时称之为学校课程）。校本教材是校本课程的物化，是其载体与附件，关于校本课程的界定众说纷纭，莫衷一是。郑金洲教授对"校本"的解释受到了比较多的认可："所谓校本，一是为了学校，二是在学校，三是基于学校。"这句话听起来有点重复，实际上非常精炼，需要我们深度解读，"为了"体现了校本课程的目的性，说明校本课程是指向学校的，是为了学校的发展、学生的发展、教师的发展，总之是为了解决学校所面对的问题、困难等；"在学校"揭示出了校本的"空间"是学校，就是自己学校的问题自己的人去解决，也就是内部问题内部解决；"基于"就是以学校为基础，明确的是"出发点问题"，就是基于学校的实际，从学校的实际出发群策群力去策划、研究、落实。

从学生意义上来说，校本课程承载了个性化需求的功能选择，有利于丰富学生经历，开阔学生视野，发展学生个性，有利于学生自主选择，从而打造适才教育。开发校本课程，这其实也是国际元素的国有化，有的学校充分利用了教师资源，开发了木工、电工、曲艺、泥塑、餐饮等课程，与职业类学校形成对接，这是关注人性的教育，是关注教育本质的教育。国外的实践证明，校本课程的开发，满足了不同学生的不同需求，尤其是帮助学困生获得充分的发展，并有一技之长而不至于使他们成为平庸者，这一贡献是值得点赞的！

对我们老师来说，参与校本教材建设，是专业成长一个非常重要的途径。要编写教材，就要认真钻研新课程理念和课程标准，就要认真学习课程理论，深入研究已有教材，广泛搜集资料进行调整，认真研究学生的特点，这可以说是一个完整的促进个人成长的过程。

对学校而言，编写校本教材，也是一个给学生提供高质量的课程和教学内容的过程。让课程校本化，其最基本的出发点就是本校学生的实际和本校学生的发展。笔者认为它是校本课程发展到一定程度的自然产物，是物化的校本课程，时机不成熟，难以有好的成果。

校本教材现在比较认同的有三类：一是学科课程的拓展，如数学，可以编写与教材密切相关同时能够助力学生思维发展的数学史类的教材；一是研究型课程、拓展性课程，如江苏搞的实验教学，形成了配套的教材，当然它超越了校本教材，是省级的统摄；一是校园文化类的课程，如走廊文化、餐厅文化、宿舍文化、校史文化等。

校本教材应该是对国家课程的一种校际理解与文本化，是立足本校实际对国家教材、地方课程的补充，是教育内容多元性和选择性的体现，是为了更好地落实"德化育人"的目的。笔者认为，校本课程应归属地方课程，地方课程归属国家课程，从这层意义来说，习惯的流行的课程三元论是不科学的，国家课程、地方课程、校本课程对立起来的理念是要不得的。所谓校本课程，其实就是国家课程的校本化、个性化，即学校和教师通过选择、改编、整合、补充、拓展等方式，对国家课程进行再加工、再创造，使之更符合学生、学校的特点和需要。

教师职责何能？

教师既是课程资源的讲授者，同时也是课程资源的创造者，因此教师既是教材执行的客体，又是教材创生的主体。教材是重要的课程资源，也是课程资源的基础，因为它是课程标准等宏观理念的具体化、文本化，是凝聚了无数专家学者心血的物化资源，需要我们每一位教师深度理解。要达到深度理解，需要历经"环视—仰视—平视—俯视"的过程，达到"透视"教材的旨归，"大家"之所以大，名师之所以有名，二者共同点就是手中无教材，心中有教材，能随时随地组织起一堂课的教学，唯此，才会真正成为教材的创生者，才不会被教材缚住手脚。而照本宣科，或者被下载的课件所困，成为技术的奴隶，被课件驾驭、被技术驾驭，本末倒置，把辅助变成主体，把师生彼此理解的对话教学、人际互动变成了赤裸裸的人机互动，那将削弱甚至失去教师的主导作用。虽然我们没有进课堂，但通过两所学校的外在设置以及主题报告，我们能触摸到他们对教师职能的定位是合乎人的发展的，是真正的"教学相长"。我们既是教育教学理论以及课程理念的消费者，又是它们的创生者，我们不只是燃尽自己照亮别人的蜡烛，我们应该是照亮别人同时又能汲取能量的"油灯"。

经验推广可否？

笔者认为"学我者活，似我者死"的这句话很好地回答了这个问题。

这句话可以说切中了当下盲从经验、照搬他人的时弊，给了某些学校、个人以警示。钟教授谈到"经验是情景化的"，这无疑在告诉我们，所谓的先进经验都是基于情景和本土实际的，是在局域条件或自身客观条件之下摸索出的适切学校或学生发展的策略、方法等。既然有着"此地彼时"等境况的差异，推广之说自然难以成立，除非有着功利的驱动。但这并不是说经验不可以学习，而是不可以复制。面对"乱花渐欲迷人眼"的经验，魏书生先生"不懈怠、不盲从、不折腾"指明了我们的路，这需要我们有着清醒的头脑，有着坚守的定力，通过自己的大脑去甄别、去筛选、去去伪存真，汲取先进经验里面的营养元素，充实自己，丰盈自己。

先进经验可交流，可借鉴，但不可模仿。

导学案导向何方？

风起云涌的课堂改革，催生了教育百花齐放的春天，但也出现了"模式化""程序化"的倾向，"形式化""浅表化"问题凸显，大有"导学案"一统全国的态势，单不说这个"一统"之利弊，这个"导学案"的价值何和意义值得我们反思。

全国各地，笔者看过不少学校的导学案。我们试着梳理一下所谓导学案：很多导学案就是课本或教辅搬家、习题集会或变相测试卷等，学生的学习几乎是流水线——课前"做题"，课中交流"做题结果"，课后"再做题"巩固，然后预习下一个"导学案"上的题。如此的循环往复，已经把课堂教学变为"习题操练"，学生的思考少见，思维发展如何落实？

还有，导学案若管理不慎，容易成为有些人"名正言顺"偷懒的"案"。注重了导学案，容易丢掉了课本，学生在学习过程中，往往是只专注于导学案上的知识，忽略了课本，有本末倒置之嫌。

写在最后

从一定意义上说，李希贵是非常成功之人，他能用全国的英才教师并用得风生水起，这有点"蔡元培"的风范。但他利用得天独厚的条件挖走了全国的教育精英，这也是对教育公平生态环境的破坏。

"我贴在地面上步行，不在云端跳舞。"英国哲学家维特根斯坦的告诫就是对我们教育行者的忠言相劝。教育需要贴地而行，不需要聒噪招摇！

——2016 年 10 月

核心素养呼唤怎样的课堂
——2016 年山东省数学德育展示课听课手记

总体概述

2016 年山东省初中数学德育展示课评选，笔者有幸成为评委一员，有了与展示课得天独厚的对话条件，选手们一堂堂浸满自己汗水的课，让笔者的思考进入一个非常活跃的状态，且听且省且悟，汇聚成自己的见识。

12 月 6 日听了六位选手的六节课，课题是北师版七年级上第三章：应用一元一次方程——水箱变高了。六位选手的导课各具特色。

12 月 7 日的课题是北师版七年级上第三章："应用一元一次方程——打折销售"，也是应用的第二课时，承接昨天的学习。六位选手激情四射，都注意到了课前与学生的对话与交流。

12 月 8 日听了五位选手的五节课，课题是北师版七年级上第三章：应用一元一次方程——"希望工程"义演！这也是应用的第三课时，肩负着应用的收官之任。每一位选手在入题环节均关注了德育的渗透——希望工程出现的必要性！

可以说"同样课题，不同亮点；不同课题，同样精彩"，当然其中也不乏缺憾。

一、亮点共闪烁——感悟共绘"饕餮盛宴"
导入环节各显其能，打开课堂一片天
以课题 1 为例：

选手 1 用乌鸦喝水的故事入题，唤起学生的已有认知，引导学生发现实际问题中有数学的存在以及水位的升高变化中蕴藏着不变的道理，起到了先声夺人的效果。

选手 2 假借检测人员之口，实施现场操作，把大口径量杯的水倒入小口径量筒中，让学生直观感悟体积不变的原理。

选手 3 利用爱迪生发明的灯泡为抓手，借用助手测灯泡容积的方法引出爱迪生的方法，通过灌满灯泡的水的体积不变导出形变积不变的事实，其中有诸多渗透，如德育渗透——不畏艰难的勇气等值得后人学习，化归思想渗透——不规则化规则。

选手 4 借圣诞节即临，利用"平安果"引出话题，测不规则苹果的体积，在学生把苹果完全沉入水中计算上升水位部分的体积，通过这种变中的不变，把学生带进"形变积不变"的现实世界中。

选手5利用阿基米德测王冠的故事，通过学生再现测量的方法，把体积不变融入生活，然后带领学生通过三个思考，进一步体会形变积不变的道理，强化这种不变意识。

选手6开门见山道出课题，并说明本节课用"小组合作、男女PK"的方式，通过闯关活动来开展学习活动，然后以瘦高量筒中水倒入矮胖量筒中的演示，让学生感知并体会形变积不变的道理。

纵然每个选手入题的方式各异，但殊途同归——让学生从现实生活中明白"形变积不变"的道理，学会用数学的眼光看生活、看世界，形成数学与生活的对接，均起到了应有的知能之用和德育效果，这是百花竞香的一种体现！

"一题多解、多题归一"得到不同程度的体现

这一单元的内容是方程在现实生活中的应用，实际应用自然离不开构造数学模型，然后用数学模型解题，故如何解题就成了关注的热点。学生解法的多样性呈现，其实透视的就是未知数的多样化选择与等量关系的多样化确立。通过交流把学生不同的方法展示出来，既体现了一题多解的开放意识、发散思维，又通过点化揭示出等量关系的多元存在，便于消除学生的畏难情绪，只要抓住不变量，双方共进，就可以把方程列出。

有的选手注意了同模题的展示，引导学生在体验"多题归一"的过程中感悟数学模型的作用。这一点弥足珍贵，这是一种高位的立意，是高水平教学的体现。但不足的是执教老师的点化不够，学生画好了龙，没有老师的点睛之笔或淡而处之，甚为可惜。

还有个别选手注意到了引导学生编题，这是解题的高境界，也是深度教学的一种体现，我们知道解题的五境界依次为：正确解题、一题多解、多题一解、发现规律、自己编题。编题是至高境界，达至此境就有了解题的游刃有余，就有了较好的自我监控、自我调适的本领，这也是我们教学的追求。不过，在本次展示课中编题只是亮光一闪，缺少实质意义的编题活动。

全体选手都充分利用了学生的展示

学生完成解答后，为了使交流的受益面更广，所有老师都安排了学生上台展示的环节，收到了一定的成效，这也是学生主体地位的一种体现。但展示完成后教师对台下其他同学尤其是学习薄弱的同学少有关注，会与不会就在展示结束后淡出了。但也有例外，有的老师就注意到了对台下的追问、对台下的个体指导与帮助。

精彩案例融德育

每一位选手都不同程度地注意了在课堂教学融入德育元素，有些选手渗透得比较妥帖。其中给笔者留下最深刻印象的是 8 号选手，他的课堂进行了精心的策划，使得整节课呈现出得体的两条主线，一明一暗，明的是知能主线，暗的是德育渗透主线，把爱心奉献等正能量贯穿其中而又不喧宾夺主，合辙得体，衬得知能明线愈加清晰，通过课堂这一平台和知能这一载体，有效落实了学生的核心素养，通过这些活动让学生初步学会用数学的眼光观察世界、用数学的思维分析世界、用数学的语言表达世界。可见，学科教学德化育人的功能外显出来。

二、瑕疵相与析——共勉互励"缺憾些许"

对教材理解不到位

有些选手缺乏对教材的深入解读，没有关注到知识的前后关联。这主要体现在课与课的衔接与归纳环节。应用的第一课时已经把列方程解应用题的基本步骤梳理出来了，那是第一课时的基本任务，第二课时中，有的选手还组织学生交流构建解应用题的基本步骤，"审—设—列—解—验—答"，进行归纳梳理，再行组织显然是多此一举，再现、回顾才是合理之道；另第三课时是应用的最后一节，由于本节课在检验环节多了一步实际意义的现场性思考，所以对列方程解应用题步骤进行回顾，这是必要的，但在回顾的同时应该有所提高，把基本步骤纳入"实际问题向数学问题再回归实际问题"的逻辑循环框中，形成数学问题的解与实际问题答案的对接，以彰显核心的化归思想。可惜，有的选手没有很好地落实。

独立与合作关系的拿捏失当

我们发现，即使在小组合作活动中，也可能被一两个"尖子生"主导，部分学生没有成为小组合作活动的积极参与者，基本上只是一个旁观者。

问题抛出后，教师首先要给学生较充分的时间去独立思考，思考未果或者思考中出现较多障碍时，才应该是合作的契机点，也只有在学生思考后，交流合作才会真正发挥其作用，否则就容易流于形式，更产生不了教学的实效。需要特别指出的是，这种非恰时恰点的交流，往往会限制甚至关闭学生思维的大门，有意无意阻碍学生思维的发展。

假性探究处处可见

探究，应该是本次展评课出现频率最高的词，不管是学案、教案还是屏幕上这个词俯首即拾，但实际的课堂上很难见到真正的探究活动，学生大部分是"被探究"。

若探究，时间需更长一些。探究需要时间，不可能一蹴而就，而我们经常见到几秒的探究，这不是自欺欺人吗？

再者由于教师指导过多、过细，将本该学生自己思考、探索的问题被执教者包办代替，这就是我们常说的"越俎代庖"；有时教师照本宣科，有意识地将一些较高层次的探索性问题分解为一个个较低认知水平的"小步子、低难度"问题，清除了教学障碍，但同时也使得探究流于浅层次的认知水平，不利于培养学生的探究意识和创造精神，使得学生探究的空间逼仄狭小。这样就矮化了探究、歪曲了探究。

教学目标仍有待优化

教学目标是教学的出发点和归宿，是学生要到达的"目的地"，制定好全面、具体、适切的教学目标是提高教学有效性的关键，如何定位至关重要。人教社数学室主任章建跃博士在前几届全国优秀课展评中，已多次对教学目标的写法进行宏观引领，对当下的乱象进行厘定，但现实仍然不很理想。一是对三维目标的认识不够（有些教学目标仍不够具体、明确，而是把课程目标的内容定为某一节课的教学目标，呈现"高、大、上、全"，使得一节课承载的目标太重，以致没法完成，成为一纸空文），二是关键词使用错位（如把"经历……"界定为知识技能目标，把"……的体验"界定为过程与方法等），三是对教材没理解好，导致定位不准，教学自然会"走形"（理解不好教材，就没有对教材的深入，也就没有对教学的浅出；没有通透教材，就不能游刃有余地驾驭教材，复杂的内容教简单、简单的内容教"厚重"就不可能实现）。

所谓的三维，就是它们的彼此依托、交融互进的整合。它以知识技能为基本载体，使得思想方法的学习有了附着点，情感态度价值观有了渗透、弥漫的基点，而不是彼此剥离、不相往来的独立三类。

形式小结涛声依旧

小结环节仓促孱弱，基本上还是套路性小结——谈收获，不过较之其前有一定进步，有些选手已经不全是"你说，大家说，就是我不说"了，现在也开始说了。有了教师自己的小结清单，这值得肯定。不过，整体而言，还是没走出谈收获的窠臼，十七节课堂，个性的小结少之又少，难以看到课与课的关联。

例题资源基本搬用

例题起着引领、导向、巩固、发展等效用，是理论之于实践的载体，发挥其能至关重要，但课堂上如何使用值得探研。在本次展示课中，少数选手通过个性的线索对例题进行了背景替换，但可惜的是数值没有任何变动，在教学过程中，课本敞开着，学生的思考还能否是真实的？这值得考量，市教科院教研员、数学特级教师王文清老师提出了"合书换例"的策略很值得借鉴。当然这里的"换例"并不是随意替换，而是在通晓例题的真实意图的前提下，进行等价值替换；"合书"很关键，这是为了确保学生思考的真实性，这是落实真实性课堂的基本保障，当下课堂有的看起来张弛有度，富有节奏，一片繁荣，其实是因为很多学生看着课本回答老师提出的问题。

不过偶遇一例，选手8把例题进行了合理置换，把一节课组织得风生水起，堪称精彩，当然除了题目的精心布局外，在其他环节也是亮点闪烁，成为当之无愧的第一名！

三、思考无止境——核心素养呼唤怎样的课堂

核心素养下需要什么样的课堂，这是值得当下每一个教育者思考的问题，课程改革走到今天，经历了"双基"到"四基"，"两能"到"四能"，"三维目标"到"核心素养"的变迁，这不是简单的词汇的变化，是我们教育总体目标的价值取向的变化，是顺应时代发展和世界潮流的变化，但不管怎样变，有些东西是不能变的，那就是课堂的本源——人的发展。基于此，笔者有如下的思考：

引导在先还是尝试在先？

没有尝试，引导何在？引导是基于学生的数学现实实施的，否则引导发生无意义。在学生尝试之下，问题才能暴露出来，然后通过老师的慧眼得而用之，才会产生学与教的有效对接，才能把学生的主观能动性发挥好，这其实是如何调节学生的主体与教师主导的体现。

跟进评价还是延迟判断？

学生作答后或对或错，面对此情此景，执教者如何理答可以展现出境界的高低，适时、适宜的评价、判断等点拨跟进会收到"一石冲开水中天"的功效。但有时这些定性的评价或许是一次机会的错失，若交由答者本人或其他同学重新思考这个问题，或以此为台阶循阶思考，让学生自省自悟，效果可能会更好。因此，如果

出现教学契机，如何落实理答需要我们的深度思考，不可贸然定论。笔者认为，学生问题的出现要通过老师的甄别，有针对性地去选择理答策略，以确保现场生成性问题的积极作用或晕轮效能。

关注发展还是关注进展？

历史留下的"有教无类""因材施教"，当下倡导的"面向全体""关注差异"等可谓之形成呼应之说，也是对教育真意的透视。在学校中，那些学习能力和积极性偏弱的学生，应然最需要得到教师的帮助，最需要获得更多练习和展示机会。那些学习能力和积极性较强的学生，可以更多地以自学为主。但理想与现实依旧有一定距离，现实中绝大多数的课堂境况恰恰相反，那些"尖子生"获得教师更多的关注，在课堂上获得更多的练习和展示的机会，那些"学困生"则成为课堂上被遗忘的人。

开篇需要生活情景还是数学情景？

情景一说有诸多理解的偏颇，有人一谈情景就以为是生活情景，非得强拖硬拽个生活实际问题引入教学内容，尤其是有些借力生活情景的导入，只是一个噱头，卖了一个关子就退场了。其实情景还有数学情景，基于数学内部的发展或矛盾的对立统一创设的情景，更能激发学生的探索欲望，更便于打通节与节之间的阻隔，形成前后关联的整体化认识，这种数学内需式的导入更能从内涵上扣住学生的心弦，生发内驱力，兴趣的维系更长久。笔者认为，开篇需要新视角，不是抛一噱头。要么基于学生的生活实际，联通数学与现实，让学生体验数学因用而生，但此时切忌"去数学化"，不要喧宾夺主，不要为入而引，不要让生活冲淡数学；要么基于数学内部的发展，形成前后关联，让学生体验数学因需而生。

课堂容量是练习充盈还是思维深达？

我们评课时常听到一句话："课堂容量大，一节课完成了多少多少道题……"这句话其实透出了对课堂容量的一种误解。课堂容量大小不是用题目能不能填满整个课堂来衡量的，而应是饱含有深度的思维。教师除了关注"四基"之外，还要关注学生的可持续发展性，不是竭泽而渔式地耗费学生智能，而应是生命成长式的增智蓄能。若没有通过过程深达数学知能的本质，仅在外围通过题目反复演练，只会徒增学生的厌倦，销蚀学生的学习兴趣与好奇心也就在情理中了。如此而然，学生基本素养的提高就会落空。

陈省身老先生说过："数学是思考的产物。"没有思考不可能深入。有了真的思考才会有真实的课堂，真实的课堂才是有品位的课堂，才是朝向数学核心素养的课堂，这样的课堂高度呼唤教师在"教本质、教过程、教思想、教结构"上花大气力，以便更好地引领学生。只有抓住了事物的根脉，透视本质，才会富有成效，在外围重复训练，无益于学生思维的发展，无益于学生对数学的理解。我们要坚决摒弃假课堂，践行真教学。

小结是画龙而终还是点睛提升?

叶圣陶先生关于写文章曾经说过一句非常有意思的话："结尾是文章完了的地方，但是结尾最忌的却是真的完了。"其实小结亦如是，不能真的结了、完了，要讲求"未了情"，要力求做到"课尽意未了""余味绵绵长"。

我们看到有些小结就是把一节课所学内容捋了一遍，自认为是进行小结了，但缺少归纳与提升。主要原因是任由学生乱说一通而致，学生说不要紧，关键是要有老师的引领与点睛，要引导学生把新学知识纳入学生已有的认知结构中去，通过学生的同化与顺应融入，而成为一个有机体，这其实也是教结构的一种体现。结构富有张力，散装的东西往往不会随风而去。

总之，小结呼唤新高度，而不是原地踏步。

最后一起聆听一下"顾泠沅先生之问"：学生该听的听了没有?该说的说了没有?该想的想了没有?该做的做了没有?

——2016 年 12 月 6 日

心灵的守望

——2017 年度研修絮语

一年一度的网络研修，似乎已成为我们生命中割舍不掉的一部分，研修的静谧给炎炎夏日带来一丝清凉，爽悦而又充实。一幅幅作品、一篇篇心语，成为一帧帧清新恬静的风景画，愉悦着我们的双目，净化着我们的心灵。大家相聚在网络两端，匆匆步履下的停驻之闲适，恰似让人回味悠长的陈年老酒，醇香弥漫，沁人心脾。特定的岁月长度怎能度量完研修的路途？唯有不远万里，笃定行走于教育的征程！

研修成了一种寒往暑来的等待，成了万万千千寻梦的人心灵田园的守望，成了踏踏实实修道的人智慧积蓄的神游。研修就是去除生活中的干扰项，沉心于专业发展；研修就是排开堆积如山的琐事，静默于自我成长。环境可能还会有些紧张，现实可能还会有些残酷，征程可能还会出现荆棘……这些都不能构成我们放弃成长的理由，相反这些不如意将会让我们的成长更富有多彩的韵致！

作为学生的引路人，我们需要自身成长，一个人只要坚定了成长，就可以激起对现实的渴望；一个人只要执着于奋进，就可以敦促自己迈出坚实的步伐；一个人只要痴心于事业，那生发的热情足以让自己孤单时不落寞、受挫时不心悲、前行时不畏惧。纵然前方有千沟万壑，也会如履平地，因为成长的信念将迸发着无尽的正能量。

研修如同一盏盏心灯，照亮了曾经灰暗的心房，驱散了罩在人心头的雾霾。面对教育难解的心结豁然打开，面对教育困顿难以释怀的情绪悄然消解！研修平台给了我们凝聚力量的契机，立起了凝望世界的支架，成了自己修身悟道的加油站。工作有假期，追求不度假，我们在平台上挥洒着汗水，采撷着希望，执著着期许，充盈着羞涩的智囊。现代信息技术的迅猛发展，给我们的课堂锦上添花，慕课、微课的强势入世，带来教育翻天覆地的革命。不学就要落伍，不变就被淘汰，这已成常识。莫等闲，莫迟疑，一万年太久，只争朝夕！

投入无限期冀，守望心灵田园。掬一把研修之水洗濯自己心底的尘垢，揽一弯信念小溪滋养自己生命的原野，研修要有"踏石留印、抓铁有痕"的执著，方能锻造出强大的自己！

岁岁倏忽，研修永久！

——2017 年 6 月 10 日

鸳鸯绣了从教看，"敢"把金针度与人
——听张鹤老师报告感言

北京海淀区教研员、全国著名特级教师、高级教师张鹤老师应市教科院之邀，在我校报告厅作了一场精彩的报告。张鹤老师一个思维缜密、逻辑清晰的数学人，对数学情有独钟，他举教学之力，将个人多年研究之所得通过案例娓娓道来，不但展示了个人的成果所得，而且把研究课堂、研究教学的思路呈现出来，这种"解包袱"的行为让人称道，真可谓"鸳鸯绣了从教看，'敢'把金针度与人"。

一、热培训，冷审视，何由学，学其何

本次培训，笔者感受最深的并不是张鹤老师对具体环节的阐释与表达，也不是现成成果的展示与奉送，而是张鹤老师研究教材、研究数学、研究学生的一种精神、一种态度以及孜孜以求、善于思考、覃思精研的从教行为。有些东西尤其是现成的东西，我们总想直接拿来用，可"学我者生，似我者死"，值得我们每一位教育同仁思考"继续教育之学习"。张鹤老师的报告提出了自己多年来思考形成的一些观点、认识，或适切，或偏颇，但都不影响他对教育教学的深刻认识所产生的教之魅力，因为这些个性化的思考已经形成了他自己的教学系统、教学特色，对教学有着非同一般的整合之力，让学生的学习有方向、有动力，同时也带动学生学会了思考。"我思故我在"，笛卡尔穿越时空的箴言做了最好的注脚。我们学习张鹤老师的报告，既要从具体的东西学起，更要从张鹤老师身上散发出来的数学人的气质学起。张鹤老师之所以成功，是因为他敢于站在"巨人"的肩膀上而不自傲，敢于成为立于泰山下的小草而不自轻，踏实为学，沉潜为研，静静蓄势，那凌空跃出当属自然逻辑。

作为专家培训，我们收获多与少，与个人的定位有很大关系。有什么样的心态便会产生什么样的成效。不要迷信专家的话，但也不能走向另一极端，认为专家虚妄高蹈、远离自己，他们的的话于己无用。现场的学习力很重要，其取决于现场的心态。作为学习，什么时候都是取人之长、补己之短，而不是拿来主义，全盘照收。这就需要个人思考过滤。去伪存真，为我所用，汲取他人的成果精髓，武装自己、壮大自己，丰盈教学智囊，丰厚教学底蕴，这不就学来了吗？名人的论断可以

为我们壮胆，但不可窃为己有、视为己出而抬高自己。

二、听而思之，思而有得

思考1：关于函数式与其图像、性质的逻辑关系。对具体函数而言，函数的定义是出发点，解析式与对应函数图像是函数的不同表示方式，解析式是函数精准关系的表达，函数的图像是函数的直观表达，它们都可以表达出函数的性质。随着学习的深入，我们会认识到函数的基本研究路径是"定义—函数表示—函数性质"，可见，函数表示是从定义到性质的中转站，只是通过不同的方式转运"货物"（函数性质）。不过，当下的初中数学教材处处展现出用图像去确定函数的性质的印迹，容易让人产生一种假象，久而久之可能会成为定式认识。我们知道，函数图像是函数解析式的直观表达，它承载的是直观想象，是研究函数的一个形象维度，而从解析式角度做出理性分析，去研究函数性质是并存的另一维度。我们应该都有以上的函数学习经历，可由于初中学段函数的线性呈现方式为"解析式—图像—性质"，这为研究函数的基本套路，从解析式角度的性质研究受到漠视或无视。总之，它们的关系不是线性关系，而是立体关联着的三脚架关系！这是笔者对张鹤老师关于函数性质由谁来定的理解。

思考2：关于7+5=12的认识。通过具体的看似不用回答的小例子，张鹤老师传达出一个信息，我们的教学不能浮于浅表，要揭示出数学的本质，弄清了本质就融通了数学学习的脉，学习就会变得容易，因为有了先行的策略，学习就有门道，迁移就容易发生。"形而上者谓之道，形而下者谓之器"，由"器"而"道"，这种境界的提升揭示出了这个道理。其实"算下去"的前提简单地说就是基于"同"（相同的单位量）的，如异分母化为同分母，加减就可以进行下去，同类项的存在，整式加减就可以继续，同类根式、同底数幂、同指数幂等均是由"同"可为而为。这些本源的认识不是只需要我们教师明白，还需要引导学生想清楚、弄明白，如此，学生的学习力、思维力才会获得真正的提高，学习才会变得轻松而有逻辑，兴趣也会随之即来。

思考3：一题多解。我们也经常搞一题多解，但是否有为多解而多解之嫌？为多解而教势必走向末路。多解的目的除了发散思维、综合调度知识储备和技能方法外，还需要达成多解的统一，这也是张鹤老师谈到的"方法越少越好"。面对问题，可怕的不是没法，而是不会思考，找不到切入点，即思维的起点。用道来统摄全局，不至于陷入"盆盆罐罐"的零碎中，细碎就难以成型，就会被日月的风尘销蚀，纵然今天明白了、会了，明天、后天也可能会再次迷茫。

张鹤老师的报告中播放了孙维刚老师的一段课堂录像。孙老师的一堂习题课较好地演绎了孙老师解题"三级跳"的精彩——一题多解、多题一解、多解归一。另外，孙老师的一题多解不是单纯由老师讲解，而是鼓励学生上台去讲（当然学生讲题有诸多弊端，在此暂且不论），从一定意义上来说，这对学生是一种灵性的呵护，是一种智慧诉求，是一种个性的理解阐释，是一种探索自究，是一种信息交流，是一种心灵沟通，是一种自我创新。总之，学生讲题不失为一种涵养学生素养的途径。在孙老师的习题课上，六名同学在老师的引导下，各显其能，展现了个性化的思考、摆出了各自的解答，尤其是孙老师凭借自己高超的教学智慧，不失时机地放大学生的思维亮点，顺势利导，提炼归纳，化技为道，提升境界，这对学生和我们观课者都不啻一席饕餮盛宴。另外，在学生讲题过程中，孙老师自始至终流露出对学生的尊重、对学生思维的尊重，这值得我们学习。笔者在2014年4月《中学数学杂志》中发文《新课程理念下对教师主导作用的再思考》，其中摆出了对解题方法多少的论断："'一题多解、一题多变、一题多法、多题一法'等备受推崇，这也是我们中国数学教学的特色，又适值新的课程改革，火借风势，风借火威，因此就有了课堂上'一法唱罢，另法登场'的火爆态势，师生施展百般武艺，互不示弱，各种解题方法满天飞舞，一派繁荣景观。可冷观热点，笔者又有了新的思考——方法越多越好吗？"之后笔者通过例子阐明了方法凝聚才会产生实效，最后形成了"定理本身就是基本图形，辅助线的重要来源之一就是构成定理提供的基本图形"的结论。

思考4：对知识逻辑的实践与认识。笔者在《中学数学杂志》2003年第4期发表的《立足发散思维复习切线性质》，基于切线的思维脉络，体现了教学的逻辑性，引导学生形成了切线从1条到2条到3条再到4条的发展进阶，形成了一个思维模块，这个凝成的模块就在无形中降低了外部认知负荷，便于学生的存储、提取。其实所谓的逻辑，就是打通了看似不同知识之间的壁垒，形成了内在的关联，这个关联在学习进程中时有发端，产生积极的正迁移，进一步促成知识结构，结构进而产生张力，推动学习的不断前进。逻辑清晰便于对学科知识的体系通晓义理、融会贯通，以致在教学时能达到触类旁通、左右逢源的效果。

思考5：解题的窘境——"不是不知道，而是想不到"的思考。王文清老师把这个问题摆了出来，真切揭示了解题教学的困顿，这也是我们平日教学面对的常态。为何这是常态？很多时候是急功近利使然，再想扭转难之又难。陈省身先生说过："数学是思考的产物。"而思考是需要时间的。可我们解题的教学往往会为了多讲几道题而给予学生思考的时间不足，思维活动因此不能展开；或过度演练占据思考的时间，使本来可以让思维跃升的机会丢却；抑或动辄小组合作讨论，久而久之，学生产生了依赖心态，依赖老师的点拨、提醒，依赖思维敏捷同学在小组合作中的"奉送"。就这样大部分同学的思考机会被剥夺了，思考功能在降低。在有些人看来，这点睛一拨后的豁然开朗和独立思考后的茅塞顿开似乎只差了一点点，殊不知就是这看似微妙的一点点，就是一个人能力的折射，而这个能力的形成离不开独立思考后的内化，而不是讨论合作能为。关于这一点，孙维刚老师有过经典论述："对于课堂讨论，我不赞成下面的方式：教师提出某个问题或写出一道题目后，给几分钟或更多一些时间，让学生分组讨论，然后，解决了问题的小组的代表站起来进行回答。我认为这样做的弊端有三：一是一些优秀的思考传播的范围小，而一些不正确的想法，教师听不到。二是秩序乱哄哄，在一些基础较差的学校甚至会闹起来。我们的课堂应该笼罩在深沉思考的气氛中。三是最不利的是，由于几个人你一言我一语拼接成了解答，你想不到的我想到了，我想不到的地方他给我接上了，而他并没有想到的，你、我又想到了。这样一来，问题虽然解决了，但每个人都没有独立完成一个全过程的思考。没有得到有一定强度的思考锻炼，思维水平总停留在一个比较低的水平上。"孙老师的论断可谓言之凿凿，道破合作弊陋之天机。要使自己的解题教学做到"浅出"，必须先进行个体解题的"深入"。要让学生学会解题并不陷入题海，教师必须先跳下题海，搏击遨游，在题海泛舟中遴选出最有价值的题目并施之以教，解题教学才会有实效。要破解解题之窘，说到底是要通过我们的"真会"去引导学生学会思考，学会独立思考，特别是学会有序思考、有逻辑性地思考。会如此思考，还愁思路没有吗？教师应该引导学生真正集中精力来思考问题。杜威说："不断改进教学方法唯一直接的途径，就是把学生置于必须思考、促进思考和考验思考的情境之中。"

思考6："想明白、说清楚"切中教学肯綮。"想明白、说清楚"这句话似乎很受与会老师的欢迎。关于这句话的源头笔者感觉有必要说明一下，因为有部分老师认为这是张鹤老师的观点（实际是张鹤老师认同的观点并实践的）。一次学术会议上，东北师范大学数学系教授高夯曾向北京师范大学数学系严士健教授请教："如何才能成为一名优秀的中学数学教师？"严士健教授的回答："一是要真会，二是要有教的意识。"何为"真会"？每个人的理解可能难以趋同，但有一点应然是必须具备的：能真正把握数学学科的本质。要做到这一点，当需具备研究数学教学的意识和能力，要能站在学科的制高点上来看待所授的数学知识，能对数学教学的价值和意义的理解有准确的阐述。真会的教师应该有起码的学术自尊和学科自信，能淡定从容地践行教学。教的意识之体现：

要教给学生思考问题的方法；要教给学生研究数学问题的一般方法；要教给学生数学学科的思想与观点。

关于讲的艺术——高夯教授认为，要做一名好的教师，就要"想明白，说清楚"。

想明白——一要能够准确把握所教授知识的本质，二要洞悉数学教学的教育价值。

说清楚——能够依据学科教学的思维特点，引导学生去理解问题、思考问题。

除了教师做到外，还要通过教学让学生也能想明白、说清楚。

的确，这句话道出了教学的真谛。要想走得远，要想教学富有品位，要学生真正理解数学，也能做到"想明白、说清楚"，就得想得深，就得彻彻底底地把数学"想明白"，并能说得清、道得明，给学生以濡染和启迪，以产生师生心灵琴瑟的和谐共鸣，进而打造出自己思考的"息壤"，让教学智慧。富有咕咕的源头活水。

思考 7：壮大自己才能更好地理解专家，吸纳专家的智慧。我们不知听过多少专家报告，不知听过教育大家多少课，也在不断地学习、效仿，但为什么学大家难以成形，难有实效？这不是大师的所为经不起考量，也不是大师们的行为学不来，而是我们的学养浅薄，功力不足，无以支撑，没有足够的内能去参透大师们的精神内核，在浅表处亦步亦趋，效果自然就难尽如人意了。因此，要让专家的报告与自己能产生共鸣，还需要我们自己修身悟道，需要我们自身的拔节成长。我们笃信：一个人只要坚定了成长，就可以激起自己对现实的渴望；一个人只要有"踏石留印、抓铁有痕"的执着，就可以敦促自己迈出坚实的步伐；一个人只要痴心于事业，那生发的热情足以让自己孤单时不落寞、受挫时不心悲、前行时不畏惧。

作为一个数学人，成长壮大了，底气足了，才会更好地掏专家的"宝"，吸纳专家的智慧，才会拥有犀利而深邃的数学眼光，透过教材中各种数学概念、公式、定理、法则和图表，看到书中跳跃着的真实而鲜活的数学内容以及"冰山下"蛰伏着的数学思想、方法、策略等，并能把它们对接起来，贯通起来，内化于心，外显于教，好的教学效果也就有了。

零零散散，不成系统，甚或有误，拙言为之，引以共勉，交流为盼。

——2017 年 11 月 29 日

步入改革深水区对教与研的思考
——北京跟岗学习心得

一周的跟岗，一路的风尘，低温的天气，高温的学习。北京东城区教研中心以及学科教研员统辖下的学校成为我们一周来的学习基地。在这块基地上，既有专家的专题讲座，又有科任老师的精彩课堂，还有别具特色的区级教研，这些都给笔者留下了深刻的印象。

一、面向人工智能与未来教育，日新月异的技术给我们的启迪

中国教研网执行总编朱立祥主任为我们作了题为"教育领域深综改背景下的教研工作新视角"的专题报告，通过五个方面给了我们全新的认识。

未来唯一可以确定的就是不确定

当信息交流技术 (ICT) 从数字化、互联网化迈入人工智能化的时候，技术更多地为智能机器人所取代，我们的教育如何适应社会的迅猛发展？当下的教育现状如何？李正涛教授在题为"如何提升教师的思维品质"的讲座中谈道，当下的教师不缺乏经验，越教经验越丰富，但滞留于难以突破的固化、板结化、化石化层面。教师思维的品质跟不上日益增长的经验。如何改变这种被动的局面？通过内生自求，努力提高个人的思维品质（思维的清晰度、提炼度、合理度、精细度、开阔度、创新度、生长度）而实现。

核心素养是个体终身发展和适应社会不确定性的"不二法门"

核心素养是学生在接受相应学段的教育过程中，逐步形成的适应个人终身发展和社会发展需要的必备品格和关键能力。其基本特点：所有学生应具有的最关键、最必要的基础素养；知识、能力和态度等的综合表现；可以通过接受教育来形成和发展；具有发展连续性和阶段性；兼具个人价值和社会价值。学生发展核心素养是一个体系，不是分立而存的，它具有整体性和整合性。

课堂（学科）教学改革是教育改革的核心

深化基础教育人才培养模式改革，掀起"课堂革命"，努力培养学生的创新精神和实践能力。给我们一线教师传递出一个信号：只有抓住课堂这个核心地带，教

育才能真正发展。

面对人工智能时代的教育教学，脑科学专家韦钰提出了三个观点：培养儿童综合解决问题的能力，培养儿童的决策能力，培养儿童的社会情绪能力。

教师是改革的真正推动力

今天的教师应该具备什么样的专业能力？以下图式给出了答案。

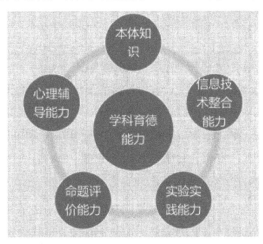

图 教师应具备的专业能力

教师是课堂教学改革顺利实施的关键，没有教师观念的转变、素质的提高、能力的跟进，就没有智慧课堂的诞生，更谈不上发展。课堂教学中师生之间的人际交往是不可取代的，当下似乎有"去教学化"的倾向，这很可怕，纵然信息技术日新月异，在不断高阶发展，但技术终归是技术，它只能更好地服务于教学而不是取而代之。夸大技术与夸大教师的职能同样是偏颇的，"真理往往在中间地带""寻找中间地带是一种智慧，一种不走极端而达到集大成的智慧。"[1]我们需要好好拿捏这些纷杂的关系，从它们的优质组合中尽可能地寻求教学效益的最大化。

教研员是落实国家课程政策不可替代的力量，是提升教育教学质量不可忽视的保障力量

提高教育教学质量是教研工作的安身立命之本，通过为课程教学改革提供专业支撑，为教师发展提供专业引领，为区域教育探索提供专业保障等，教研已经成为落实国家基础教育教学质量标准不可或缺的重要途径，切实保障了教育教学质量。

北京市东城区教师研修中心马福贵主任在报告《关注教师学习需求，促进教师专业发展》中开篇提出了教研员的三大定位：连接教育理想与现实的桥梁、连接教育管理与业务的纽带、促进教师专业发展的平台。三个定位也明确了教研员的职责。

我们一线教师也深深地认识到教研员的重要作用，名师工作室只是另外一股教研力量，是教研员统领下的补充，我们要通过名师工作室建设，首先打造强大的自我，然后才能实现带动和引领。我们离不开教研员的指导与引领，教与研需要合力，教研员就是合力的促成者，是教研活动的推波助澜者，我们以实践者的身份参与其中，应然是落实理论与实践接轨的排头兵。

二、聆听中感悟，反思中前行，摆正教学关系

朱立祥主任在专题报告中谈到，教学的核心是促进学生的学习，并提出"'教'一定会引起'学'吗？'学'可以离开'教'吗？"这两个值得思考的问题。"教"是为"学"服务的，"教"的目的指向"学"，不能引发"学"的"教"是无意义的。

教学就是教学合一，单纯地强调一点不及其余无疑是有失偏颇的，因为这不合辩证法，是形而上学的观点。教中有学，方为真学，学中有教，方为真教，当下流行的导学案偏离了教与学的主旨，片面强调学生的学，淡出了教师的主导之教，是一种低层次的学，看似落实了以学定教，实际上是画好了杠杠，定好了框框，牵着学生的思维走，尤其以思考见长的数学教学，如此为之，把学生的探索之旅变成了亦步亦趋，何谈学生思维的发展？何谈情感的孕育？总之，没有教师主导的自主都是一种"任其自主"的表现，这就是有些人误认为翻转课堂可以取代传统课堂的根源。

在教与学的关系，不要过于强调谁先谁后，关于先后的纷争、主次的纷争、本末的纷争至今没有停歇，它们的此消彼长没有定论，也不可能有定论，苏春景认为："最高境界的教学是教学的和谐统一，教学合一"[2]。和谐就是一种动态的教与学平衡，这种平衡观，笔者早在2007年《当代教育科学》发文《平衡营造和谐课堂》中就曾提出。全国著名特级教师李庾南对此也有类似的认识："学"与"教"，"教"与"学"不应过分强调先后关系，常常是相伴而行。要让真学得以维系，教师的主导必须发力！

三、整合教学资源，开阔教学视域，促进学生深度学习

从整体主义哲学的视角来看，"整体的知识不是简单的个体部分知识的聚合"。整体的知识具有系统的张力，这个张力远远大于叠加的力量。多年来，笔者一直在思考课程整合的问题，当然，至今为止，笔者的跨界思考较少，思考仍囿于

数学学科的范畴。多年的思考与实践使笔者积累了一点经验，也深刻地认识到零碎的学科知识生硬地嵌入或独立地存储于学生的知识结构中，只会增加学生拥有知识的数量，而不会增加学生知识学习的质量。只有有机融入成为知识系统，才会产生正向迁移力，才便于学生进一步学习，学力才会得以提升。

笔者关于初中数学学科的整合基于以下认识：把本来体系化的知识碎片化，类似于"盲人摸象"，学生学起来零散，聚合起来困难，整体化思维难以形成。整体化就是基于结构化的凝聚，二者是一对矛盾统一体。要想由碎片化教学走向整体化教学，就理应对学科教材进行整合，然后不以知识点的方式呈现给学生，而是以一个个逻辑关联的问题链的方式呈现给学生，弄清来龙去脉，让学生从整体上认识事物，见木更见林。"整体—部分—整体"是人们认知的最基本的规律。笔者的教学主张注重对知识的集约化处理，加强知识结构的优化教学，更好地引发学生从因果关系、类属关系、部分与整体关系、作用与效应关系等方面展开联想，并融入自己的知识体系。其实有时候就是因为有了宏观上的视野，才有了微观上的深入，才有了教学的"快慢相宜"。

想要在课堂上让学生的学习能够深入，就需要教师科学合理地设计学习活动。一定意义上说，没有活动就没有学习。要设计好学生的学习活动，首先要考虑活动的价值、目标。要围绕着核心内容设计学习活动，不可为活动而活动，更不可活动了肢体，休息了大脑。重要概念、核心概念应由学生总结归纳概括得出。活动设计要在思维上下足功夫，要设在学生认知的转折点、关键点等要害处，而不是随意的、泛化的。要充分考虑活动对学生智能的挑战性以及活动的科学性、教育性，要指向立德树人的教育目标。

四、关于预习后的课堂如何施教的思考

在北京市东城区教研中心教研员葛晓红老师的安排带领下，笔者听过两所学校的四节课，对其中的一节带有翻转意味的课颇感兴趣，这也给了笔者更多的思考。这节课学生已经预习，并在上课伊始，就进行了预习检测，作为执教老师应然对学生的预习情况了然。但在接下来的教学中，并没有明显地看出用好了预习。

美国心理学家奥苏伯尔说过："影响学习的最重要的原因是学生已经知道了什么，我们应当根据学生原有的知识状况去进行教学。"预习后的数学课堂教学过程，更加具有不定性和开放性。这对教师的课堂驾驭能力也提出了更高的要求。正

如罗杰斯所说:"自由度愈高的学习,身心投入的程度愈高。"预习后的数学课堂若组织得力,效果应然上佳,但如何得力组织,一直是笔者思考的结,至今没有寻到破解之道。

显而易见,通过预习,学生已经大致了解了书上的知识,有一些优秀的学生或许还对这些知识有了自己独到的见解,这就决定了我们的课堂不可能再像从前一样,装作不知道,卖关子上课,或者设个情境,弄个铺垫,把学生的思维一步一步地小心地引导,然后把所有的新知识都逐一呈现,这种小碎步式的教学显然是无视学生已有认知的行为。我们该做的是要用好预习成果,把握好施教的"度",想办法突出重点、突破难点,做好拓展和延伸的文章,力求使学生在预习后上课既觉得轻松,又能有不菲的收获。鉴于以上认识,笔者认为预习后的教学应关注下面几点:

预习后的课堂要聚焦学生的"似是而非"

通过预习,学生对概念、规则等结论性的知识已经初步了解,并有了初步的操作技能,对规律的探索、规则的解读则需要进一步深入,不可再来一遍的简单重复。

预习更多关注可见度强的东西,当然也会出现视而不见的盲区,对原理性的、策略性的知识关注不到或认识不够,浮于浅层而难以深入,我们要善于从学生"知道中的不知道"切入,通过问"已经知道了什么""还有哪些有疑问"等化"似是而非"为"澄澈明了"。抓住认知起点展开教学,什么时候都是关键中的关键。

预习后的课堂要聚焦学生的深度思考

预习更多的是知其然,那预习后的课堂就要在"知其所以然"乃至"何由以知其所以然"上下足工夫,对教材做出深入解读,挖掘出教材的空白处或抓住知识的发展点,用好意见分歧,搭设论辩台阶,抑或设置合理的问题钓出学生的疑问,于无疑处生疑,然后释疑解难,给学生提供思考机会,把学生浮于浅表的认识引向深入,督使学生的思维向纵深发展,以完善认知、深化认知。

预习后的课要有"探索研究"的味道

预习后,若学生看得懂,说得清,教师就倾听;学生看不透,道不明,教师就点拨;若学生见不到(或视而不见),参不透,教师就及时跟进。预习后的教学要着眼学生的认知模糊处和知识建构的困惑处,要摸准学生的真实思维之脉、切中思维的肯綮,力图实现预习基础上的个人提升。因为学习就是"生疑—质疑—释疑"的循环往复,也是学生由"不知"到"知",知之少到知之多的学习过程,同时也是从不懂到懂、懂之少到懂之多,从懂之浅到懂之深的认知过程。这个过程要有研究与探索的味道，如此，才会走向深刻。

五、"读书—实践—反思"是教师专业成长的路径

著名的江苏省教科所老所长成尚荣先生有一个关于鸡蛋的比喻："鸡蛋有两个命运、两个结局。第一种，被人用外力来打破。结局是什么？变成别人口中的食物。第二种，用内力来冲破蛋壳。结局是诞生新的生命。这个内力是什么？就是每个人的内生力，每个人自我生长的力量。

读书是教师专业成长的基石

新教育的发起人、当代教育家朱永新说过："一个人的精神发育史就是他的阅读史，一个民族的精神境界取决于这个民族的阅读水平，一个没有阅读的学校永远不可能有真正的教育。因此，我认为阅读对于教师成长应该是第一的。没有教师的阅读，就不会有教师的真正意义上的成长与发展。"

为什么要阅读？为什么要不断反思和重建？这都是为了让内生力、自生力强大起来。我们每个人都可以选择，到底是愿意做被外力打破的鸡蛋，进而变成别人口中的食物呢？还是变成由内力冲破蛋壳，一次一次诞生的新生命？这全在于我们自己的选择，全在于我们作为教师能不能有"教天地人事、育生命自觉"的责任担当。

实践是教师专业成长的载体

课堂实践不是坐而论道，它需要教师的行动，这个教师行动伴随着学生的学习行为的落实，是教学主导与学生主体和谐共频的实践共同体。课堂是教师践行教育观念的实验田，个人教育教学的理解会在课堂教学实践教与学的行为中折光显影。反观这些行为，并与自己的专业诉求对接，看是否得以有效落实，然后在后继的教学中调适、整改，如此的往复，教师的专业就会在内生中得以不断成长。

教学反思是教师专业成长的必由之路

没有反思的教学是浅薄的，没有反思的经验是狭隘的，反思的落脚点在于写出来，诉诸文字、升华经验，可以使散乱无序的想法上升为较集中、较理性的思想观点。思者行远，用笔思考，是我们教师的本能，是专业成长的自然状态。有时候，一个人的想法、念头会稍纵即逝，若不及时落在纸面上，可能就踪迹皆无。纵然有所留存，若没有记录下来，也会被时间稀释，以至于留存无法再促成还原自己曾经有过那样的想法。作为一个教育工作者，若也和作家一样善于用笔去思考，才能善于对自己的教育教学做出严格的审视与反省，既不惮于正视自己的不足，努力探寻补

救之径，更要梳理前辈或同行的成功经验，从中提炼出可供借鉴的精华，成为自己成长的营养素，那将是对自己心智的丰盈。

用笔思考，是教育的一种行走方式，探寻教育的本真，是对教育规律的尊崇，是对每个生命的敬畏，是对教育乱象的主动厘定。它需要实践，需要思考，但要实现二者的对接，离不开笔的功能，实践的经历没有思考的沉淀，很快就会化为乌有，思考的印迹没有用文字再现，纵然当时火花四射，可一转身的功夫或许就"云开雾散"，被氧化逝去，拿起自己的笔，将读书、实践与思考链接起来，将其可视化，哪怕再稚嫩，也是一笔不可多得的财富！

著名的教育专家裴光亚先生也认为，写作状态是教师的自然状态。教师要做的第一件事是备课，备课就是一种写作状态。写作状态也是我们教师的自觉状态。教学要研究，没有研究的教学是肤浅的教学，而研究的重要标志，就是把自己置于写作状态，这也是教学研究的自觉状态。写作状态更是我们教师追求卓越的状态。他认为，一位教师，当然有权利选择"述而不作"，但没有理由对写作状态示以轻慢。因为写作是教师的内在需求，是人的本能。[3]

通过写作让笔者学会了更加深入地思考。写作的过程不是简单地码字，而是伴随着语言表达能力的提升和思维发展的过程。写作的过程是一个深度学习的过程。写作的过程本身就是研究的过程，是将理论与实践相结合的过程，是将理论内化在实践行动中的过程，是对教学工作进行反思、总结与提升的过程。在这些诸多的过程中，我们的专业能力就成长起来了。

写在最后：

一周的学习，不负憧憬满怀，收获多多。除了开阔视野，领略了高端的人工智能带来的诸多不确定外，还深入教学基地对接课堂与教研，执教老师们富有个性的课堂教学，教研员葛老师统领下实实在在的教研活动，都让自己再次感悟到"教而不研则浅，研而不教则空"的道理。拥有教育朝圣的虔诚，要带上自己的独立思考，永葆对外出学习学其神而非效其形的心态，不人云亦云，积极投身教育科研、教学实践，做一个有智慧、有主张的教师，让自己的教育生活幸福完整。

参考文献：

[1].顾泠沅,易凌峰.寻找"中间地带"[M].上海:上海世纪出版社集团,2002(1).

[2].苏春景.中国特色教学流派视角下尝试教学理论的生成机制及其启示[J].课程·教材·教法,2016(5):45-52.

[3].裴光亚.在写作状态下生存[J].中学数学教学参考,2017(5):1-1.

——2017年12月16日

研究是教师的自然状态
——听赵德成教授报告心得

知识奠定教师教学行为的底气，思想却能给教师的教育行为带来灵气，只有既有底气又有灵气的教师，才可能在课堂上显示出沛然大气，才可能在教育教学中体现出智慧和机智。而底气与灵气源自何处？研究—研究—再研究！

——题记

2017年12月26日下午，笔者有幸聆听了北京师范大学赵德成教授题为"让教师成为研究者"的讲座，颇有共鸣，比如"每个人生来就是研究者"等观点，把研究一说从"象牙塔"上请了下来，成为生活常态。这打碎了有些人认为教师不需要搞什么研究的论调。本文学习、对接赵教授的观点，结合自己的认知积淀，谈点粗浅的体会。

一、研究何以可能，观念决定行动

20世纪60年代，斯滕豪斯就首次提出了"教师即研究者"的概念，要求把教师的教学与研究结合起来，力图改变教师在课程、教学和学习中的原有地位。他的学生埃利奥特和凯米斯分别提出"教师即行动研究者"和"教师即解放的行动研究者"的命题。20世纪80年代，美国马萨诸塞理工学院的哲学教授舍恩进一步发展了"教师即研究者"的观点，提出了具有普遍意义的"教师即反思性实践者"概念，并把这一观点引入到了教师教育的研究中。[1]

的确，作为教师天天与学生打交道，课堂就是我们与学生教学相长的自留地，在这块田地里我们可以按我们的意图去操作、去经营，其中生发出的教育教学资源自然是殷实而丰厚，这是其他人员望尘莫及的。每一名学生就是一支抽穗拔节的秧苗，我们呵护着、滋养着，在这个生命的历程中，不乏问题的出现。如此说来，我们的研究实际上是在天天进行着，不过我们缺乏一种研究意识，没有察觉而任其流转。

解决生活中遇到实际问题的过程其实就是一个研究过程。用研究者的眼光去面对问题，会使我们做得更好。这也更好地诠释了"每个人生来就是研究者"的观点。其实，这句话不单单是赵教授的观点，也是众多专家的观点。既然每个人生来就是研究者，作为教师怎概莫能外？面对教育教学过程中所出现的问题，我们是熟视无睹，还是用研究的眼光去看待、去审视？这既关乎着教师个人的专业成长，更关乎着学生的命运。当我们有了研究的意识时，就会蓦然发现问题其实就在我们周边，值得我们研究的课题处处可见。当教师树立起善于研究的观念时，教育行动才会真正启动，行动研究才会成为现实。

二、研究何以可为，"三股力量"筑垒

联合国教科文组织认为，教师是教育研究的生力军。教师是充满生机的群体，若这个群体只靠自然的生存状态教学，如何适应当下迅猛发展的时代科技？如何授予学生在人工智能时代的生存本领？既然研究人人可能，那如何研究就势必进入我们的视阈。

赵教授在报告中谈道："研究是利用有计划、有系统的资料收集、分析与解释，获得问题解决的过程。"实际上，研究是运用科学方法探求问题答案的一种过程，然后给出了我们教师做研究的基本途径。

诚然，教师个人的自我反思、教师群体间的同伴互助、专业研究人员的专业引领是开展教学研究和促进教师专业化成长的三种基本力量，三足鼎立，缺一不可，缺了谁都会让这个三脚架"轰然倒塌"。只有三股力量的凝聚，才会构筑起个人发展牢不可破的专业堡垒，才会不断丰盈我们为师的能力，以助力我们教育教学的优化，更好地落实立德树人的教育旨归。

教师的自我反思

赵教授的观点一：自我反思是促进教师专业成长的重要途径。"自我反思是促进教师专业成长的重要力量。"另外对于"老"教师的话，"不要以为那些老教师有什么了不起"，若一个老教师没有养成善于反思的习惯，不善于体察学生反观自己的意识，若干个十年的教学可能仍停留在为师之初的水平，所不同的是可能就是多了一点狭隘的经验而已。何为狭隘？没经过反思的经验是低浅的，容易导致教师产生封闭的心态，以至成为个人发展的桎梏。

赵教授的观点二：当前的"表功文化"在不断销蚀教师的反思意识和能力。在

各种课题研讨活动中，我们发现几乎所有的实验研究都是成功的。在教学研讨活动中，评课者都大声说优点，拿着放大镜找优点，但对存在的问题却视而不见。

在行政部门组织的各种经验交流活动中，所有组织者都声称当地工作十分成功，群众都拍手称好，值得他人学习。但实际境况何如？"乔布斯之问"给了最好的回答！如果仅看那些成功经验，我们的教育发展还不知道到了哪一高度，这其实就是钟启泉教授所说的教育"狂躁症"[2]：基础教育"硕果累累"但乱象丛生。

赵教授的观点三：教师教学与评价工作中存在着很多亟待反思和改进的问题。的确，当下的教学与评价有与本真越离越远之嫌。教学目标的定位失准，教学过度倚重知识技能的现象愈演愈烈，唯分数评价却不问分数如何获得的做法大行其道，甚者上升到经验推广的高度，如此的教学与评价背离了教育教学的本质，"目中有人"被"目中唯分"取代，如此发展下去，令人担忧！

赵教授的观点四：反思可以有多种形式，以下四种途径很重要：自传反思（个人成长史）；从学生的眼睛看问题；同事的感觉、经历与观点；与文献对话。

反思，形式各异，但总是指向自我的，按照布迪尼的说法，反思是自我反思，它要求把自己看作既是反思的对象，又是反思的承担者。既然是指向自我的，就需要批评与自我批评的勇气与胆识，以自己的教学活动为研究对象，反观自己的教学行为，要敢于把自己的不足与鄙陋亮出来，并学会心理换位，从学生视角看待自己的教学，善于接纳同事的观点，学会与经典对话，在善于反思、勤于反思中调适自己、完善自己，力求臻至优化之境。

反思是教师专业发展的应有之举，笔者所在学校初中部开展的师徒结对活动，就是围绕反思活动展开的，这是教师专业成长不可或缺的一股力量。

教师集体的同伴互助

赵教授认为，校本研究强调教师在自我反思的同时，开放自己，加强教师之间以及在课程实施等教学活动上的专业切磋、协调和合作，共同分享经验，互相学习，彼此支持，共同成长。同伴互助的实质是教师作为专业人员之间的对话、互动与合作。赵教授提出了同事互助与研讨的可能形式：听评课、集体备课、教学专题研讨、师徒结对子、沙龙、教案检查与交流、反思日志交流等，笔者甚是认可。但现实的情况呢？我们教师是不是把自己封闭了起来，闭口不言，或听之任之，或不以为然，这都是心理的自我关闭，无助于自己的专业发展。如听评课活动，我们持怎样的观点、怎样的心态来评课至关重要，不论是说一通套话还是说一通恭维的话，这都既无助于授课者的自我反观，又无助于评课者理论与实践的对接，是典型的"双输"。还有师徒结对活动，师徒之间是否真正彼此开放了、是否在相互支持，这很重要。取人之长、补己之短，师徒相长是结对活动的定位。我们为师的是否把结对活动看成了负担，为徒的是否虚心学习，是否共荣互助，是否经验共享，这都关乎着活动的成败。另外，经验只有被激活、被分享，才会不断增值，否则时间一久就会消失殆尽。

同伴互助这是我们专业成长最便利、最经济的一股力量。

专业引领

赵教授提出，专业研究人员的参与是校本研究不可或缺的因素。离开了专业研究人员等"局外人"的参与，校本研究就常常会自囿于同水平反复，迈不开实质性的步伐，甚至会停滞不前，从而导致形式化、平庸化。从这个角度说，专业研究人员的参与是校本研究向纵深可持续性发展的关键。为此，作为学校应积极主动地多争取他们的支持和指导，以保证这股力量的蓬勃发展之势。

专业人员的引领可能更多地表现在理论上，当然也不乏实践的指导。但不管怎样，理论指导才是专家的看家本领，也是需要我们深度学习的地方。我们教师不缺实践活动，但缺少理论指导下的实践，闭门造车，我行我素，拒理论于门外，或以实用主义、功利主义的态度对待教学理论应用，急功近利地追求教学的短视效应，甚至不惜违背教学规律无限量地侵占学生时间，"竭泽而渔"式的教学，这都是理论匮乏的弊端。作为教师，若拒绝理论，就是拒绝自己的成长，实践就只能在低层次上重复。实际上理论的价值不单在"操作"，它最重要的价值在于给人精神和气质上的熏陶、智慧和思维的启迪、思想和理念的提升。这也是我们学习理论的根本所在，也是专业引领的价值所在。

我们常常慨叹专业引领离自己远，似乎不能与专家产生共鸣，这恰恰暴露了我们专业的浅薄，那就更需要通过不断学习来充实自己，通过自我反思与同伴互助等常规活动把自己垫高，如此就可能触摸到专家的高度了。可见，教师专业发展的三股力量不是彼此剥离的，它们的联手，才会产生三脚架的稳固，稳固了，就能更好地产生张力，以助推自己专业的进阶。

写在最后：

恰如《菜根谭》中的名言："楚兰生于森林不以无人而不芳，君子修德立言不因贫穷而变节。"我们作为平民教师，可以一辈子不成功，但绝对不可以不成长。若我们没有自身的强大，是不是越敬业对孩子的伤害会越重，打铁还需自身硬，我们手中操着的是孩子的命运。试看，园中的牡丹，山间的百合，路旁的牵牛花……都会在应时开放，它们不为世人的欣赏，只为心中的芬芳。潜心研究，静静反思，慢慢成长，"一尊佛有光才令人敬仰"，我们要做有光的佛！

研究是一种自然，但要超越常态，要知道思者日新，研者月异，行者无疆！

参考文献：

[1].熊川武,教研使教师幸福之源[J],上海教育科研,2004,4.

[2].钟启泉.遏止教育的"狂躁症"[J].基础教育参考,2015(1):71.

——2017 年 12 月 27 日

知天命之年的美丽"邂逅"

——全国首届名师领航班开班仪式感思

五月是个烂漫的季节，走过了春寒料峭，迎来了和煦之风，百花盛开，柳絮飘飞，生机盎然。在这个充满诗情画意的季节里，笔者有幸参加了"国培计划"——中小学名师名校长领航工程（简称"双名工程"）首期名师领航班培训，可谓知天命之年的一次美丽"邂逅"。

本次入选全国首期名师领航班有点戏剧性，到了北京的会议现场笔者才明白，本次"国培"之一曰高、之二曰大、之三曰上：何高？层次之高，因为本次培训是我国教师最高级别的培训，教育部王定华司长在讲话中谈到"名师名校长领航班是全国中小学校长教师的培养的最高班次，是人们心目中的'皇冠上的明珠'"。何大？阵势空前之大，十四所师范高校基地悉数登场，竞相展示自己的风采，场面可谓之宏大。何上？因为入选率之低而衬，"十万挑一"的概率，由高校大腕教授做导师，一人一案，全程跟踪，以及不设"天花板""围墙"的跨界培养，给了学员新的发展契机，可谓之上。

另外，笔者还有两个感觉：一是触及内心的暖。志愿者们（其实大部分是北京师范大学的一些教授）乐于奉献，热情周到，不失学识涵养的贴心服务与陪伴、部院领导激情澎湃而又接地气的暖心致辞、授课大师们至真至纯的深情流露，不断感动、撼动着我们，净化着我们的心灵。

二是前所未有的压力。由于入选者至少是特级教师并获得正高职称，可谓已经到了中小学教师的"巅峰"状态，说是培养，其实是归零再出发。这亟须我们开启并升级自己的导航器，迅捷接轨于新时代的高速路，守住底线，不忘初心，笃定向前。本次的培训历时之长亦为前所未有，不是一次、两次的学习，而是三年的跟踪培养，且每年不少于两个月的学习、训导。这让我们倍感"压力山大"！

教育部花如此之大气力打造我们这一团队，我们是有领航全国之宏大责任的。我们需要一系列教学成果的落地，担负着优秀自己，优秀他人，优化教育的历史使命。我们既是追梦人又是筑梦人，既是宠儿又是弄潮儿的双重身份，督使我们必须有一个高的站位，有博大的人文情怀和笃定的教育信念。作为领航人，领在何处？要领在实践上——感召力的领航；要领在学术上——研究力的领航；要领在师德上——可效法感召之示范性的领航。要成为学习者和被学习者，要把个人的成名成家之理想与国家发展、民族复兴和世界变革紧密相连，成为中国教育改革的先行者、改变中国教师群体生命气象的引领者，做一个超越名利、真正在内心深处提升心灵品质的名师，自觉担负起"强中国教育——强中国"之梦的历史使命，不负党和人民的嘱托。

要想使自己的后半场精彩，就要把既有的荣誉头衔清零，走出曾经的辉煌，踏上新的征程。既需永葆初心，不忘使命，放下包袱，轻装前进；又要仰望星空，笃定目标，背负责任，砥砺前行。

人生不是抛物线

曾经以为在人生的抛物线上，四十岁的不惑之年应然是人生的最高点和事业的巅峰。让自己惶恐的是一年一年接近四十岁，自己却依然事业平平。曾以为五十岁知天命之年应然是坐着藤椅，手把茶盏，看天边云卷云舒、日升日落的闲逸岁月。而今高端的"双名"国培让自己恍然大悟，五十岁可以是巅峰，也可以是起点。真正成功的人生其实不是抛物线，状如抛物线的人生乃消极颓废的人生。

作为全国名师的领军人物，要打破抛物线的随俗姿态，若在平面上行走很难或不可能实现自我的超越与突破，其结果必然陷入抛物线的常态，要学会陡坡攀爬、垂直登高，才会让自己的后半程在到达抛物线的顶点时，逆势上行而实现递增势态，让五十岁的教育人生更精彩、教育思想更丰盈，让五十岁的内心更笃定、更强大，进而成为最好的自己。

欲被学习，要先学习

"活到老，学到老"的古训以及陶行知先生"出世便是破蒙，进棺材才算毕业"的箴言不断启迪着自己、鞭策着自己，而这一次"国培"之学非一般意义上的学习，是带着中国教育伟大复兴的中国梦的历史使命的学习，需要真正塌下心来修炼自己，在发展的路上锐意进取，在"学以为己"的途中化育人心，唤醒内求，成人之美，传为人之道，授为学之方，解隐蔽之惑。

作为领航人，我们铭记新时代"明道立德，化育天下"的教师使命，不敢有丝毫的懈怠。在修己安人的人生征程中，在心上立志，在心上用功，学以明道，养心立德，正心树人，用自己生命的觉醒唤起更多受教者生命的觉醒。

那何为学习？——改变！无改变就称不上真正的学习。

几天的师德学习，几天的心灵感悟，几多省察，几多收获。几天来儒学传统文化的诵读与解读，让笔者又一次走近了古圣先贤，走近了国学经典，更加深刻地理解了教育的本真。笔者愈加谙悉立志的重要性，"志不立，天下无可成之事"。我们懂得了习近平总书记关于"才"和"德"的阐释，"才者，德之资也；德者，才之帅也。"教师要以德立身，以德立学，以德施教。

几天的学习体悟，使笔者重新认识了《论语》《大学》《中庸》《道德经》等，有幸聆听了国家顶尖级的大师的阐释与解读，激荡着我们每一位学员的心灵，每一天我们都被激励着、鼓舞着、震撼着，台湾著名国学大师辛意云先生独到的见解让人耳目一新，征服了在场的所有人员，尤其是语文老师们多有惭愧，很多老师谈到自己误读了《论语》，有误人子弟的忏悔。

北京知行合一阳明教育研究院秘书长张立平老师用她深悟来的阳明心学之道，解读了王阳明波澜壮阔的一生，尤其是她对"知行合一"的认识，独到、剔透而又深邃。她认为，就是因为王阳明先生"荣辱得失，触之不动"的平和心态才有了阳明先生人生格局的旷达无垠。

本次的培训活动，是一次与顶尖大师和优秀同行的美好相遇，大师们的学识德行以及为师的姿态让我们真切感受到了古圣先贤光辉思想中蕴含的立德树人的精神内涵，这使我们重新确立了立教的方向、从业的理想。我们的精神家园不断得以充实。"80"后的林崇德教授、辛意云教授、郭齐家教授以及给我们上课的每一位老师，渊博厚重、霞光万丈而又不失谦恭居下、细腻柔情，他们都是用生命做教材的老师，他们本身就是师德课程，就是新时代好老师的典范，他们就是唤醒教育良知的"关键少数"，是我们这个团队学习的有型标杆。

本次学习，收获不但多，而且深。我们深切明晰了心、道、德、事业的关系，身之主宰便是心。心是道的源泉，道是德的根本，德是事业的根源，厚德才能载物，根深才能叶茂，一定要求事物之根本，从心上下功夫，从内心深处明道立德，四维明道，五环内省，追随圣贤，垂直攀登，永远行走在朝向教育家的发展之路上。

教育是师生生命的共同成长

肖川的一句话让笔者铭记在心："教育的过程就是一个不完美的人引领着另一

个不完美的人追求完美的过程，我们永远走在'趋于完美'的路上，而达到'知行合一'需要一个过程。"可见，教育是师生生命的一段陪伴、是互促互进的共同成长。

儒学是生命的学问，教育是生命的唤醒。笔者在专业发展的生命历程中不断地叩问自己的内心：你具备唤醒的能力吗？需要唤醒的只是学生吗？一个处于沉睡状态的人，如何去唤醒别人？"打铁还需自身硬"，我们为师者自身的强大才会有学生的强大。德国哲学家雅斯贝尔斯说："教育的本质意味着：一棵树摇动一棵树，一朵云推动一朵云，一个灵魂唤醒一个灵魂。"摇动、推动、唤醒都需要力量、能量，这来自我们的"格物致知，修己悟道"！试想，只有教师本身这棵树根扎得深、扎得稳，才能使另一棵树摇曳于清风；只有教师本身这朵云纯净美好，才能推动另一朵云舒卷于蓝天；只有教师本身这个灵魂正直无邪，才能唤醒另一个灵魂美丽绽放于尘世。只有幸福的老师才能教育出幸福的学生。

学校就是一个启迪智慧、滋养心灵的生命场、教育场。在这个场域当中，孕育了学生、教师之间的共同体。教育是一个教、学之间相互尊重的和谐过程，是一个尊重孩子的天性，尊重孩子的独特性，尊重教育的规律性，把学生成长的机会还给孩子，与孩子协同学习、合生共美、教学相长的过程。

北京师范大学著名教授肖川说："良好的教育一定能够给无助的心灵带来希望，给稚嫩的双手带来力量，给迷茫的双眼带来清明，给孱弱的身躯带来强健，给弯曲的脊梁带来挺拔，给卑琐的人们带来自信。而一个拥有希望、力量和自信的人，最有可能成为幸福生活的创造者和自由社会的建设者。"

我们与学生共同成长下的各美其美、共生共美不就是肖川教授所说的良好教育吗？

"知行合一"新认识

王阳明是明代中叶人，其思想和孟子一脉相承，其学说思想被称之为"心学"。他三十八岁首倡"知行合一"。"知行合一"也作"知行本一"，对此，张立平老师做了形象化的阐释。他画了一幅图，以无知无行为水平临界线，上下各一三角形，向上的正三角即为善知善行，为君子；向下的倒三角即为恶知恶行，为小人，而善知恶行为伪君子。最顶端水平的知行合一乃为圣人，最低端的即为罪大恶极的人。

"一"何意？"一生二，二生三，三生万物""九九归一"，均是道的意思，也就是客观存在的规律性。

何为知？真知是用生命践行的东西。行之知才为知，否则为非知（假知），"实践出真知"就是这个道理。行何意？行对应知之行为，是知的外化，它们是和一对应着的，"知之真切笃实处即是行，行之明觉精察处即是知。"二者的重心何在，在"一"！知行本为一体，是相互包含的。王阳明认为，知行合一是人的生命存在的本来样态和应然样态。真知真行，"知是行的主义，行是知的功夫，知是行之始，行是知之成"。这里面有一个真知与假知、真行与假行的问题。知行合一、知行一体指的都是真知真行。

思者日新，行者无疆

学科的气场就是我们自己，我们自身就是学科，打造强大的自己就是锻造优势的学科，激发学生的内生力，这是教育的真谛。

敬业不等于专业，业不精愈敬业愈贻害于学生，敬业与专业结合起来才能会成就事业。

要有波澜壮阔的人生格局，就需要有波澜不惊的定力与境界。格局小了，无论如何也不可能把事情做大；境界低了，付出再多也无法实现真正的超越。

卓越不是"御封敕定"的，而是因成人而成家，因成事而成功，达众生拥攘之所至。

以上认识是自己一直以来的思考，随着笔者视野的开阔，触角的延伸，思考问题也在不断深入，原有的教学观念和新的教育科学理念不断发生冲突，有时困惑，有时惊喜，思维常常在断裂处穿行，在交合处贯通。本次"国培"，笔者有幸结识了一群更优秀的同行者，一群各怀绝技的筑梦人。教育部给我们全国名师领军人物的定位，给了笔者重塑自我的信心和勇气，鞭策着笔者勇立潮头，敢于领航，敢于否定与自我否定，实现蜕变，壮大自己，做"四有"好老师，以更好地助力于学生筑梦、追梦、圆梦。

结语：

这次培训，清晰了立德树人的路径，指明了我们人生下半场的航标，触动了自己的内心深处。那一场场报告、一次次体验、一幕幕场景，使我们懂得了"道"是中华文化的核心密码，老子的"道可道，非常道"，阐明了"道"是万物的起源。我们理解了孔孟的"孝悌"思想是儒学思想的缘起，决定了其"天将以夫子为木铎"

的崇高地位；我们领悟了《大学》中的诚意、正心、格物、致知、修身、齐家、治国、平天下八条目的内涵；我们悟得了王阳明先生龙场悟道、"知行合一"的家国情怀。培训让我们真正领略了中华文化的博大精深，顿悟了文化自信的真正含义。

新起点，新高度！知天命之年的美丽邂逅，更加激发了自己拼搏向上的热情。我们或许永远成不了教育家，但我们永远笃定行走在通往教育家的道路上，行走是最美的风景，新的起点、新的出发，朝向新的高度。此即为"虽不能至，心向往之"，执着践行之，力达"知行合一"的化境。

——2018 年 5 月 18 日

理解教材 理解数学 理解教学
——再听张鹤老师报告有感

教材是我们教学的蓝本，是课标的文本化、具体化，它承载了课标的理念，是众多教材编写专家集体智慧的结晶。我们一线教师只有真正理解好教材，真正体悟到教材的编写意图，才能贯通前后关联，厘清知识逻辑，才能游刃有余地驾驭好教材。此即为"用教材教，而不是教教材"的落地！

再听张鹤老师的报告，产生了诸多研究教材的共鸣点，梳理出来自勉自励。

要有透视教材的本领

透视就是要看透教材，从教材的字里行间发现蕴藏在背后的内容，也就是既要看到冰山上的显性部分，还要洞察到藏匿于冰山下的隐性部分，如此才能识其全貌，而不至于犯"盲人摸象"的错误。登高便于望远，居高更益临下，透视的另一点是要高站位、广视角地俯瞰教材，用研究的眼光、整合的心态探寻并揭示出前后知识的逻辑关联，形成结构性、系统性知识，引导学生循迹而上、逻辑行走，全面感知，学会学习。

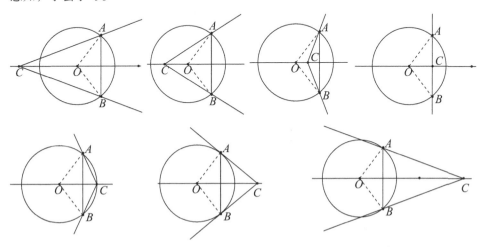

图 对称轴上点 C 移动构成的七个图形

如垂径定理与切线长定理的教学，教材上分居于圆的第一单元与第二单元，这是知识断层所致的必然，因为切线长定理需要建立在切线性质的基础上。但我们教学时，要拎出它们之间的脉线，贯通它们之间的关联，在动静中聚焦特殊状态，让两个定理对接，形成圆的轴对称性的集体图式，深化对圆的轴对称的认识，体会"以弦定轴"的本真含义。

对称轴上的点 C 在移动过程中，形成了以上的七个图形，每个图形就是一个题目背景，都可以编拟出相关的问题，因此，我们可以多一些对图形的研究，少一点单纯地解题，价值的定位是发展学生的思维，而不单单是"解题"，而是在运动过程中"解决问题"。不难发现，当点 C 运动到 AB 弦上时就是垂径定理图式，当点 C 运动至圆外，且 CA、CB 均与圆相切时就是切线长定理，如此，两个定理就打通了，共性地展示了圆的轴对称之美。另外，这七个图式的共性也昭然若揭：CA=CB 不随点 C 位置的改变而改变，这种运动不变形凸现出数学的本质。再进一步认识，切线长定理基本图式其实就包含了垂径定理的图式，以此笔者在 1997 年曾撰文《一个图形十个结论》并发表于《中学生数学报》，把图形中的基本图形进行了梳理，发挥了基本图式的应有之能。

另外，张鹤老师还谈到了教材上切线长定理一节的例题2的教学缺少逻辑，我们仔细研读可以发现，这个例题确实与刚刚得到的三角形内切圆关联度不大，仅是一个图形的背景问题。笔者教学时是循着切线的条数递增自然展开的，从一条切线，到两条切线、三条切线、四条切线……如此下去，成为一条清晰的脉络，便于学生的系统把握，并且能让学生感悟到数学的逻辑美和思维的力量。据此撰写的复习教学案例《立足发散思维，复习切线性质》发表于2003年第4期的《中学数学杂志》。

关于圆的中心对称性的教学，是基于拓展到旋转不变性下的"以弧定角"。根据先前经验可知，点与圆应有三种位置（这是由圆把平面分成三部分决定的），依次为圆内角、圆周角、圆外角，其中关涉核心要素的有圆周角（以圆周上任一点为顶点）、圆心角（以旋转中心为顶点），由于它们关联于弧，所以在同弧或等弧条件下就形成必然联系。另外，圆外角和一般的圆内角有了可转化的方向，成为一个角的群体。如此，圆心角、圆周角的研究就赋予了更加深刻的内涵与意义，而不是单单的节次，也让我们进一步认识了一般与特殊的研究思路，感知到了知识生长的力量。

再如，"旋转"一章的教学。关于"旋转"一章的教学核心是旋转的定义：在数学中，旋转是图形变化的方法之一。怎样刻画、如何理解旋转呢？初中教科书中的关于旋转的定义告诉我们："把一个平面图形绕着平面内某一点O转动一个角度，叫作图形的旋转。"从定义可以理解到数学中的旋转不是任意的、没有约束的旋转。

首先，这种旋转是在平面内绕着某一个点完成的，这个点即旋转中心；其次，旋转是用数量关系来刻画的，是转动了一个确定的角度，这个转动的角叫旋转角；最后，旋转这种图形的变化只是改变了位置，图形的形状并没有改变，因而旋转出现了两个图形，一个是旋转前的，一个是旋转后的。正因如此，"对应点"就成为旋转的核心概念。

至于中心对称、中心对称图形只不过是特殊的旋转而致，就是把旋转性质特殊化而已！

揭示出旋转与中心对称的关联，整个章的脉络就清晰了。先学一般的旋转，再识特殊的旋转（中心对称），再在数与形有机结合的工具坐标系内深化旋转与对称，使得质性与量化统一起来，认识会愈加深入。

要有质疑教材的胆量

权威的教材纵然是众多教材编写专家集体的智慧，也未必十全十美，尤其是它的适用性上未必妥帖。教材具有统一性，不可能照顾到我们教学的各个层面，这就给我们解读教材、使用教材提供了探研的空间。教材是施教的载体，不是僵死的固本，它需要我们个人融注情感与教材对话，祛除不适，"择善而从"，既要怀有欣赏吸纳的心态，又要秉持质疑批判的观念，俯瞰教材，用好教材，用活教材。

如函数性质的教学中，教材一味地从解析式出发画图观象，借助图像直观探研函数性质，如此而然，有意无意地倚重了直观，降低了抽象的思维。其实，我们教师可以适时地切换思路，先从抽象的解析式出发，"难为"一下学生，把学生置于深度思考之境，从式子本身的外在表征以及内涵上动心思，在猜想的基础上展开论证，然后再利用图像获得直观，形成直观与抽象的融汇，实践证明效果明显。因此，要充分重视对函数解析式的研究，要运用函数的思维去理解分析依托于函数解析式的自变量与因变量的关系，从而进一步深入理解函数性质的本质，这也正是教给学生研究函数解析式的意义价值所在。

这些认识契合了教育专家李庾南老师的一些设计。如李老师在教反比例函数时，在获得函数解析式后，不忙着去列表、描点、画图探其性质，而是先让学生观察解析式，从解析式中获得一些初步认识，以助力于后程的画图，像自变量、函数值均不能为0以及图像与坐标轴无交点的性质，给画图提了醒，减少了盲目、多了点从容，另外在列表后也不急于去描点，而是引导学生观察列的表，从中探其端倪，发现中心对称等特性。在此基础上，再画图就会更加合理准确。

要有共赢的备课情结

张鹤老师对集体备课的认识：统一教案不是集体备课，教师要端正心态共研教材，共同出谋划策，而不是都想从中获取现成的设计，"共备"替代不了"个备"。笔者认同这一观点，诚然，备课需要把"共备"的成果融入自己的"个备"中，并且在"共备"之前一定要有自己的"个备"，就如同教学环节的讨论，首先要有个性的独立思考，在独立思考基础上的讨论才有意义、有价值，也就是大家都拿着自己的思考成果来交流，而不是两手空空来索取。若都存有直接"拿来主义"的心态，集体备课将没法进行下去，进行也只能是形式，也不能形成观点的碰撞，也就没有了"研磨"的市场。集体备课不是个人备课的拼盘，更不是叠加，是个性化的交锋与熔铸，需要"仁者见仁，智者见智"，需要"百花齐放，百家争鸣"，需要"你来我往观点相左"，最后求同存异，达成共识，"美美与共"！

要树立化文为图的审题观

这一点与笔者的认识相合。笔者一直在做这项工作，在笔者的课堂上，处处可见学生通过画图助力审题的场景，使思维可视化，使审题更深刻。

基本的做法是：将题目给出的图遮蔽起来或隐去，让学生自己根据题目的描述一步一步自己画图还原，在图的生成过程中，展开广泛的联想与搜索，体悟题目的每一个子条件。画图完成的过程就是深度理解题意的过程，在这个过程中有时候还会有一些额外收获，增值了题目的内能。

尤其是一些复合图，纵横交错的线、琳琅满目的角，一眼望去，满目迷茫，可若通过移步换景，分解了复杂图形，变成单图的不断叠加，然后在它们的组合中再次唤起联想，形成更加综合的认识，以此可发展学生的几何直观。

因此，读复合图要善于引导学生学会拆解，用基本图的观点看待图形，寻出其中的基本图，然后展开联想，形成思路，在分解中明晰，在凝聚中发力。

要树立多思考一步的意识

让多思考一步成为常态。在平日教学中，有很多问题我们熟视无睹，以致自己没能走出平庸的怪圈。

多思考一步，用王尚志教授通俗的说法，就是捅破那层窗户纸。窗户纸在没捅破之前，我们是迷茫的、混沌的，一旦捅破就会豁然开朗、境界大开，可我们平时往往缺少捅破这层纸的胆识和勇气，平平淡淡、庸庸碌碌、日复一日重复着昨天的故事也就无可厚非了。"山重水复疑无路，柳暗花明又一村"，多行一步或许就是明媚春光，多思考一步，或许就能摆脱困厄、走出困境，使"破茧成蝶"成为可能。在教育教学中，我们是否经常性地回归原点去思考？能否把看似理所应当而又不能明其缘由的认识当作问题去思考？比别人多思考一步，就比别人多一次成功的机会。

要打造"人本"课堂

我们的课堂最缺少什么呢？是缺少知识吗？许多老师专业扎实，传道授业；是缺少方法吗？许多老师也是讲练结合，循序渐进；是缺少责任吗？许多老师已经是披肝沥胆，默默奉献。[1]

我们感觉到，学生的学习是基于教师、家长的要求、推动、逼迫，在这种状态下，学生学习始终处于被动状态，没有走向主动、没有指向创新。

其实，课堂最缺的是什么？笔者认为最缺的是情调、趣味、生机、活力、激情、对生命的赏识与敬畏，最缺的是真善美的唤醒与践行，精气神的提振与升腾，最缺的是一种推动学生主动发展的力量，如果我们的课堂能够找回这种力量，就是课堂最大的成功。

基于与专家共振的认识，笔者认为顺应时代发展大势，需要打造以人为本的课堂，努力实现章建跃博士论及的"取势、明道、优术"，让课堂焕发生命的活力。

要理解好教学

何为教学？就是教会学生学。

学生不喜欢的让他喜欢，学生不爱思考的要让他思考，学生不清楚的让他渐渐清楚——肤浅的认识让它渐渐深入，片面的认识让它渐渐全面。这就是叶圣陶先生"教是为了不教"教育思想的主要观点[2]。可是我们常常看到一些课堂上教与学是各自为政、相互剥离的，这就是短失教师"教"的课堂。老师退避三舍，该讲的不敢讲、该纠的不敢纠、该补的不敢补、该点睛的不敢造次，这就是教师的缺位，教师还自以为是落实了突出学生的"主体"教不越位，但也不可缺位。这类没有"教"的课堂，是务虚的课堂、低效的课堂。教师的教学过程，应然是一个以文化人的过程，是一个以人育人的过程，是一个引导个体生命觉醒并迈上自我成长之路的过程。如果学生没有觉醒，硬裹挟着他走你要他走的路，无论他跟不跟你走，结果都是两败俱伤。"按着鸡头吃米"是要不得的，只有化被动为主动，教学才会真正发生。

教学的本质是"相长"。

"教学相长"是《礼记·学记》给我们的智慧经典，《韩诗外传集释》中也有论述，意思是教和学两方面互相影响和促进，都得到提高。追溯如下：

《礼记·学记》中云："虽有佳肴，弗食，不知其旨也；虽有至道，弗学，不知其善也。是故学然后知不足，教然后知困。知不足，然后能自反也。知困，然后能自强也。故曰：教学相长也。兑命曰：'学学半。'其此之谓乎？"其大概之意是："即使有美味的菜肴，不吃，不会知道它的味道鲜美；即使有最好的道理，不学，不会知道它的高妙。因此，通过学习然后知道自己有不足的地方，通过教然后知道自己有困惑不解的地方。知道自己有不足的地方，然后才能够督促自己进一步学习；知道自己有困惑不解的地方，然后才能够自我奋发进取。所以说：教和学是互相促进、共同提高的。《兑命》说：教别人也是自己学习的一半。大概说的就是这个道理吧。"

汉代的韩婴在《韩诗外传集释》卷四中，关于"教学相长"也有一段论述："剑虽利，不厉不断；材虽美，不学不高。虽有佳肴，不尝不知其旨；虽有善道，不学不达其功。故学然后知不足，教然后知不究。不足，故自愧而勉；不究，故尽师而熟。由此观之，则教学相长也。"大意是说："剑刃虽然锐利，不磨就不能斩断他物；人的资质虽然聪颖，不认真学习，就不能提高修养。虽然有美酒佳肴，不亲口品尝，就不能知道它们的味美；虽然有正确的道理，不努力学习，就不能通达它们的功用。所以说，通过学习，然后才会发现自己的不足；通过传授，然后才知道自己研究不深。发现自己的不足，就会心愧而努力学习，知道自己的研究不深，就会遍天下求师而弄透事理。从这些看来，传授与学习是相互促进的。"

两段话聚焦"教学相长"的阐释，追溯原本出处与含义，体悟内理，很好地解读了教学相长的意义。教育家陶行知先生也做出了个性解读，说：教学是"教师创造学生，学生创造教师"的过程，创造的关键在于一个"新"字。"长"才会"新"，相长就是孕新。

"教学相长"旨在实现师生互动，相互沟通，相互影响，相互补充，教师的引导和学生的自主和谐共生，彼此理解和悦纳、碰撞和交融，从而达成共识、共享、共进。"相长"的过程就是教与学"互惠共赢"、师与生"交往互动"的过程，"水本无华，相荡乃成涟漪；石本无火，相击乃成灵光"。"交往"的目的和价值不仅是为了学会知识和培养能力，更在于"体验"生命成长的过程。所以，教学应该是亲身的经历，生活的积累，生命的验证，是师生人生中一段重要的生命经历，也是师生生命的、有意义的构成，在这样的"相长"中彼此获得精神的成长和生命的发展[3]。学科的本质是让科学与人文"相融"。现实中很多课堂，仍没有逃脱应试的羁绊，追求片面的短期的效应，过多强调对知识的习得，忽视对文本表达方式的关注，偏离了立德树人的导向。

结语：

学习无止境,理解伴其中。美国历史上最有影响力的心理学家卡尔·罗杰斯在《自由学习》一书中写道："生命最好的状态就是一直处于改变的过程中，而绝不是预先设定。""智慧并不是来自时间或年龄，而是来自接受生活的挑战，从错误中学习，在经验中成长。通过新的经验产生的这种不平衡，从最真实的意义上来看，就是学习。"这是对"学习"的别样解读。"行动起来吧，那样才会拥有更美的风景，拥有更好的状态。"这句话与泰戈尔的一句话不谋而合："行动吧，沿着你的道路，鲜花将不断开放。"

参考文献：

[1]曾军良.让儿童在自然生长中感受幸福[N],中国教师报,2018-05-02(13).

[2]黄厚江.课堂上要看得见学和教[N],中国教育报,2018-07-04(11).

[3]孟晓东.从本质处思考教学[J],江苏教育(中学教学),2016.11.

——2018 年 7 月 20 日

感悟一场讲座，认同四个观点
——蔚国娟报告"新课标下教学研究之思考"之心得

2018 年 7 月 11 日，山东省滨州市教科院组织了滨州市名师工作室主持人暑期的第一段培训，首场为北京西城区的老政治教研员蔚国娟老师的报告，听了一天的课，纵然科目与数学不同，但还是有些许的共鸣。蔚老师谈到的四个观点，笔者非常认同，以下结合自己的感悟，做一下梳理。

一、记忆之谈

"如果说智力是一座工厂，那么记忆力就是积累原材料的仓库""记忆为智慧之母"，亚里士多德如是说。著名数学教育家张奠宙也有"记忆通向理解"的观点，这都传递出记忆的重要性。记忆本身虽不是智慧，但它能孕育智慧，它是一切智力活动的开始。

当下，由于应试教育的原因，很多人把罪责归到了"记忆"上，视记忆为猛虎，似乎学习只要和记忆扯上关系，就和重负掰不开，就是"死记硬背"，这都是世人的偏见所致，殊不知记忆是智力的重要组成元素。

作为记忆，不用说是以记忆见长的文科，就是以理性推理为重的理科也离不开记忆。记忆是学习发生的必要条件，任何科目都不可能超越，"不记则思不起"道出了记忆的不可或缺。

按照人类信息加工理论的观点，人的行为是处理来自外部环境及思维内部的信息的结果。信息的处理是在一系列的"记忆（器）"中进行的。记忆可分为感觉记忆、工作记忆和长时记忆，每一种记忆都有不同的处理和存贮功能。可见，没有记忆就没有信息的加工。

在课堂教学的现实中，迄今为止存在三种认识论见解：一是通过传递形成认识、重视记忆的见解。这种见解的问题在于，它把教育简单地归结为一种"教化"或是"训练"了。二是重视思考力培养的见解。这种见解着眼于思考活动的活跃化，特别是问题解决式的创造性思考能力的培养，是值得重视的。但问题在于，不能因为强调了"思考"而轻视了"记忆"。三是以"相互赋予意义"为基础而形成认识的、意义交流的见解。课堂教学就是师生共同生成意义、交流意义的场所。我们要善于区分这三种认识论，其中第三种认识论正是新课程改革所倡导的。关于这个问题，笔者曾经发表过一篇文章《数学要记忆，更要理解》，从辩证的角度阐释了记忆与理解的关系，被《初中数学教与学》全文转载，深得专家的认同。

"真理往往在中间地带。"我们既要看到自己的优势，葆有民族自信，又要看到别人的长处，学习之后为我所用，充盈自己。

二、教师成长的三阶段

教师成长的几个阶段，有若干大家在谈这些问题，代表性的有：

钱梦龙老师的四境界：第一境界：不言春做苦，常恐负所怀；第二境界：却顾所来径，茫茫横翠微；第三境界：欲穷千里目，更上一层楼；第四境界：行至水穷处，坐看风云起。

罗增儒教授提出的教师三境界："经验型、技术型、研究型。"

朱永新教授提出的教师四境界：第一境界，是让学生瞧得起的老师；第二境界，是让自己心安的老师；第三境界，是让学校骄傲的老师；第四境界，是让历史铭记的老师。

另外还有人生修行三境界之说：看山是山，看水是水；看山不是山，看水不是水；看山还是山，看水还是水。王国维的做学问三境界（"昨夜西风凋碧树，独上高楼，望尽天涯路。"此第一境也；"衣带渐宽终不悔，为伊消得人憔悴。"此第二境也；"众里寻他千百度，蓦然回首，那人却在，灯火阑珊处。"此第三境也。），等等。还有朱光潜的文学修养四境界：疵境、稳境、醇境、化境。冯友兰的人生四境：自然境界、功利境界、道德境界、天地境界（哲学境界）。

蔚老师借鉴专家的划分通俗地给出了教师成长三阶段：

第一阶段，自我展示阶段：关注自己、发展自己的专业知识、增强个人魅力。关注点在个人，说白了就是"自我"，目中基本无他人。

第二阶段，关注学生阶段：关注学生，"狠"抓学生的知识落实，教学成绩快速提高。

第三阶段，科学发展阶段：不断发现、研究、解决新问题，发展成为不可遏止的趋势。

解读如下：

第一阶段，师生关系好，常被学生崇拜、深受学生欢迎，但两年甚至三年下来，却发现学科成绩排在了后面，甚至与学科成绩高的班级相去甚远，究其原因是什么？因为一种自由、松垮式的师生沟通，老师这个阶段的教学让学生的惰性打败了，这个时候若老师自己想不明白还会很痛苦，百思不解为何好的付出没得到好的回报？不是说"亲其师、信其道"吗？为什么自己没把学生教好？这阶段教师容易开始怀疑自己在学校的所学的是纸上谈兵，想不通就容易被赤裸裸的现实击碎自己的梦想。其实，我们做的没有错，只是需要做一下行为的调整，把重点从关注个人魅力上转移到关注学生的学习达成上，狠抓落实就可以了。成绩的提高其实就这么简单，有些人为获得一点成绩而沾沾自喜，甚者认为自己这样教就是高质量的教，简单地把分数等同于教学质量！如果一个人沉湎于高分而不自醒，往往就会在此止步了，然后就是日复一日的让学生在题海中做题以获取高分，并自鸣得意。从不考虑"性价比"的问题，意识形态中把"效率"等同于"效益"，这就是所谓"高分"掩饰下的教学质量。尤其是作为青年教师，我们若不能自省，往往会纠缠其中而不能脱身，如此，我们就是在用好心做着并不好的事。

只有突破了这一阶段，才能进阶"科学发展阶段"，这也理应是站稳讲台的中青年教师的教学诉求，这一阶段已经突破了单纯追求分数的阶段，开始有了理论的诉求，有了课题意识和科研意识，讲求优质高效。

三、好课"六有"

对好课的认识纷杂，没硬性的一定之规，其中非常典型的有叶澜教授的"五实"——扎实、充实、丰实、平实和真实。叶澜教授认为好课没有绝对标准，但有可供参考的基本要求，就是"五实"，笔者十分认同。崔允漷教授认为好课的标准是：教得有效，学得愉快，考得满意。顾明远教授认为世上有四种老师：深入浅出（轻负高效）型、深入深出（重负高效）型、浅入浅出（轻负低效）型、浅入深出（重负低效）型，深入浅出型的课就是好课。刘良华教授认为：一堂好课的基本要素至少有三点：一有效，二开心，三主动。诸如此类的论断还有很多，在此不再一一列举，以上四位专家基本道出了什么叫好课，而现在蔚老师谈的"六有"更加具体、更加接地气（其实蔚老师率先提出了"四有"，"六有"是北京著名特级教师胡云琬老师充实完善的）。"六有"为：

有魂——情感、态度、价值观导向正确。

有神——教师充满激情，学生思维活跃。

有序——结构思路清晰，教学过程顺畅。

有生——预设与生成相融，课堂因生成而精彩。

有色——鲜明的教学特色，有艺术性和创新性。

有效——三维目标落实，学生学有收获（学生不能哈哈一笑，啥也不知道）。

"魂"就是学科的价值所在，是教学的本质的体现，是学科精神，这个不容偏失。"神"就是神韵，就是生命力所在，就是充满活力神采，外显在教师身上是激情万丈，内隐在学生身上是思维活跃。关于激情，蔡元培也有过一句经典的话语："教师最重要的是激情。"

"序"就是逻辑顺序、思维顺序，一节课讲求浑然一体，新旧知识过渡自然，各个环节"转场"平滑、衔接顺畅，符合学生的认知特点或逻辑关联，在知识体系的不断完善、不断递进中跃升，这些体现的就是序。

"生"乃生成也。课堂没有生成就失去了生机，生成与预设是教学中的一对矛盾统一体。生成是相对于预设而言的，课堂因为有了生成，才拥有了充满生命的气息，才拥有了撼人心魄的感动。叶澜教授曾做过这样的精辟论述："课堂应是向未知方向挺进的旅程，随时都有可能发现意外的通道和美丽的图景，而不是一切都必须遵循固定线路而没有激情的行程。"我们应该清楚，设计是超时空的策划，缺失现场性，当教师将方案带入现场时，往往要因势而动做出调整，教学中学生的灵机一动、别出心裁等都可能催生出一个个活生生的教学资源，都会为生成带来新的可能，教师要蹲下来平等对话，悉心捕捉鲜活的生成资源，放大动态生成的瞬间，而不是固守预设演"教案剧"，要凭教学智慧做好顺应选择，使预设、生成双收双赢。

"色"就是特色，就是创意，就是艺术。教育是艺术，需要创新。我们要看课堂是否形成了鲜明的个性主张或思想，其艺术性如何。教师要彰显个人魅力和教学风采，有自己独特的教学风格。

"效"就是效率、效益，但二者不可等同。所谓有效，主要是通过教师在一段时间的教学后，学生所获得的具体的进步和发展。这是对有效教学的价值定位。可见，这个效既在"四基"上，还在学生的发展上。具体体现在两大维度：一是知识落实、方法获得、能力提高的有效维度；二是情感道德提升、学习兴趣增强、意志品质优化等终身发展维度。两个维度都好了才是真的好，才真的能使学生受益终身。也就是说，有效教学关注科学，更关注人文；关注效率，更关注价值；关注眼前，更关注长远。因此，我们不能过度关注"有效"，而轻慢、忽略了"价值"。

有效是价值的一种表现形态，而非价值的全部。在实践中，我们不能把"有效"等同于价值，更不能以"有用"覆盖"价值"，否则，有效教学有可能产生知识化、技能化和急功近利以至应试化的倾向。这种思潮蔓延，必然会让我们滑入工具理性的窄洞，丢弃了价值理性，只重结果而不问过程，只重效益而忽略动机，只重效率而不讲科学规律，最终导致教学的功利主义、浮躁心态，以至于为追求所谓的最好结果而走上"应试大道"。更有甚者，把有效只窄化为知识和技能，把思想方法、活动经验以及数学文化统统弃之脑后，又走了回头路，这是与课程改革的理念完全背离的。

我们一起聆听一下郑新蓉教授的告诫："所谓教育有两个角度，一种是以效果而论，一种是以目的而论。有些举动虽然有教育效果，但效果映射出的往往是与道德沦丧的换赎，因此，以效果论英雄不是好的'教育方式'。就像家长打了孩子一巴掌一样，可能效果很好，但那是情急之下做的，不一定每次都管用，也不是教育之道。如此是要付出代价的。"

另外，有的专家还谈到，加上"三个有"，以突出对学生的关注：有思（思考、思辨、思想）、有新（意）、有人（目中有人），笔者以为这"三个有"已包括在了"六有"之中，在此不论。

四、如何讲题

关于这个话题似乎更多体现在理科，但今天蔚老师作为政治科目的教研员也提到了讲题的问题。蔚老师的观点是不看答案的讲题，笔者甚是认可，颇有共鸣。

蔚老师说："若给学生讲题目，不要先行看答案，否则不如不讲。若看了答案去讲，基本就是奉送答案，就是'告诉'！"另外，蔚老师还调侃地谈到："若一位老师不看答案讲不了题，那就改行吧！不改行就是误人子弟。"

的确，一个明确了题目的答案而去讲给学生听的时候，我们是带着答案走向学生，带着加工后的精品向学生炫耀，学生见不到这道题是如何解的、老师是如何思考的、老师遇到障碍时是如何调整的。这些统统隐匿起来，这与搜题软件获得的结果无异！笔者的认识是：与学生一同零起点解题，敢于漏拙，漏拙的过程就是学生思维发展的过程，让学生见到老师解题的真面目，见到老师整个的思维过程，一旦通了如何乘胜追击，一旦遇障如何绝地重生，如此，既给了学生解题的信心和勇气

（因为学生会发现老师解题也是磕磕绊绊），又展示了解题的全貌，让学生思维得以历练，一箭双雕！

最后一句话共勉：

最快的步伐不是跨越，而是继续；最慢的脚步不是迟缓，而是徘徊！

行走永远是最美的风景，教学与研究就是我们的行走，"四有好老师"就是我们教育教学行走的"北斗"！

——2018 年 7 月 11 日

友善用脑，科学学习
——滨州市名师工作室主持人培训学习体会

北京市学习科学学会副会长兼秘书长李荐老师用了一天的时间给我们上了一堂特殊的课——"友善用脑"，让每位在场的名师工作室主持人再次认识了何为"学习"，对学习有了更深层的体悟，获益匪浅。以下笔者谈谈自己的点滴收获。

一、何为学习

这个看似不需要回答的问题，却引起了我们极大的兴趣。"学习、学习再学习。""学而时习之。""三人行，则必有我师焉。择其善者而从之，其不善者而改之。""吾尝终日不食，终夜不寝，以思，无益，不如学也。"这都道出了学习的重要性。我国古代的经典《学记》对学习也有诸多阐释，如："玉不琢，不成器；人不学，不知道。""虽有至道，弗学不知其善也。"

丹麦学习学专家、国家学习实验室主任克努兹·伊列雷斯（KnudIlleris）在他的《我们如何学习——全视角学习理论》一书中把"学习"界定为："发生于生命有机体中的任何导向持久性能力改变的过程，而且，这些过程的发生并不是单纯由于生理性成熟或衰老机制的原因。"

美国心理学家西蒙（H.A.Simon）认为学习是"系统为了适应环境而产生的某种长远变化，这种变化使得系统能够更有效地在下一次完成同一或同类的工作"。

《论语·述而》："不愤不启，不悱不发。"昭示："教"永远是处于辅助与指导地位，而学习的主体一定是从事学习活动的学生，在教和学的过程中，"学"是关键。

古人认为："学，觉悟也；习，数飞也。"只有内心的领悟与觉醒，由内而生意向，然后不断地实践，达至"悟"后的知行合一，学习就真正发生了。没有"觉"就谈不上"悟"。

Educate 一词词根的意思是"由内而生"，这与中文"学"的意思完全一致，可见古时西方对教育的理解与古老的东方如出一辙，他们强调的也是"学习者"这个学习主体的内心"领悟"。

综上，"友善用脑"认为：学习是人的身体、智力和情感协调互动、共同作用的结果，对事物的认知和把握过程。学习的结果能使人的心智和行为产生持久的变化。

《反思教育：向"全球共同利益"的理念转变？》一书中谈及：学习既是过程，也是这个过程的结果；既是手段，也是目的；既是个人行为，也是集体努力。学习是由环境决定的多方面的现实存在。获取何种知识以及为什么、在何时、何地、如何使用这些知识，是个人成长和社会发展的基本问题。

学习是由学习者和学习环境共同构筑的一个共同体，学习的主体要全部投入其中，学习环境中的各个因素也对学习产生着影响。

古人的"心之官则思"是偏颇的伪科学，现代科学认为，学习的主要器官是大脑。人的大脑是人的智力体现，在获取知识、掌握技能的过程中发挥智力的作用，另一方面大脑也是人的情感控制中枢，调动大脑的相关皮层参与学习过程，促进或阻碍学习目标的实现。

二、多感官教学

20世纪50年代，维尔德·潘菲尔德（Wild Penfield）等人对大脑皮层机能定位进行了大量的研究，总结出了大脑皮层上的体觉区与躯体各部分的关系图。从图中可以看到人的眼、耳与大脑皮层对应的区域很小，也就是说光靠"听"和"看"，刺激大脑的皮层很有限，而眼、耳、鼻、舌、口、躯体和双手都动起来，刺激大脑皮层的区域会加大很多。而且从我们抽样学情调查的结果来看，听觉型和视觉型的学生比例也不大，由此可见：课堂教学中"静听"模式不符合人的大脑工作原理，不利于人的思考和记忆。试验表明，一个人靠听能记住的知识只有10%左右，靠看能记住的知识在30% ~ 50%左右，而如果人亲身参与，在动感中学习和体验，能轻松记住70%以上。因此，教师在教学中要根据学生的特点，设计教学环节，充分调动学生的多感官，这不但能够适应各种认知倾向和思维类型的学生，而且能够使每一个学生都能达到轻松快乐学习的目的。

人的认知倾向不同，导致了人的学习方式的差异。何为认知倾向？人通过各种感官接收外界的信息，经过大脑的加工处理，转换成内在的心理活动，进而支配人的行为，这种信息接收、加工和处理过程就是人的认知过程。由于人的生理差异和生活经历不同，每个人的感官接收信息的敏感程度以及大脑组织加工信息的方式也不相同,在认知上存在一定的倾向性。认知倾向可分为:听觉型、视觉性、动觉型、均衡性。

听觉型的人擅长听和说,他们喜欢口头说明、大声念书,学习时喜欢自言自语。声音的刺激可以促进提升他们学习的效果。

视觉型的人,学习时可以配合音乐或者其他音视频资料,并且可以多与伙伴交流学习体会,也可以多参与演讲比赛、辩论赛等活动。视觉型的人对视觉刺激更为敏感,他们可以从文字和文字的组织方式及书写方式中获得大量的信息。视觉型的人更喜欢阅读和写作,更喜欢欣赏视觉艺术,善于记忆形状和色彩。视觉型的人学习时,利用令人印象深刻的颜色、形状、图案等,会学得更好。

动觉型的人更倾向于运动和行动,喜欢通过触摸、表演、手势和节奏来学习,喜欢一边运动一边想问题。动觉型的人学习时可以配合一些身体动作,也可以参与实践类学习活动来强化学习效果。

均衡型的人在认知方面没有明显倾向,可以多与人交流学习体会,借助符号色彩形状学习,多参与实践类学习活动,调动多种感官共同促进学习,综合提升学习效果。

认知倾向使学生建立自有的学习方式的心理基础,直接影响学习方式,是教师、家长必须了解的,也是改变课堂教学方式的主要依据。

学生思维类型的不同也会左右学生的学习方式,据此可规划出相对应的不同教学设计。学生思维类型一般为分析型、总体把握型、均衡型。

分析型的人做事认真,条理清晰,规则意识强,他们往往擅长于数学和其他科学类学科。他们很容易钻牛角尖和患上"努力学习"综合征,一旦事情不按照计划进行,就会感到焦虑。分析型的人在学习时,如果可以借助图表等形式,效果会更加突出。

总体把握型的人直觉强,更有想象力、创造力和冒险精神,他们全局意识较为突出,能对问题进行总体把握。总体把握型的人学习时需适当注意细节,避免可能出现的"马大哈"问题,提高学习的质量。

均衡型的人,没有明显突出的思维方式特点,他们能够根据需要来随机应变地使用分析和总体把握的方法处理问题。

作为一线教师,我们对这些脑科学方法、心理学的知识知之甚少,教学过程中便难以从容。为了调和各种样态以取得优质的教学效果,多感官教学就应运而生了。《学记》中也有"学无当于五官，五官弗得不治"的论断。研究表明，朗读时"发声"这个能动因素和"耳听"这个被动因素同时作用，对大脑的刺激比单纯默读强得多。另外，边写边记也同样有效。还有，节奏是语言的固有频率，科学研究证明，它可以给大脑一种强刺激，使思维与这种频率引起共振，从而加强记忆。

除了多感官教学能产生优质的效果外，师与生这个生态系统也需要调和，当师生思维同步时，教学效果最佳。因此我们要尽可能地走进学生的内心世界，体察学生的诉求，放低身段，与学生思维共振，课堂教学就成功了。

总之，只有崇尚科学、尊重规律去学习知识，才会更好地吸纳智慧、发展思维、提高素养，才会奏响中国新时代立德树人的最强音。

三、友善用脑

"友善用脑"是以人本主义思想为基础，以神经学、心理学研究成果为依据，以教（学）会学习为理念的，强调教师、学生、家长三方互动、积极学习的新方法。它为实施素质教育、为教师由"主导型"向"指导型"转变提供了切实可行的思路和方法。

由此可知"友善用脑"的一个理念、两大依据、三方技巧：

理念：相信所有的学生都是天生的学习者！

依据：神经生物学（脑科学）、心理学。

技巧：学校管理策略；课堂管理方法；家长帮教策略。

"友善用脑"告诉我们：学习是学习者的学习；在学习上要发展学生所有制；学生是学习的主人；所有的学生都是天生的学习者；只要条件适宜，所有的学生都能轻松快乐地学习！

可见，学生与学习是分不开的，学生就是为学习而生的，我们理应是学生学习的引路人。

学会"友善用脑"，需要进行学情调查，学情调查是根据"友善用脑"理念对学生学习情况进行的综合调查，也是对学生的"学习素质"的调查。

何为学习素质（学习习惯和学习支持系统）？学习素质是人先天遗传和后天习得的在一定时间内相对稳定的学习能力和素养。一般会从学生的认知倾向、思维类型、学习快乐度（学生的学习习惯和学习支持系统）和学生学习效果几个方面，了解学生学习的基本情况。

"友善用脑"的研究表明：因为每个人的大脑都是不一样的，所以每个学生建立知识体系和记忆的方式也不一样。"一些引起身体、大脑压力反应的因素成为课堂学习的大敌。"

基于此，"友善用脑"注重根据学生的生理、心理规律开展教学，要求教师："如果学生不能适应我的教学方式，就让我教会他用他的方式轻松学习。"

"友善用脑"善于借助思维导图。思维导图是一个打开大脑潜能的强有力的图解工具。它同时运用大脑皮层的所有智能，包括词汇，图像，数字，逻辑，韵律，颜色和空间感知。它可以运用于生活的各个层面，帮助学生更有效地学习，更清晰地思维，让大脑具有最佳表现。

思维导图由 Tony Buzan 在 20 世纪 60 年代创立。至今，在全球已经为成千上万的人使用。从小孩到老人，只要你想更有效地使用你的大脑，你就可以使用思维导图。其优势表现在用思维导图可以抓重点、找联系、塑形象，帮助人思考或记忆。思维导图具有高度的概括性、有序性、形象性。

学生的学习方式与思维方式密切相关。对于学生来说，重要的是在占主导地位的思维方式和学习方法之间找到平衡，发挥自己的潜能，灵活运用学习技巧，这样才能提高学习效率，达到事半功倍的效果。

我们一起认识一下"友善用脑"四结构的思维导图：

线性结构——逻辑思维；放射结构——发散思维；平面结构——整体思维；综合机构——均衡思维。

友善用脑善用评价。

评价通常是指对一件事或人物进行判断、分析后产生的结论。友善用脑在课堂教学评价当中，注重的不是结论而是过程。

评，是"评论，批评"的意思，价是"价值"。《说文解字》中对"价"的解释是"善也"。评价就是批评某一事件，评论它的价值，特别注重的是对它好的方面进行正面点评。

为什么在课堂教学中要注重对好的方面进行正面点评？这与"友善用脑"对教育的理解密不可分。教育是关注一个人成长的大事，梁启超先生说过："教育是什么？教育是教人学做人——学做现代人。"做人要有好的身体，做人要有立身的本领，做人要处理好各种关系，充当好各种角色。这就要求人要养成好的习惯，正面评价有助于人们养成良好的生活、学习、交流习惯。

评价是"友善用脑"课堂教学中教师调控学生的重要手段，如何实施"友善用脑"课堂教学评价呢？"确立评价方向"是"友善用脑"课堂教学评价应该考虑的第一个问题。

评价具有导向性，在学生学习过程中学生应该具有什么样的道德修养？应该具备哪些基本能力？养成那些良好习惯？这些都是由评价导向决定的。确定评价方向，要依据教育的根本目标。明确了培养什么人的问题，就找到了如何评价和怎样评价的方向。友善用脑课堂教学注重培养的是人的综合能力，人的综合能力体现在与人交往的过程中，体现在发现问题、解决问题的能力里。一个学生有没有尊重别人、善于倾听的习惯？有没有遵守规则、忠于法律的意识？有没有乐于助人、善于合作的品格？这些都是人的综合能力的表现。

评价中学生的错误要让学生自己发现和改正，而不是教师的命令所为。

学生在展示中出现错误怎么办？很多老师急不可耐地跳出来，指出学生的错误，告诉学生正确答案。这是一种极其不好的做法。"友善用脑"的课堂教学原则是"创设场景、诱发思考、引导结论"，给结论就是让学生死记硬背，是对学生的不尊重。学生的错误要让学生自己找出来，自己改正，这样对他们的影响才会大。

怎么让学生发现错误？一个了解学生的老师，在备课过程中应该能够预估学生的问题，并把可能发生的问题设计在规则中。

我们知道，课堂上的教学评价是发生在瞬间的。评价既要有清晰的导向，也要有明确的界定；既要具体详细，也要提纲挈领；既要全面周延，也要明确简练。在长期的"友善用脑"课堂教学实践中，很多学校认为"倾听、规则、合作"能够兼容品德与能力、知识与素养，能够基本包容和概括课堂教学中的主要问题，因此把这三个方面确定为"友善用脑"课堂教学评价的主要方向。

四、教育的孱弱

社会上一些现象其实从侧面暴露了我们教育自身的孱弱，担负教书育人的我们是不是还不够专业、不够强大、不具备不可替代的本领？这就亟待我们丰盈自己、壮大自己。

教育是一门科学，科学需要求真，教育是一门艺术，艺术贵在创新。教育又是一门学问，学问需要探讨、需要研究。教育科学赋予我们师者责任，我们是否具有专业的不可替代性？是否有真正的师道尊严？尊严的赢得同样需要我们自身的强大。

要自身强大首先需要内心的强大，我们要有高的站位，要不断给自己充电蓄能。在人工智能时代，诸多机械、重复性的工作慢慢会被人工智能取代，但教师行业是塑造灵魂的行业，被取代的可能性较小，可我们自身能否存活，取决于我们能否有"清如许"的"源头活水"，这督使着我们不懈地学习、不断地研究、不停地实践。

五、因材施教

《学记》云："学者有四失，教者必知之。人之学也，或失则多，或失则寡，或失则易，或失则止。此四者心之莫同也。"这让我们知晓学生的缺点有四种类型，教师不可以不知道。在学习中，有些学生的缺点是贪多务得，有些学生的缺点是狭隘寡闻，有些学生的缺点是轻率勇为，有些学生的缺点是畏难而止。这四类缺点的根源是因为学生的心性不同之故。

"知其心，然后能救其失也。"这告知我们必须了解学生的心性，才能矫正学生的缺点。

"君子知至学之难易而知其美恶，然后能博喻。"这让我们明白教师知道学生的程度有深浅，资质有好坏之分，然后才能多方诱导。

以上的论断聚焦于一点：科学施教就是因材施教。就是由于学生的差异性才会让教育成为教育，让教育真正发生。

六、结语

"我们走得太远，以至于忘记了为什么出发。"纪伯伦如是说。当我们忘记了初心，就会盲行，就会迷失在漫漫路途中。科学施教需要友善用脑，需要知晓脑科学的基本常识，可我们知之甚少。因此我们要不误人子弟地施之以教，就离不开深度学习。专业学习、成长应然是相伴教师一生的行动，不是一蹴而就、一朝一夕可为。培训只是学习的外力启动，只是在唤起行动，它是教师有专业发展诉求的引擎，只有欣然培训，才能让学习深入我们的心底，融入我们的血液，如此才能完成由外而内的转向，那我们教育生涯的每个日子才会打上学习的烙印，氤氲学习的气息，弥散学习的韵致。

学习无止境、培训无归期。

——2018 年 7 月 12 日

培训：教师专业发展的引擎

社会的快速发展，课程的不断变革，加速了培训的节奏。当下培训可以说多如牛毛，如此一来，一谈及培训，有些教师有些许的反感，或多或少存有排斥心态，这给培训带来了难度。笔者原以为，农村中小学教师安于现状、不思进取，对培训态度漠然，但一次调查分析颠覆了笔者的认识。调查分析结果显示：农村老师90%以上对培训是渴求的，只是没有获得培训的机会，而城市的老师形成反差，只有20%左右的老师很愿意参加培训，很多是出于无奈参与，有机会不珍惜，得过且多者居多。通过深层的分析发现，城区的老师一般占有优质的教育资源，顺理成章便能教出较好的成绩，自以为自己水平高于农村老师，故步自封、自鸣得意便出现了。其实，我们教学成绩是优质教育资源的副产品，更多的是学生成就了我们。若我们去面对农村生源时，会有怎样的教学质量？如此深入地想一想，或者到农村学校去体验一番，我们可能就会醒悟了——学生的成长还需要我们的成长，而专业成长路上离不开多层级的培训。

李东海校长曾经在会上讲过："培训是教师的专业福利！"笔者很是认同。反躬自问：当我们没有培训机会的时候，是否抱怨过自己没有被重视？当培训落在自己头上时，是不是不加珍惜？感觉本该休息的时候附加了重责，是否也有丝丝的不情愿？学校给了我们培训的机会，相当于给我们搭建了一个可以提升业务水平的平台，若不珍惜这样好的机会，无异于拒绝个人的专业成长。以下，作为负责青年教师专业成长共同体的一员，谈点认识与诸位同仁共勉。

一、培训是什么——培训是为了唤醒生命的自我觉醒

教育的本质不在于"外铄"，而是对于生命"自觉"的唤醒。纵观古今中外的教育大家和哲学家，他们不谋而合地认为"教育"的原意都是强调内发、使觉醒，认为受教育者原本具足，教育的功用是去唤醒，从而促进其自觉意识。这一"唤醒"，就是要唤醒人们心灵中最美好的东西，使人性发出灿烂的光辉；就是唤醒人们的自主意识和创新精神，使蕴藏在人脑中的巨大潜能得以开发；就是唤醒人们对生命价值的深切感悟，使人们在创造生活中享受幸福的人生。对我们而言，教

师的培训更多的是唤醒我们的"责任与良知",唤醒不了自己,何以唤醒学生?

培训就是自身专业发展的引擎。若靠外力来推动,效果微乎其微,恰如动车的飞驰靠的是动力驱动,为何动车比原有的火车跑得快?就因为动车组的每节车厢都自带动力。只有撼动了自己的内心,真正塌下心来修炼自己,在"学以为己"的途中唤醒内求,由内而外的去培训、学习,在心上用功,让生命觉醒,如此,培训才会彰显其能、回归真意,否则,培训就成了一种变相的群体聚会。

二、培训不是什么——培训不是掏别人的篮子

培训多了教师常常会有一种抱怨,感觉培训没啥收获,专家不过是"站着说话不腰疼","人家好我们也学不来",如此尔尔。因为一场培训可能没有获得现成的、可直接用之于教学的内容,专家的篮子里没有可直接食用的"面包"。潜意识中,我们企盼专家能够提供"一是一、二是二"的东西。

其实,培训需要我们掏专家的篮子,但不是掏篮子里的"实物"。我们要掏的是专家的"宝"、是学校的"宝",这个"宝"一定是无形的,是蛰伏在冰山下的东西。因为我们懂得"优秀不可复制"。我们为什么学不来他人?为什么出现"东施效颦""邯郸学步"等笑谈?其实就是因为我们内功不到、内能不足,这同时也折射出了先进经验的不可复制性。此校非彼校、此班非彼班、此时非彼时,自然有着诸多的差异。陶行知先生"四块糖"的经典有不少的追随者、效仿者,但都无果而终,原因很简单,效仿者犯了形而上学的错误。齐白石"似人者死"和郑板桥的"不肯从人法"都在直白地告诫我们不该如何学习、不该如何培训。

三、教育需要我们"懂得"

懂得教育简而言之就是要"懂教"。说到这里有的老师可能急了:我们都是搞教育的,难道不"懂教"?这个诘问,还真不好直言回答。"懂"之本意是洞悉,是通晓,是真正地明白,我们扪心自问,自己是否做到了?懂之于教,说白了就是"精业",业不精必遭"吐槽",敬业不等于精业、专业,业不精、业不专愈敬业愈贻害于学生,敬业与专业、精业结合起来才能更好地成就学生。我们不时被质疑说明教育自身出了问题。如何化解这个问题?培训不可或缺,通过培训激活我们的自愈功能,强大自己,每个人强大了,教育就强大了。

教师这个职业与其他职业相比确有不同,那就是教师"懂"的程度具有较强的

隐蔽性。教育是一门艺术，也是一门科学，有其自身的发展规律。要做一名好教师，做一名"四有"好老师，必须懂教育学、心理学。北京市"面向二十一世纪国际学校"的课题报告会，其中一个子课题是关于学生差异研究的，笔者很感兴趣，因为它借助了脑科学的知识，对学生的差异进行了科学分析，从学生认识倾向、思维类型上做出了"听觉型、视觉性、动觉型"的分析，这是基于认知心理学与脑科学前卫的研究。在此笔者做一补充，除了以上三种类型外，还有"综合型、平衡型"等类型，且综合型的占比较大，因此，我们在课堂上不但要关注到个性的差异，还要关注整体的效果。我们自以为让学生动起来了就是好的课堂，其实不然。当然这里的"动"有两层意思：一是思维的"动"，这是高位的动，是任何人都需要的，也是我们的追求。二是肢体的"动"，这个动仅适合于动觉型的孩子，对他们有益，但对绝大多数孩子来说是有"杀伤力"的，他们需要静静地思考，一动就让他们无所适从，其至心理紧张。一个班级就是一个小社会，各类型的学生一应俱全，如何在现有班级授课制中识辨学生的认知倾向和思维类型，更好地因材施教？这是个历久弥新的课题，全球都在研究，至今也没有决胜之招。现实如何？实践证明，有效的方式就是调和，照顾到各种类型的孩子。这其实就是我们常说的"真理往往在中间地带"。

总之，要真正"懂得"，"深谙"教学，就要守"道"，也就是按教育教学规律办事，而不是听任自己为所欲为，看起来像是敬业，其实是在"误人子弟"。因此，我们要通过我们的教之行为引领学生、帮助学生科学用脑，合理调节学生的学习行为，关注学生的个性差异，关注学生的长远发展，最终指向立德树人。

最后的分享：

特级教师于永正用自身的教育经历诠释了教育之"唤醒"。靠什么手段唤醒？"影响"和"激励"。汉代的班固说："教育何谓也教者，效也，上为之，下效之。"宋代的李邦献说："教子弟无他术，使耳所闻者善言，目所见者善行。"这个"影响"和"激励"是需要内能的，内能不足需要充电，假期培训 就是充电蓄能！

——2018 年 7 月 13 日

功夫在诗外，佳境须渐入

我们都懂得"台上一分钟，台下十年功"的道理，台下的功夫从冰心老人《繁星·春水》中的小诗可昭："成功的花，人们只惊羡它现时的明艳，然而当初她的芽儿，浸透了奋斗的泪泉，洒满了牺牲的血雨"。既然是"十年"的功夫，就不可能是一蹴而就的，需要我们为师者塌下心来，守得初心，苦苦追索，砥砺前行，慢慢沉淀，渐入佳境，方可厚积薄发。通过几天的学习，就想掌握一种以不变应万变的法宝，这纯粹是一种妄想。

佐藤学曾对教师下过定义："教师是反思性的实践家。"是什么让教师从实践者走向实践家？是反思。实践家是教育专家、教育家的特征。教师不是"中间人"，而是"介入者"。教师自身是比任何教材、设施都有力量的教育资源。教师自身就是学科，就是学科德育，因此，一位能施教、施优教的师者，必须是学科的领袖、学科德育的灵魂，否则何以引领学生进入学科的高地、融入学科德育？

"没有金刚钻，不揽瓷器活"。既然入行为师，就要持有"金刚钻"，这个"金刚钻"不是说有就有的，它需要长时间的修炼。期间的培训就是修炼的外在驱动，惰性之于人其实是天性，但若任惰性恣肆，任随意流转，那就是率性了，只有在起心动念处遏制住惰性的自我，积极地参与进来，不被率性裹挟，才能勤勉自励，扬鬃奋蹄。

真正意义上的成长，不是一次、两次的培训即可为的，它需要心智参与的漫漫求索。研究是成长的法宝，写作是更深层次的研究。教而不研如钝刀割肉，费力而难得成效。培训就是磨刀，就是不断地丰盈自己，为了自己的教学不捉襟见肘，为了减少课堂的尴尬，为了不误人子弟，不能仅做蜡烛，燃尽自己而照亮别人，要做油灯，且需要不断地添油，这也就是我们常说的"源头活水"，为此为师者就需要适时地充电蓄能，与学生共成长，"美人之美，各美其美，美美与共"。

笔者亲历了多次各层级的培训，就此谈点培训、学习的心态聊以自勉。

一、首先要对思维进行刷新

培训前要给自己的大脑安装一些"软件"，先行滤掉陈腐的内容，刷新自己的思维。培训学习的过程是欣欣然接纳的过程，不是漠漠然拒收的过程，更不是现成的"拿来主义"，是异中求同，同中求异，不断加工、整合再建构的过程。面对培训学习，要有勇气拿起新理论的"矛"，去刺破自己固有经验的"盾"，敢于否定自我，超越自我，刷新自我。如此参与培训才会有大收益。从哲学的角度而言，事物的运动变化和发展是"外在否定"和"内在否定"协同促成的结果，是事物自我完善、自我发展的运动过程。我们的培训学习莫不如此，真理也是发展着的。今天的正确明天可能遭遇质疑，作为教师没有刷新意识，就会因负重难行而落伍于时代，就会不断重复昨天固化的知识去教化面向未来的灵动学生，"用昨天的知识教今天的学生，让他们面对明天的未来"何其能也？且不说格局的大小，这个行为已经脱钩于迅猛发展的智能时代。

对思维刷新就是给自己的心智洗澡，清祛世俗的污染、革除施教的积弊。把外在和内在的过时的东西、心灵的杂草、大脑的垃圾、板结的思维等，通通一洗，让跟进思维焕然一新。

二、要有"海绵"心态

康健教授说过一句话："开始学习时，就把自己的水分挤干净，就像一块干海绵，才能吸收水分、吸取知识营养。"这就是常说的海绵思维。众所周知，海绵可以吸收大量的液体，我们要像海绵一样最大限度地吸取别人的智慧，将吸收别人的经验为己所用，站在巨人的肩膀上。"他山之石可攻玉""借风使船行万里"，这都告诉我们向他人成功经验学习而"善假于物"的重要性。今天的培训或许是我们不情愿甚者不屑的"鹅卵石"的捡拾，明天就可能变成了"钻石"的闪烁。

三、要有归零意识

培训学习需要归零心态，因为只有清空自己才能更好地纳新。一代武学宗师李小龙曾说："清空你的杯子，方能再行注满，空无以求全。"何等精到的阐释！阳明先生曾有"破山中贼易，破心中贼难"的告白，毛泽东也有"学习的敌人是自己的满足，要认真学一点东西，必须从不自满开始"的劝诫。人生最大的敌人莫过于自己，一个人是否成功，大抵决定于不断把自己"归零"的过程中战胜自己。我们适时把自己"归零"，就会不断追求卓越，这是奋斗者的姿态。在不断"归零"的基点上让人生重新起航，寻真问道，臻美至善。从心理学的角度来说，归零心态就是空杯心态。空杯心态是一种对工作、学习、生活、生命的放空、低头、吐故纳新。放得越空，拥有的越多。做事的前提是先要有好心态，若想学到更多学问，想真正提升执教能力，先要把自己想象成"一个空着的杯子"，而不是夜郎自大，故步自封。大海把自己放到最低点，才能更好地吸纳百川；海狮把自己沉潜下去，才会有凌空一跃的精彩。

另外需要注意的是，空杯心态（归零心态）并不是一味地否定过去，而是要怀着否定或者说放空的一种态度，去看待新事物、挑战新可能、学习新思想。清空的目的是更好地悦纳新知识、新方法、新思想，永葆知识的鲜活，心智的灵性。

有了以上好的心态，秉持探研覃思的做派，汲日月之精华，纳天地之灵气，学他人之所长，操先进之利器，与时俱进，展翅奋翼，抵达自己人生的高地可期。

教师专业的发展非有期的培训可达，它是一项长期的、系统的智能工程。教学的功夫源自自己不断的修为与磨炼，它源自自己生命的觉醒与践行，它需要强内，此即为"功夫在诗外"。"三天吃个胖子"的念头、急功近利的心态是要不得的，此即为"佳境须渐入"。量变促质变，量变的过程就是积累，渐入的历程就是成长。

教育朝圣，虽不能至，心向往之！

——2018 年 7 月 14 日

教师专业成长之"五要"

要通过培训产生更多感同身受的认同感，就需要不断修为自己、强大自己，缩小与专家的差距，跳一跳可触、跑一跑可追，曲高之所以和寡，就是因为我们是门外汉——格局小、眼界低、视野窄，没有共鸣就难以认同，没有认同就难以发展。发展是硬道理，没有我们的专业发展，就没有学生的和谐发展、可持续发展。以己昏昏不可能使人昭昭，没有人能把自己没有的东西授之于人。

有一位老师给出了教师成长的"微笑曲线"，非常形象。根据"微笑曲线"，嘴型中间是"教学"，两端是"学习"和"研究"。我们经常听到的"教、学、研一体化"，就是对这条曲线的描述。对于一位教师而言，教、学、研是不可偏废的"三位一体"，任何一项出现偏差，教师的"微笑曲线"都会扭曲而变得难看。要描绘出动人的微笑曲线，必须在实践中不断磨合与创新，说白了就是教师的专业成长。教师的专业成长到底需要什么？

一、要有否定自我的勇气

美国成功学的奠基人奥里森·马登博士说："习惯的养成有如纺纱，一开始只是一条细细的丝线，我们不断地重复相同的行为，就好像在原来那条丝线上不断缠上一条又一条丝线，最后它便成了一条粗绳，把我们的思想和行为给缠得死死的。"可见，从形成习惯到改变习惯有多难。"任何改正，都是进步。"达尔文如是说，但这个改正需要勇气，阳明先生示龙场诸生的"改过、责善"，给我们做出了表率。

"不塞不流，不止不行。"我们教师经过十几年乃至几十年的"不言春做苦"的磨炼，自以为已经有了丰富的"教学经验"，独特的教学模式，也许曾经小有成就，课堂上唯我独尊，自觉硕果累累，就好比水杯中已经蓄了很多的水。然而这固定的思维模式似乎已经固封了这个盛满水的杯子，很难接纳新东西。若老守着自己的半桶水晃呀晃，看什么都不过如此，这就是拒绝心态——拒绝了自己的生命和专业成长。甩掉成功的包袱，才能轻装前进，才能走向更大的成功。一如孔子的"三省吾身"，逼着自己再出发；又如唐太宗的"三镜自照"，矫正自己再锻造。

理顺了自己的思路，厘定了自己的信念，放空自己，唤醒内求，不断充电，走出职业倦怠，重振教学勇气，重燃教学激情，积极面对每一次培训、欣然接受每一次任务，掏专家的宝，盈自己的囊，学同行的长，厚自己的薄，这就是我们的成长！

当然，我们不能为否定而否定，还要有李清照"篷舟吹取三山去"的旷达，要有李白"扶摇直上九万里"的豪迈，要有毛泽东"可上九天揽月，可下五洋捉鳖"的自信，拥有如此的心态去研究、学习，成长就顺乎其理了。

"悟已往之不谏，知来者之可追。"否定自我实际上是一种哲思，是一种在永无止境的自否定过程中不断生长和发展的怀疑精神和批判意识。它以理性与自由为特征，以自我否定为其内容，以反思为其形式。反思是自反的思维，是对自己为事想法、做法来源的追溯与诘问，是对自己想法、做法内容的切分与剖析，是对旧我的否定与自新，是心灵的皈依与涅槃重生。

二、要有一种成长的自觉

语文界的泰斗、特级教师于漪说："教师的成长和发展最重要的是内心的觉醒。"不要指望别人能真正照亮自己，真正能照亮自己的还是自己，只有内心自带光源，才能光及众生。这和动车一样，自带动力才能跑得更快。因此说唤醒生命的自觉、唤醒内求的自我驱动才是专业成长的永动力。我们往往羡慕那些取得优异成绩的老师，实际上，我们以为别人有"多幸运"，别人就会有"多努力"。一分耕耘，一分收获，任何事业的成功都不是偶然的，都是靠在"诗外的功夫"堆垒起来的。唤醒自己的路最长、最艰难，真正优秀的教师是"不用扬鞭自奋蹄"的教育朝圣者。

网络流传着这样一句话："自己把自己说服了，是一种理智的胜利；自己被自己感动了，是一种心灵的长华；自己把自己征服了，是一种人生的成熟。"

成长的自觉不是一句空话，它需要一个人不断地学习。荀子曰："君子博学而参省乎己，则知明而行无过矣。"要让田里不长草，最好的办法是种庄稼；要让心灵不荒芜，最好的办法是养成读书的习惯——学习、学习、再学习。对于我们教师而言，既要掌握经世致用、安身立命的教育教学之学问，又要掌握调节精神、慰藉心灵的安顿生活之学问。

学然后知不足。荀子《劝学》中云："故不登高山，不知天之高也；不临深溪，不知地之厚也；不闻先王之遗言，不知学问之大也。"不深度学习就难有高眼界，不沉思力索就难有大格局，囿于自闭的已有，就难以迸发自觉的力量，没有自觉的力量，鸡蛋就是人之食物而非灵动的生命。

三、要敢于直面"飞短流长"

泼冷水是旁人的自由，而坚持下去是自己的自由。敢于坚持，世界都会为我们让路。倘若活在外人的流言中，势必削弱自己奋发的力量，阻碍自己前进的步伐。不畏讥言、不忧谗言、不屑闲言，不扰于世俗，不困于琐碎，才能气定神闲，悠然向前。笔者笃信：坚持是最美的风景，行走于坚持的大道，或许起初见不到鲜花满路，但只要怀有执念，贴地前行，就会发现一步一风景、一程一世界，走着走着，一股清香便会迎面而来，那就是坚持的回馈，那就是坚持的曼妙。"天生一个仙人洞，无限风光在险峰。"登临高处能望远，走心深处可彻悟。

其实，我们的成长也离不开小人、"敌人"的刺激。就是有了他们的存在，才会让我们在成功面前没有志得意满，变得愈加强大，获得更长足的进步。恰如动物界中天敌的存在，没有了天敌，我们是不是会居安不思危，减低进取心，慢慢削弱了自己的本领，甚至会失去生存本能？从这层意义上来说，我们一定要像尊重贵人、恩人一样去尊重小人、敌人，感恩敌人。如此，不是显示自己有多么大度，而是出于感怀"成功是失败之母"的警示，出于内心自救的自然流露。因此当遭遇一些愚蠢的挑衅和下作的手段时，没必要睚眦必报，不要和愚蠢者为伍，因为多行不义必自毙。要善于向愚蠢低头，不要让自己与愚蠢成为同类，和愚蠢一般见识。"仰不愧于天，俯不怍于人"，守住自己的清灵的心，还顾虑什么？

四、要朝向教育思想的形成

何为有思想？有思想就是有丰厚的学识，有正确的世界观，有成熟的教学观、学生观和教师观，能用已掌握的理论指导自己的实践。知识是凝滞的思想，而思想是流动着、闪烁着、旋转着、升腾着的活知识，是灵动着的知识的"魂"，是化知为智的"元能"。没有知识凝练不出思想，没有思想知识就成了一具空壳。

一名教师一定要有自由的思想，有独立之精神，树立起自己的职业尊严，使自己成为不可替代的专业人士。若没有自己的思想，没有自己的道，我们就会始终是一个教育行当无家可归的流浪者，也就没有真正意义上的精神自由。为师要善于闻道、问道，但仅此不足，尚需要从道、为道、行道，明道而践行之，即事明理，乃至知行合一。要精于心，在心上用功，要简于行，在事上着力，在大处着眼，在小处入手，转知成识，转知成智，臻于至善，而神明自得。

取法乎上，思齐相长。要有归零心态，参透教育大家的思想精髓与底蕴，内化教育大家的功力与智慧；要站位高远，仰望星空；要一心向学，孜孜以求，踏实为教，化真知为教育生产力。为师应然立足"立己立人、达己达人、成己成人"，要被学习当需先学习，育人先育己，而达至"修己安人"之境。

广泛涉猎，博学笃行。碎片式的学习不足以产生喷薄的能量，系统而完整、自觉而持久、深入而精到的学习，突破自我、超越自我，才能更好地引导学生，产生教育的张力。如此的教、学、研的不断实践，经过披沙拣金、大浪淘沙后的"从心所欲而不逾矩"，慢慢会催生出自己个性的教学主张、教育思想。这样便能够让自己的教学有了依归，让自己对学科教学有了话语权。

五、要有面向未来的战略眼光

在此，套用一句话："教学不只是眼前的苟且，还有诗和远方的田野！"作为教师要长足发展专业，要不断补给自己能量，以葆教学的源头活水，就需要把视点放大，眼界置高。分数是学生的升学之本，但不是立世之本，"没有分数过不了今天，只有分数过不了明天"，这句话已经深入人心，但我们的眼界是否还停留在学生的分数上？是否还在汲汲于一节一节的时间争夺？我们的教学是否把不该拉长的时间拉长了？我们是不是还自鸣得意于自己用霸占时间而赢得了分数？全球的PISA评价已经给了我们评价的标杆，成绩的获得还需要用时间来做分母考量之。也就是说，我们短时的高分对学生或许不是一件幸事。一谈这些，有些人会问："教学不要质量，那要什么？"我们不是不要质量，我们是要高质量。我们一定要成绩，但不是只盯着成绩，我们要成绩，要绿色的成绩，我们要益于学生终身发展的成绩。这也是对我们学校"高素质、高品位、高分数"的解读与释意。

结语：

对于教师的专业发展笔者有了以上五个方面的思考。除此之外，还要有"不与凡花争奇艳，傲霜斗雪笑风寒"的凌然风骨，要有"欲为大树，不与草争"的淡然心境。"为仁由己"，不媚于世俗，不扰于功利，才会净化自己的教育思想、教学主张，才会有更高的教书育人的执教能力和强大的生命活力。《吕氏春秋·诬徒》中云："达师之教也，使弟子安焉，乐焉，休焉，游焉，肃焉，严焉。"笔者相信，每一位为师者都想做"达师"，行达师之教，成教育梦想！

——2018 年 7 月 15 日

直觉思维 "PK" 逻辑思维

我们研读《2011年版义务教育数学课程标准》的过程，是一个"学以为己、以美其身"的过程，聂幼梨教授的话给我们研读课标指明了方向，他说："我们必须严肃地研读课标，因为课标体现了国家的期望。但是只有高于课标，才可能准确地领悟课标。我们必须虔诚地尊敬课本，因为它凝聚了前人的心血。但是，我们只有高于课本，才可能真正地读懂课本。"为何高于课标才可能准确地领悟？笔者认为，首先要置身其中识其全貌，做到悦纳性"仰视"。但仅此还远远不够，因为"不识庐山真面目"就是"只缘身在此山中"所致，还需要退居山外，登高望远，环视之，俯瞰之，如此才能实现由"知"到"悟"的进阶。高位庞大的课程标准，需要我们深读的地方不一而足，以下仅选取几段文字，寻一寻它们的聚合点，悟出一点助力教学的元素。

【课标内容1】

课标在"课程内容"中表述"十个核心词"时，对"几何直观"做了如下界定：

几何直观主要是指利用图形描述和分析问题。借助几何直观可以把复杂的数学问题变得简明、形象，有助于探索解决问题的思路，预测结果。几何直观可以帮助学生直观地理解数学，在整个数学学习过程中都发挥着重要作用。

【课标内容2】

课标在"教学建议"的第（七）条"教学中应当注意的几个关系"的第三个关系中有如下一段论述：

3. 合情推理与演绎推理的关系

推理贯穿于数学教学的始终，推理能力的形成和提高需要一个长期的、循序渐进的过程。义务教育阶段要注重学生思考的条理性，不要过分强调推理的形式。

推理包括合情推理和演绎推理。教师在教学过程中，应该设计适当的学习活动，引导学生通过观察、尝试、估算、归纳、类比、画图等活动发现一些规律，猜测某些结论，发展合情推理能力；通过实例使学生逐步意识到，结论的正确性需要演绎推理的确认，可以根据学生的年龄特征提出不同程度的要求。

在第三学段中，应把证明作为探索活动的自然延续和必要发展，使学生知道合情推理与演绎推理是相辅相成的两种推理形式。"证明"的教学应关注学生对证明必要性的感受，对证明基本方法的掌握和证明过程的体验。证明命题时，应要求证明过程及其表述符合逻辑，清晰而有条理。此外，还可以恰当地引导学生探索证明同一命题的不同思路和方法，进行比较和讨论，激发学生对数学证明的兴趣，发展学生思维的广阔性和灵活性。

【课标内容3】

课标附录之例75——直觉的误导。

有一张8cm×8cm的正方形的纸片，面积是64cm^2。把这张纸片按图1所示剪开，把剪出的4个小块按图2所示重新拼合，这样就得到了一个长为13cm，宽为5cm的长方形，面积是65cm^2。这是可能的吗？

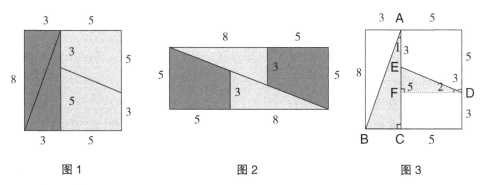

图1   图2   图3

【说明】这是一个直觉与逻辑不符的例子，希望学生通过学习体会到：对于数学的结论，完全凭借直觉判断是不行的，还需要通过演绎推理来验证。

一般来说，学生应当是不会相信图2中纸片的面积是65cm^2，但又无法说明为什么观察的结果是错误的。教师要进一步引导学生思考，如果观察是错误的，那么错误可能出在哪里呢？学生通过逻辑思考，可以推断只有一个可能：图2中纸片所示图形不是长方形，因此不能用长方形的面积计算公式来计算面积。然后，教师可以引导学生实际测量图形左上角或者右下角，发现确实不是直角。教师可以告诉学生，这个想法是正确的，但最好能够给出证明，引导学生经历一个由合情推理到演绎推理的过程。

在实际教学中，教师可以引导学生先看图，再让学生分组将图剪开，动手操作发现矛盾。然后，尝试找出理由并尝试证明，最后表达收获。

教师可以采用如下反证法证明，在证明过程中加深对相似图形的理解。

如图 3，过 D 做 AC 的垂线交 AC 于 F。假定图 2 中的图形是长方形，那么图形的右下角就应当是直角，则在图 1-18-3 中有 ∠1+ ∠3=90°。因为∠2+ ∠3=90°，则∠1= ∠2。由相似三角形的判定定理，两个直角三角形 △ABC 与 △DEF 相似。由相似三角形对应边成比例，应当有：$\frac{2}{3} = \frac{5}{8}$，这是不可能的，因此图 2 中的图形不可能是长方形。

$\frac{2}{3} - \frac{5}{8} = \frac{1}{24}$，这个差是很小的，因此会造成我们视觉的误差，把图 2 中的图形判断为长方形。

教学中可以鼓励学生运用不同的方法对此问题进行解释。

【思考】：上文中三部分课标内容若对接起来传递给我们什么？数学的本质是否蕴于其中？

推理是数学的命根子，离开了推理数学将不复存在。从广义上来说，计算就是推理，就是循规则的推理，而计算被称之为数学的"童子功"，由此可昭推理、计算之于数学的价值和意义，它们是不可或缺、不可撼动的。在古代，中国贡献的计算与西方贡献的推理看似两条平行的脉，从融通的视角来看其本质上是一致的，通过近代数学家的研究，二者由平行走向了交合，如此，进一步丰富了推理的内涵。

数学就是讲道理的，不存在"没有为什么"，数学中的内容都有它的前世今生、来龙去脉，不是横空出世、空穴来风。从历史的长河来反观，哪怕是一个符号也不是硬性的"就是"，而是经过历史的不断淘洗逐步沉淀而成的，是大浪淘沙沉下的"金"，然后在数学的发展历程中熠熠生辉，成为无数的数学爱好者、数学家们乐此不疲的一个由头。

对数学本质的思考，让笔者想到了这样一个故事：三位名人坐火车访问云南，一位是数学家，一位是物理学家，一位是作家。作家看到窗外田野上有一只黑羊，感慨地说："想不到云南的羊都是黑的！"物理学家说："不对，云南至少有一只羊是黑的。"数学家抬头看看窗外，说："云南至少有一块地上有一只羊，至少半边是黑的。"这则故事听起来是笑谈，但却把数学的严密推理和一丝不苟勾勒了出来。

新的课程改革把推理完整化，破除了只注重逻辑推理的积弊，把直觉思维、合情推理融入，使得推理回归了真意，把推理的外延摆正了。核心词"几何直观"的提出、合情推理与演绎推理关系的摆正以及"直觉的误导"的警示，它们的凝聚共同把正确的推理教学揭示出来：直觉引领方向，逻辑保驾护航，二者合璧辉映数理。"大胆地猜想，小心地求证"就是对直觉与逻辑关系的一种刻画。

莱布尼茨说过，"人们依靠直觉洞察力""往往一眼就能看出我们靠推理的力量在花费了许多时间精力以后才能找出的东西"。课程标准提出并强化了数学教学中的核心词"几何直观"，然后又通过附录之例75，通过"直觉的误导"告诉我们数学单凭直觉是远远不够的，还需要数学的另一翼——逻辑推理。由此才有了课标中"合情推理与演绎推理的关系"之厘定。徐利治教授对此有过形象的比喻，他把直觉与逻辑比喻为"眼睛和双腿"，说："从事数学创造性研究如同人在迷雾中摸索前进那样，需要用眼睛辨明方向，用双腿迈向目的地。直觉好比眼睛，起向导引领作用，逻辑就是双腿，没有逻辑不可能到达目的地。"

的确，数学是直觉思维与逻辑思维的交响乐，它们的共鸣才是数学的本色。诚如特级教师周建勋所言："直觉思维要以逻辑分析为前奏，并以逻辑推理来补台。直觉思维运筹帷幄，逻辑思维循规蹈矩，在数学的研究和解题过程中两者交相辉映。直觉思维和逻辑思维在科学研究中缺一不可，过分地强调直觉或逻辑在科研或发现中的地位而低估另一种思维形式的作用都是短视的见解。只有依靠演绎推理才能建立起一种新的思想体系，但这种思想体系必须有直觉和洞察力来加以引导，并留下之直观印象而加以巩固。直觉与逻辑交融始终是数学的主旋律。"

我们过去的教学过于注重逻辑推理，所以有了新课程改革初期的矫枉过正——过于注重直觉思维（合情推理）。本次2011修订版课标，秉持否定之否定的哲学观点，汲取了初期的教训而做了调适，摆正了直觉思维与逻辑思维的内在关系，体现了一种科学务实的态度。

——2018年8月29日

从课堂走向课程

——听石欧教授报告有感

2018年9月6日，笔者听了全国著名的教材专家石欧教授无屏幕展示的报告，面对面交流，感受很深。尤其是整个报告的主题令人震撼——从课堂走向课程。这是一种大气的观点，也是一种导向性观点。石欧教授说："中国基础教育的课堂是强大的，全球无国能敌，也就是说中国赢在了课堂。但为何中国的科技尤其是前导性科技领跑全球的不多？其原因是输在了课程上。"

一、只盯住课堂，教育势必遭遇瓶颈

中国有一个庞大的研究课堂的大军——教研员，这是其他国家所没有的，时值当下，出现了一个悖论：如此好的课堂，自然有好的分数的支撑，中国的均值高，高的很，我们的基础教育毕业生很拿得出手，但均差小，差生少的同时，高层的优等生也少，而欧美等发达国家却相反。统计表明，顶层人才或者说全球的领军人物，美国占比52%，而中国仅有5%左右。这一悖论的背后是什么？这值得我们追索、思考。

通过对比研究发现，问题还在课堂上，只盯住课堂，势必要出现高原状态，形成当下难以突破的瓶颈。课堂是工业社会对教育的贡献，发挥了其他形式不可替代的重要作用，但不可讳言的是，其弊端也是显而易见的，那就是难以落实因材施教。孔子"因材施教"的观念在几千年前就出现了，但在班级授课制下却较难得到落实。既然难以落实，也就出现了一个大的问题：假如华罗庚、巴金、姚明、郎朗在同一个班级，那么这个班级应如何施教？学生有他自己的课程吗？能选择自己的课程吗？诸如此类的问题不在少数。至此，一个严峻的问题被摆了出来。

二、构建个性化课程体系，给学生选择权

作为全国双名领航班的学员，我们不能还在分数均值上思考、打转，要更多地思考如何使华罗庚成为华罗庚、使姚明成为姚明、使巴金成为巴金、使钱学森成为钱学森、使郎朗成为郎朗。作为主流课程能提供条件吗？主流课程能支持个性化选择吗？当下的主流课程只能逼迫这些孩子走出校园以寻求适合自己的课程资源。

北京 11 校为何能获得上一届全国教学成果特等奖？其原因就是赢在了课程上，优先探索适合每一个学生的课程的课题，并通过走班制让个性化选择成为可能。

为什么走班？这不是形式的改变，而是观念的转变，是为了实现不同的人能上不同课程，让人成为人，这是真正意义上的面向全体，大一统的步伐必然阻碍教育的良性发展。

石欧教授说："很多知识（尤其是有标准答案或唯一答案的知识）的价值在大幅度下降，它们已慢慢被人工智能取代，而我们的课堂还在这上面花大气力。"这说明我们的教学已经远离了育人的初衷，我们的课程有一些问题。另外石欧教授还谈到，"北京四中们"若是教教材那会非常可怕，一版教材面对的是整个国家，课标已经给出了弹性空间，如何施教？我们要构建起自己的课程，国家课程校本化才是出路。校本化课程先要保底，让每个人获得应有的发展，不过这还远远不够，还要确保水平高的孩子有好的发展。发展的个性化才是公平，课程的多样化就是为了实现个性化，就是为了公平。石欧教授还谈到了"课程重组"的问题，这契合了笔者的做法，只有个性化的重组，才能更好地促进真正意义上的多样化。

最后石欧教授还谈到了校本泛化的现象。校本要目的明确，要自成体系、形成系列，而不是为构建而构建，要从横向上分散走向纵向上的内在关联，真正服务于学生。初、高中一体化的学校要敢于打破初中、高中的学段限制，落实好一体化教学，除了避免空转缩短学习时间外，还要发展学生的学力，为长远发展蓄能。北大附中的选课走班，不吵不闹、井然有序。没有班主任、没有固定教室，但有一个讨论室，由学生自己设计，充分发挥了学生的个性潜能，学生有当家作主的感觉。没有班主任，学生自己管理自己，竟那样有序，这都是创意之作。我们成天围着学生转，精力耗费在了学生琐事上，而在北大附中，入校入班刷卡，耽误课达到一定标准后会自动销卡，如此学生的自觉性就上来了。学生久而久之会意识到这都是自己的事，和父母、老师无关，教育也就能够得到很好的落实。这才是真正的教育。另外，北大附中有一个"2+4"的班级，这个班初中只上两年就进入高中学习，高中学习四年，这为了自主招生而选课组的班，这类班中的学生没有考不上重点大学的。因为这个班中的学生都会通过自主招生赢得加分。两年初中加三年高中，保底知识已经完成学习，剩下的时间往深处走，尤其是要与大学知识接轨，为自主招生做充分准备，令人震撼！这体现的就是一种适合学生的课程观！

这样的班级，其重点在于设计课程，在给学生配置适切的学习资源。上课自学的静成为一道特殊的景观，也是一道美丽的景观，老师成了一个智慧的"牧羊人"。

总之，要实现教学上的超越，就需要构建好自己的课程，打造高水平的课程结构，从课堂走向课程，虽一字之差，但观念却是云泥之别。

——2018 年 9 月 6 日

整体统摄，大气磅礴
——听李红老师的整合课"有理数的运算"之心得

基于六年大循环、大整合的李红老师，今天给我们上了一堂精彩的整合课。关于李红老师，这里有必要介绍一下，她是孙维刚老师的学生，后来成了孙老师的同事，然后成为教学上的师徒，也就是说李红老师是得孙老师真传的弟子，她的身上散发着孙维刚老师的上课魅力，虽然李红老师是一位女老师，他们师徒也有男、女之别，但不知为何二人竟然如此相似。

本节课以轻松的谈话拉开序幕，整节课弥漫着问题的浓浓气息，老师的问题、学生的问题交织在一起，形成了问题的交响乐，奏出了课堂的最强音。李老师大开大合的设计，游刃有余的课堂驾驭，可谓"胸中有丘壑，脚下荡层云"，大家大气的风范彰显无遗，轻柔的声音、温和的语调恰如孙维刚老师的当年，令人震撼不已。

关于单元整体教学法，笔者也在研究。后人称孙老师的教学法是"结构教学法"，笔者以为这并不能真正涵盖孙老师全部的教育教学思想。孙老师的人格魅力可以说是他结构教学的黏合剂，让初高中的结构成为坚实的一体化结构，课本上的定理、公式从发现到推导都出自学生之手，学生的研究能力令人惊讶，这都是孙老师滴滴的心血染润而成的，德育为先在孙老师身上熠熠闪烁，他是真正把教学作为载体落实教育的典范。跳出学科看教学，跳出教学看教育，有了如此的高度，才有了课堂上的纵横捭阖、大气磅礴。"没有'没有为什么'的时候""没有'没有为什么'的地方"（孙维刚老师的名言）在这节课上得到充分的展露，李红老师很好地践行了孙老师的教育观点和教学理念。

整节课纵横关联，新旧相谐，师生共同体思维之洒脱飘逸，可谓之"思接千载，视通万里"，一幕幕深度对话，把有理数的加、减、乘、除、乘方、开方一网打尽，让学生见到了运算的全貌，从整体上把住了运算的脉息。数学的思想充盈、方法荡漾，学生的表现不同凡响，精彩地演绎了何为"教为主导、学为主体"，二者的谐振催生出满堂的优质现场资源，调适并维系着整堂课的步步进阶。整节课，不存在纪律问题，师与生的投入已经让人忘却了时空，这就是教学纪律无为而治的最高境界，就是知识魅力主导下的"知识秩序"，而不是我们靠威严建立起来的"形式秩序"。李老师用学科自身的魅力吸引学生、打动学生，把学生拉到数学的阵营中来。看得出来，作为刚刚接手的大循环班新初一学生，李老师虽然只上了三节课，但数学课堂的文化氛围已初步形成，正在濡染着每一个同学求真、向善、尚美，已经有了李老师"镜像自我"的印迹。

教育最初是干什么用的？开启心智、传播伦理、传承文明，此为"古之学者为己"，和考试毫无关系。古希腊的苏格拉底、柏拉图以学园为乐园，孔子以游学为乐，教弟子三千，他们都在自建心灵的自由长堤，其动机何其纯正！这其实就是教育的初心！只有当教育回归初心的时候，教育才会真正发生，而不是背负着功名利禄的显赫与招摇。

李老师的课是美的，美得让笔者忘却了记录，沉浸在倾听中，唯恐漏掉一个细节。其实美的课堂，不在于教学方式如何、教学语言是否华丽，而在于学科素养的润泽，在于教师由内而外的气质，更在于教学的无垠视野。一个成天对"知识点""考点"过度关注的教师，其教学视野必定严重窄化，不自觉地受制于工具理性，对教师自己的审美与激情的消解不自知。

华东师范大学著名数学教育家张奠宙先生曾有一个非常好的说法："让基础有灵性。"笔者认为李老师的课堂做到了这一点，当然这也是李老师的教学理念。李老师说："作为运算的初级阶段，不要用复杂的题目去干扰学生对符号以及规则本质的理解。只有降下难度，才有教学的高度，那基础才会散发灵性，才会真正成为学生进一步学习、发展的基石。"这些观点和笔者的想法甚是契合，所以李老师整节课的举例没见对学生有一定冲击力的分数和复杂的数，而是通过最简单的东西去引领学生认识最本质的数学，笔者认为数学的核心素养即在其中。正是有了这样的有灵性的基础，才有了博大的教育情怀。

李老师还是"用教材教而不是教教材"的积极践行者，这其实也是新课程改革多年来的呼唤。李老师构建起了自己的个性化课程，课堂仅是课程观的折射和落实，是冰山一角。如此震撼的课堂背后是强大的整体化课程理念的支撑，是冰山下的"教育教学思想"，而不是心血来潮的率性之为。如此的课堂已成为李老师教学的常态，是生命中不可或缺的元素，沉淀于心才能外显于行，李老师呈现给我们这一堂精彩的数学课，不啻饕餮盛宴。"教材就是个例子"，叶圣陶先生的经典论断在鞭策着我们、激励着我们构建起自己的课堂，如此才会有适合的课堂引领学生长足的发展。

　　听了李红老师的课，小有激动，因为既见到了孙维刚老师上课的影子，又与自己的所为与所识相契合，坚定了笔者的教育教学信念。笔者认为，整体化单元教学是对孙维刚老师教学思想的传承，具有强大的生命力，其正在北京二十二中这块教育沃土上生根、发芽、茁壮成长。我们这些后辈，正踏在前辈的足迹上，仰望"结构教学法"的星空，迈着坚实的脚步，砥砺锐进，奋然前行！

——2018 年 9 月 12 日

用心设计成高格，实操课堂显逊色
——听北京 101 中学杜浩洋老师"三角形的边角不等关系"感思

从体貌来看，杜浩洋老师应该是一名年轻的教师，但"三角形的边角不等关系"这堂课的设计却精致老道、颇具匠心，折射出x老师对初中数学学科很好的理解，尤其是本节课是教材主体外的一部分——实验与探究，单从考试的视角来看，这属于边缘化的内容，很多老师选择了弃之不教，而杜浩洋老师很好地理解了课标，践行着"合作、探究"的课标理念，本着为学生未来负责的原则，面对"国培"的初中数学学员，敢于亮出自我，敢于挑战这些高于主体的内容，可谓抱定初心，笃定信念，负重前行。为何这样说？因为这个"实验与探究"相对主体部分陡增了难度，对老师和学生都是考验。杜浩洋老师既然"敢揽瓷器活"，说明已经有了"金刚钻"，果不其然，他把对"实验与探究"统筹布局，设计得有层次、有高度、有境界。

本堂课整体设计的特色，体现在以下三个方面：

一是统筹布局，浑然一体。

"三角形的边角不等关系"这节课就是解决"大边对大角""大角对大边"两个互逆命题。听完课就会发现，这两个命题的设计是统筹的，并不是各自为政的碎片化处理，不管从探研还是问题的设计、例题的定位都是前后关联着的，随着层次递进的学程推进，思维不断进阶，知识技能的明线、思想方法的暗线联袂步步登高，尤其是化归思想贯通其中，使得整节课血肉丰满，浑然而成一体。

二是环节衔接，自然流畅。

本节课教学的各个环节过渡自然、转场流畅，可谓环环相扣，学生的思路随着课堂的自然发展逐步展开，给人一种师生畅游几何乐园的感觉。这都源于课前的功夫，"台上一分钟，台下十年功"。学生的学循着"实验—观察—归纳—论证—应用"的脉络展开，老师的教与之跟进，形成了教与学的协奏曲。

三是题目关联，一脉相承。

这是这节课最出彩的设计。每一道题目的植入看来都经过了杜浩洋老师用心的反复筛选，两个主流问题就不谈了，因为那是教与学的核心内容，在此需要特别说明的是，两个例题的设计堪称经典。

例1的出现并不是"四基"的平行应用，而是向纵深迈进一步，把宏观的化归思想以及具体的倍长中线的方法巧妙地嵌入，在落实"大边对大角"应用的同时，设了个不大不小的"坎"（从课堂来看，这个"坎"没有给学生带来困难，这说明前期教学做得实，产生了方法的迁移力），如此一来，新知识的应用层级就高了，这种高度便于驱动学生的思维参与，而不是停留在原层级上打转，这体现的就是境界之高。

附: 例1: 如图 1, 在△ABC 中, AB>AC, AD 为 BC 边中线。求证: ∠1>∠2。

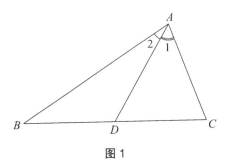

图 1

例2: 如图 2, D、E 是等腰△ABC 底边 BC 上的三等分点。求证: ∠1>∠2。

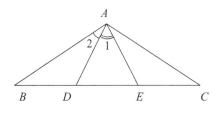

图 2

通过比对可以发现，这两道例题中的三角形不论是外形还是本质上都是一体的，这显然是统筹下的产物。例2中 D、E 是 BC 的三等分点，悄悄把 AD 是 △ABE 的边 BE 的中线隐于其中。例1给定了三角形两边的关系了，而例2没有，其实例2把这个条件藏匿在了三角形的外角与不相邻内角的关系里了，但这个条件需要我们进行转化才能完成，这就是题目的高明之处。由此可见，两道题目不管从方法上还是思想上均是相通的，是在垂直层面上的递进式变式，前后连贯、一脉相承，给人结构上和思想上的数学美感。

这两个例题也很好地诠释了笛卡尔的一句话："我所解决的每一个问题都将成为一个范例，用于解其他问题。"若践行好这句话，就能让自己的设计落地了。

综上，我们足见杜老师对数学学科本质的理解以及学科的深厚功底！但仅仅理解数学还不够，我们还要理解教学，通过课堂把自己的规划方案展示出来，让自己的设计理念落地，而不仅仅停留在纸面上。甚为遗憾的是实操的课堂不尽如人意，笔者有以下六点与杜老师商榷，不当之处请指正。

一、讨论的时机

整节课"讨论"一词杜老师说过多次，可谓高频词，当然并不是说高频就不合适，而是感觉讨论的时机没把握好。问题或题目一出，就让学生去讨论，那学生的独立思考如何发生？学生没有独立思考，那靠什么去合作？每个人都拿着"0"和"0"交流，那不是地地道道的空对空吗？或者有的反应敏捷的同学有了想法，其他没想法的同学就被有想法的同学解开谜底，思维的大门被无形关闭。教学中需要我们摆正自主与合作的关系，先有自主再有合作交流，这是逻辑链。尤其是对我们数学而言，独立思考至关重要，没有了独立思考，合作就成了"无源之水、无本之木"。数学是干什么的？陈省身先生说过："数学是思考的产物。"数学短了思考还剩下什么？数学的本质丢不得。这是笔者的第一点质疑。

二、主导的越位

杜老师大概担心学生不能顺利答出题目，有点贪恋课堂的顺畅和繁荣，在很多时候都是老师在告知、讲解、总结，有时候老师也在抢学生的话，替代了学生可以完成的"活"，学生深度的参与基本见不到，一般都是较浅层面呼应式的参与。这流露出的是教师主体的越位。《学记》中云："导而弗牵、强而弗抑、开而弗达。"笔者感觉杜老师在"导、开"上落实不力，从而出现学生主体的缺失，故有越俎代庖之嫌。

"主导"和"主体"永远是课堂教学中的矛盾组合。如何把握"主导"和"主体"的权重配置，拿捏好它们的平衡，全由教师的教学理念使然。要学生的主体地位得以保障，能真正落实，而不是任由学生的恣肆，依赖于教师主导作用的有效发挥。"以学定教"需要的就是教师的真正主体，需要教师顺势利导，随时捕捉有效资源而优化利用，如此才能发挥出学生的主观能动性。教师的有效"组织"、适切

"引导"、适时介入"合作"，就是主体发挥的展现。主导越位、主体缺位，这是笔者的第二点质疑。

三、思想的迷离

统观整节课，我们发现，课堂设计有一条主线贯通始终，这就是化归思想，这是"道"（形而上者谓之道）。化不等为等、化边的大小为角的大小（反之亦然）、化生（新）为熟（旧）（如例2向例1转化）、化异（不同三角形）为同（一个三角形）等，处处可见，这条脉有了，但缺失的是对这一思想揭示不够、沉淀不够，而在具体方法上浓墨重彩，过于倚重方法——倍长中线法、截长补短法等，其实这些具体的方法手段（形而下者谓之器）都是基于"对称思想"的方法，它们可以聚合在"对称观念"的大旗之下。可见，杜老师的课还有点缺少凝练、缺失点睛之笔，从而使得"化归"的揭示不够，有点半遮半掩。若通过问题引导学生感悟会不会更好？如此是不是会胜过我们的千言万语？因为我们说出的是我们的感受、体验，而不是学生能悟到的。因此说，本课在思想的渗透上有点迷离。这是笔者的第三点质疑。

四、直观的错位

我们的教学要关注好直觉和逻辑，使之协同发力。作为本节课，这个几何直观应该由学生自己去体验，而不是老师用几何画板展示给学生看，如此关闭了学生自己动手画图形成直觉的体验之门，一演、一看，即为"实验"，这是谁在实验？如此直观的师生错位，导致又一次的主导、主体错位。教师可先让学生根据自己的理解画图、观察、思考、猜想等，获得猜想后再用几何画板去验证。本来画板就是起验证作用的，是辅助工具，我们不可被画板绑架。

另外，作为本节课，其重心在"逻辑认证"上，因为对本节的核心问题而言，学生可以说是"心明眼亮"，因此，进入逻辑思维发展阶段，我们要慢慢从直观上抽离，关注好逻辑思维，使之得到更好的发展。直观在主导与主体身上的错位，这是笔者的第四点质疑。

五、探而不究

探究是一种学习方式，而学习方式没有最好，只有更好，它们应该是此消彼长的。但课改初期，探究被夸大，课堂探究大多是个幌子，探而不究的现象充斥着课堂，要么规定动作，要么指令前进。作为一节"实验与探究"的课，理应把探究展开的，但这个展开是对学生而言的，不是老师在探，老师探就成了"牵"，老师就是一个"纤夫"的作用，这显然是不合适的。若老师参与其中，也只能"遥指——牧童遥指杏花村"，如此，才会有学生探究的味道，否则就成了一唱一和的问答，那怎么是探究呢？这是笔者的第五点质疑。

六、策略失当

几何命题的研究思路是在研究完原命题的基础上，去研究它的逆命题或否命题、逆否命题等，这理应是几何性质学习的基本套路，也是引导学生学会学习的元认知策略。当完成"大角对大边"后，不用类比其套路而另起锅灶、从头再来，从几何研究的本色上就应自然而然研究其逆命题。那样的研究思路是整个几何的"全息元"，可以在后续的学习中产生迁移力。

另如课堂伊始阶段，本来说是探究课，可老师把问题直接抛了出来，其实，有了前面学过的"等边对等角"以及逆定理的研究，接下来去研究其不等关系这应是顺乎其理的，这是数学上数量关系常用的基本策略，研究了等式（方程），类比研究不等式，这都很自然，因此，这个探究问题完全可以引导学生去发现、提出，那课堂的高度就有了。2011版课标把"两能"增补为"四能"，显然是一种呼唤、一种引领，是在传递给我们信号，要加大问题意识的培植，让学生"有问题"，这一点，北京二十二中的李红老师就做得非常出色。策略失当是笔者的第六点质疑。

总之，杜老师对本节课的设计很是出彩。若把设计与课堂对接好，让自己对数学的理解、对学生的理解、对教学的理解以及对几何画板等技术的理解有机地融为一体，那时的课堂肯定会有一个别样的精彩。

——2018 年 9 月 14 日

"真"教学需要"真"明白
——三读张鹤老师

本次的"国培",笔者有幸再次与张鹤老师产生时空的交集,时空变了,但我们还是"教与学"的关系。但这第三次读张鹤老师,感觉不同于前两次,笔者有了更深的体悟,有些许走进张鹤老师的冲动。接下来笔者将张鹤老师前卫的说法结合自己的认识和共鸣点进行梳理与思考,作为进一步的学习吧。

一、给学生点思维空间,难为一下学生

张鹤老师的这句话告诉我们该如何设置问题。学生的思维应该是在拉大思维空间,撤掉部分"梯子",督使学生"跳一跳"甚者"垂直攀爬"的问题设计中培养起来的。如果问题的设计是"小碎步、小台阶",学生基本不用思考,随口一答就对、随念一想就会,教师追求顺畅、无阻碍,如此学生的思考便不能深入发展,长此使然,学生就会疏于动脑、懒于思考,因为老师给搭好了架、指明了路,学生靠惯性即可行走,那独立思考就不可能发生了,这是由人的本能或者说惰性决定的,学生此情此景的行为不可抗拒。教思维这是张鹤老师一直以来的坚持,也是他的研究方向。

二、要反思我们的教学行为是不是在毁学生

表面的热闹、精彩已经成为过去。数学教学行为应指向数学学科的本质内涵及价值性。这需要我们研究脑科学,远离经验主义的想当然,不能让分数遮蔽了自己教学的偏颇。获得高分的渠道是否科学?是否遵循学生的发展规律?是否超负荷行教、强拖硬拽或无视学生的身心,竭泽而渔式地教学?如此的话,就提早亏空了学生的心智,提早使学生失去了动力源。那样,高了分数,低了境界、坑了学生、毁了未来。

三、不要被分数绑架

张鹤老师说:"一个真正的数学教育者,不能总在考虑自己的班级分数是不是比其他班高几分、高十几分等,那纯粹是庸人自扰,自寻烦恼。"当然,我们教学

不是不要分数，是要自然而然的分数，要"绿色、纯天然"的分数。张鹤老师说："要相信自己有真功夫、付出真心的教学，分数不会亏待你，若亏待了你，肯定是你在这两个'真'上出了问题。"有的教师靠争夺时间来提升成绩，还美其名曰这是为了学生，这其实反映出的是一个人的"自私"，是"小我"，是一个人的内心缺乏自信，也就是我们常说的"外强中干"。何为"外强"？外强就是高分数。何为"中干"？中干就是没内涵、没真本事。这样的人一般都夜郎自大，自诩分高而自得。

教学生学习，得高分不是最终目的，最终目的是为了教会学生思考，是教会学生忘了数学知识后留得下、带得走、能生长的东西——数学思想、数学的精神内涵等。今天看来，这就是数学的核心素养了。

若一个人被分数绑架了，成天围着分数转，眼中只有分数，而没了学生活生生的人，这是教育教学价值观出了问题，如此观念下的教学，势必会远离美善、远离思维，走进鄙陋、走进题海。

四、数学是科学，要有正确的科学发展观

教育是科学，需要求真，数学教学概莫能外。孙晓天教授认为数学要跟上时代，要关注孩子大脑的健全发育。何为健全发育？就是要有一个合理的学习过程，有机地把"阅读、倾听、表达、思考、探究、动手、实践等"结合起来协同发力，这些活动缺一不可。题型教学或反复的练习，形成的是条件反射——这是动物的水平，这是标准的低等动物式的训练方式，我们的教学不能停留在低等动物的水平，练习起不起作用？起！练习可以使大脑顶部皮质加厚，但只有这一个地方加厚不行，皮层的其他部位不协同加厚，这对于学生大脑的健全发展不利。孙晓天教授说："当下已经到了脑科学介入教育教学的时代，也就是进入了遵从科学的教育时代，我们不能凭经验教学，凭经验教学是很可怕的。"

当下科技的迅猛发展，已经揭开了很多现象的面纱，其中脑科学的发展为教育教学指明了路。在2005年，笔者作为特约嘉宾参加中国首届教育家大会的时候，中国科学院院士、脑科学专家韦钰就呼吁："要讲科学，教育教学不可乱来，不可仅凭经验来！"精神矍铄的韦老太太掷地有声的演讲至今还言犹在耳，振聋发聩。本次培训，诸多专家重提脑科学，科学发展观重锤出击，击中了不少"国培"学员的内心！

的确，教育这个行当是不允许恣意妄为的。我们的教育教学不能任由自己天马行空，要尊崇科学、遵从觉醒的内心，不固守经验，敢于跳出自我，不做"驯兽师"，要

做引路人，要成就学生健全的大脑，发展良好的思维，不能误人子弟。

五、思考是一种品质，数学思维是可教的

思考不单是学习数学的品质，也是其他一切活动必需的品质。"人是一根会思考的芦苇"，帕斯卡尔如是说。"我思故我在"，笛卡尔如是说。这都说明思考的重要性，思考是一个人的基本素质。作为教师要教会学生思考，原东北师范大学校长史宁中（数学课标研制组总组长）先生认为，教师启发学生思考最好的办法，"就是和学生一起思考"。思考的目的何在？思考是为了发展学生的思维，思维水平上去了，再用之于思考数学问题，如此往复，互促互进，思维也就进阶了。

让数学思维、数学思考占领数学课堂，课堂才是丰满的、有效的、有益于学生可持续发展的，才能够让课堂思维荡漾，用数学之美、之简、之奇、之异、之广、之用、之思、之想、之哲等陶冶学生，让数学之真味熏陶学生，学生一动心思，思维就启动了。

我们经常听到学生说，定理、公式记不住，概念不清，知而不会用，计算总出错，等等，说到家，这其实都是"思维"的问题。不会思考，通俗地说就是不会想事，只知道死套公式、机械搬运，这一表象的背后就是思维不给力的问题，不会思维加工，知不能转成识，转知成识就是思维加工的过程，这就是常说的有的人有知无识。理解好数学知识要靠数学思维，要用数学的思维去思考数学问题，如此，学到的才是"真知"，而不是浮于浅表的"知道"。

张鹤老师还谈到，有的老师总是顾虑进度，说完不成教学任务等，进度不是教学的桎梏，完成进度学生就学会知识吗？进度不到就不会吗？照本宣科者才为进度所困。

何谓思维？张老师通过例子使之具体化：

如，给出x能想到什么？给出"x与$2-x$"能想到什么？是不是只想到了"和为2"？还有什么？这就是思维的层次问题。在数轴上它们始终是关于1对称的两个点想到没？它们之间的变量关系想到没？即$f(x)$与$f(2-x)$的关系。接着思考，若函数$f(x)$满足$f(x)=f(2-x)$，图像上会怎样？

只有把"题"分解成"问题"，引导学生广泛联想，这引动的就是思维活动，若直接呈现题目，就成了一个固定的题目，沦为低浅的解题活动，那就只能遨游题海。这些观点与笔者甚为契和。

所见略同的还有，张鹤老师认为单元知识所承载的思维特征是一样的，使用单

元化教学，把教材打通了处理就没有进度的顾虑了。把教材"肢解"，一节一节地教，也是对教材的误读，因为我们的教材编写而言本来就是一贯的。这其实就是笔者的"全息观"，比如关于图形的知识，当把第一个学完后就成为后继学习的"全息元"，在教学后程不需要重新启动。学习的思维脉络打通了，就一通百通。

最后，张鹤老师还沉重地说了一句："我不欣赏或者说坚决反对靠布置大量的作业提高成绩、靠大量抢占自习去提高成绩，哪怕这样是有效的，我也绝不屈从。"可见，张鹤老师对内心觉醒的坚守。

六、导学案教学正在扼杀学生课堂学习的生命力

这一观点契合笔者的想法。学案在民国时期就有了，但当下的学案怎样？更多的是"课本搬家"或"题目聚会"，不能负荷起学生思维培养与发展的大任，滑入了学生自生自长的"境地"。另外的一个弊端是注重了导学案，却丢掉了课本。学生在学习过程中，往往是只专注于导学案上的知识，忽略了课本，这显然是捡了芝麻丢了西瓜。

七、为了做到"想明白，说清楚"，就要立志做一个研究者

张鹤老师对"真会"的论述如下：

"真"会的数学教师不会在课堂教学中炫耀解题的技巧，也不会教给学生非数学的知识或结论。也许他的课会平淡、不热闹，但是如果你能静下心来细细地品味"真"会的教师所上的课，一定能够品出其独特的味道！

即使是在"分数至上"的浮躁氛围下，"真"会的数学教师也能够从容、淡定！因为他（她）坚信自己把握住了数学学科的本质，他（她）教的数学是"真"的数学，是能够让学生受益终身的数学，而不单单追逐分数！

研究首先是一种态度，是人对未知事物的一种态度，是惊奇于某种困惑，渴望获得解释的态度。而当百思不得其解，上下求索不放弃，研究也就成为一种锲而不舍的追求。教师成为研究者，不是我们想不想、愿不愿意的问题，而是教师的职业性质所决定的。

中科院院士钱伟长说："你不上课，就不是教师。你不搞科研，就不是好老师。教学是必要的要求，不是充分的要求；充分的要求是科研。科研反映你对学科清楚不清楚。教学没有科研作底子，就是一个没有观点的教育、没有灵魂的教育。"一个真正明白的数学教师，他必须是一个研究者，否则就是一个没灵魂的教育者，没有

灵魂何谈想明白、说清楚？只能凭惯性、凭经验稀里糊涂地上课。

研究永远在路上。诚然，研究的本质是科学的态度与精神，是为了获得解释或者说为了自己求证教育教学的合理性，以获得心安理得的教学。

八、解题教学该关注什么

解题是数学绕不开的话题。"掌握数学意味着善于解题"，著名的数学教育家波利亚如是说，但这个解题是有讲究的。北京大学李忠教授说："由于种种原因，目前我国的中学数学课实际上已经成为一种解题训练，并在某种程度上，把孩子们当成了一种做题机器。有些地方甚至围绕着题型进行教学，把解题也加以程式化。这就从根本上违背了数学教学的目的。"可见，解题没错，错误的是如何利用解题、用解题来做什么的问题。数学课成为解题训练，那不行，用题型教学更不行。只有像波利亚那样把解题作为智能的追求和历练思维的载体，从中学会如何解题，也就是"授之以道"而不是"授之以法"，如此解题才意味着把握了数学。

张鹤老师关于解题提出三点：解题教学要关注思维的共性；解题教学要能够跳出"讲题"的模式；解题教学要渗透数学的观点。从中不难看出，张鹤老师的解题观与波利亚是一致的。如此解题才会让学生真正学会解题，否则，一遍、两遍乃至无数遍仍然是无果而终。孙晓天教授（义务教育阶段数学课标研制组负责人）也谈到，课堂上要少解题，多解决问题。他说："我们不缺技巧，缺的是宏观与大气，缺的是想法。数学不只是'考试数学'。数学要有美、有善，更要有真。单纯地解题，说到家，缺少的是一种'全面知识'（显性知识与隐性知识的结合）的教学观。如此教学坑害的不单单是孩子，更是中国教育的未来。"

九九归一，聚合前一阶段的全国双名工程培训和这几天的"国培"，笔者似乎觉察到了整个国家的数学教育，不，应该是整个教育界都在思考一个问题，就是脑科学介入教学的问题，即基于科学发展观来重新审视课堂教学的问题。我们原来某些自鸣得意的做法其实背离了脑科学。

从这层意义上来说，我们每一个教师都应厚实专业、广博学识、涵养心性、完善人格、立身正行、修为仁德，这永远没有休止符，我们应始终走在圆盈自我、自我觉醒和觉醒学生的探索之路上。

——2018 年 9 月 15 日

前沿的教育大会，高端的学术交流

——第三届华人数学教育大会参会心得

笔者非常荣幸，在首都师范大学王尚志、刘晓玫两位导师的指导下，在华东师范大学参加了第三届华人数学教育大会。这一大会是全球华人数学教育研究理论与实践交流的大型学术会议，在国际数学教育领域具有重要的影响。这一大会已被公认为是全世界华人数学教育工作者学术研究分享与交流的重要平台，它汇聚了来自全世界各高等学校及研究机构的数学教育专家、来自基层的教研人员和学校老师，以及关心数学教育发展的各界人士千余人，群贤毕至，济济一堂，共商华人数学教育发展大计。

笔者在会上聆听了来自英美等国的世界著名的数学教育专家 Alan Schoenfeld 教授、马欣教授、蔡金法教授、李业平教授、Christian Bokhove 副教授、Celia Hoyles 教授以及谢丰瑞、张英伯、熊斌、王光明、綦春霞、鲍建生等教授的报告。范良火、梁贯成、曹一鸣等著名教授的主持，增添了大会的风采。这是一次超乎笔者想象的学术交流盛会。通过国际、国内的交流和理论与实践的对话，带给我们满满的收获，我们依稀看到了未来数学教育发展的广阔前景，也笃信华人对数学教育的研究会更加高端、繁荣。用主持闭幕式的孙企平教授的话来说——这次大会"成功、精彩、前沿"。

整个大会聚焦全球数学教育研究中的"为扎实理解的教学""数学问题提出的研究"等核心问题、前沿问题，著名的数学教育专家们交流碰撞，让学术大会严肃而又灵动，情趣四溢，酣畅淋漓。笔者入选了本次大会第二小组"数学课堂教学"的发言，发言前，心有期待而又局促忐忑，因为面对的是全国乃至全球的华人数学教育教学的专家们，自己在教学方面的小技巧不知能否赢得全场的认可。笔者怀着复杂的心情登上讲台，把十五分钟的规定发言时间用完，不过发言赢得全场的积极回应，也受到了主持人张维忠教授的高度赞誉，如此，笔者的一颗心才放下来，庆幸自己没有给首师大全国名师领航基地丢脸。

由于时间所限，笔者的发言只是框架性地展示了自己的整体化教学主张——整体统摄·快慢相谐。笔者从四个方面做了交流：教学主张及其蕴义、教学主张的现实意义、教学主张的理论支撑、教学主张的基本特征（内涵），最后呈现了教学主张下的六类系列课型（整体建构课、深度探研课、训练提升课、统摄复习课、分层考查课、异步达标课）。笔者教学主张的核心是"一快、一慢、两整、三想"。快就是快步推进，是在课程整合下的积极前进。慢就是濡染内化，互补于快而相谐，非刻意为之，是为了拉长思维过程使其通透、内化核心知识，为了更好地"快"。两整即整合与整体，整合是整体统摄下的重组与融合，整体是整合下的集成块，是哲学观照下的一脉体系。三想即"回想、联想、猜想"，回想即回顾，就是翻底知能储备，唤醒旧知，开启脑洞；联想即由"此想"到"彼想"，为正向迁移搭引桥；猜想即展望，高瞻远瞩，大胆立论，小心求证。

通过"一快、一慢、两整、三想"的联袂，诠释了笔者个人的教学主张。整体统摄就是引领学生站在统观全局的制高点上，用"道"来统摄学生对知识的全景之识，去统观知识的来龙去脉，体察整体架构的骨质气韵。胸中有整体，了然每一处；快慢之相谐，认识愈深入。正所谓：整体之图景，让学生识得数学的全貌；快进之节奏，让学生赢得自由的时空；慢思之优雅，让学生通透数学的核心。这一主张的实现需要"三想"打底色，需要"六类课型"去支撑。

参与其中方知自己的渺小，融入其中才让自己不断进步。学习永远在路上，笔者愿做不停歇的教育行者。

——2018 年 11 月 30 日

倾听：让教育真发生
——"学习共同体"，促课堂转型培训学习感悟

首先分享一个故事：

有一年，美国通用电气公司首席执行官杰克·韦尔奇应邀来中国讲课。一些企业管理人员在听完课后，感到有些失望，问："您讲的那些内容，我们也差不多都知道，可为什么我们之间的差距会那么大呢？"杰克·韦尔奇听后回答："那是因为你们仅仅是知道，而我却做到了，这就是我们之间的差别。"

这就是知行合一与知行不一的本质区别，也是真知与伪知的对决。正是行动，使人和人之间拉开了差距；正是行动，使人与人之间分出了高低；正是行动，使人与人之间产生了差别。知而不行不是真知，那是王阳明说的"伪君子"。表面上的"知"其实对一个成人来说很简单，就是揭开谜底的结果呈现，学习的目的不是为了浅层的知识，那样的话不用现场的参与，发个PPT了解一下就可以了。只有真正参与进来，置身其中，从一个旁观者的身份成为一个深度参与者，然后才能洞察其内，那学习才会真正发生，这其实也是本次活动的核心主题词"倾听"的内在要义之一。学习共同体就是一个立体空间的共同体，包括师与师、师与生、生与生等。一个多维的共同体，已经成为全球关注的学习方式、教育方式。

以下结合本次活动，谈谈自己的一点认识。

一、对"倾听"的追索

倾听不是简单地用耳朵来听，它是一门艺术。倾听不仅仅是要用耳朵来听说话者的言辞，还需要一个人全身心地去感受对方在谈话过程中表达的言语信息和非言语信息。狭义的倾听是指凭助听觉器官接受言语信息，进而通过思维活动达到认知、理解的全过程。广义的倾听包括文字交流等方式。倾听的主体者是听者，而倾诉的主体是诉说者，两者一唱一和有排解矛盾或者宣泄感情等优点。这个说辞其实是对心理咨询者双方来说的。对于老师倾听学生而言，倾听不仅要用耳，更要用心。教师不但要听懂学生通过言语、表情、动作所表达出来的东西，还要听出学生在对话中所省略的和没有表达出来的内容或隐含的意思，尤其要探出学生自己浑然

不知而客观存在潜意识的东西。这对老师的要求是很高的,是对教师专业素养尤其是综合素养的考量和挑战。

"学习共同体"其实不是笔者第一次接触,但认识、理解却跟进不力。最早笔者是 2014 年年底在华东师范大学参加"国培",听钟启泉教授的报告而获知。当时的认识停留在关注老师倾听学生的层面,本次活动,把倾听引向了同伴互助、专家引领层面,把倾听的范围扩大化。学习共同体也自然走出了学生与老师的共同体,成为学生与学生、学生与老师、老师与家长社会等的多维共同体。这既是笔者认识的应时进阶,又是个人理念的自我发展,更是佐藤学发展共同体的应有之义,自我感觉收获颇丰。

当时听课时,钟启泉教授给出了三个关键词:倾听、串联、反省。其中笔者最感兴趣的还是倾听。关于倾听,笔者想起了一个历史故事:古希腊著名的哲学家阿那克西美尼在晚年时声望很高,拥有学生上千名。一次讲课时,他步履蹒跚地走进教室,怀里抱着一大摞厚厚的纸,然后对学生说:"这堂课你们不要忙着记笔记,凡是认真听讲的人,课后我都会发一份笔记。大家一定要认真听讲,这堂课很有价值!"学生听到如此之说,都放下了手中的笔,专心听讲。但没过多久,有些要小聪明的同学就不怎么听课了:反正课后老师要发笔记,何必浪费时间去听讲呢?于是就开了小差。临近下课,这些学生感觉也没听到什么至理名言,感觉这堂课普通得很。等听完课,阿那克西美尼把那摞纸一一发给学生,学生领到之后,惊呼起来:"怎么是几张白纸?"阿那克西美尼不疾不徐地说:"对呀,我的确说过发笔记,不让记笔记是真,但也说过请大家认真听讲呀。若刚才认真听讲了,现在回忆着把课堂上听到的内容全部写在纸上,不就是一本笔记吗?至于那些没有听讲的同学,只能送白纸了。"这些偷懒的学生无言以对,后来有一个学生几乎一字不落地还原出了老师的所讲。这个人就是阿那克西美尼的得意弟子,著名的毕达哥拉斯!这个故事告诉我们的是什么?不就是"倾听"的重要性吗?

二、"倾听、串联、反省"的践行

钟启泉教授认为,要真正教好学需要做好三件事:倾听、串联、反省。这三件事说起来容易做起来难。要真正落实好"对话学生"首先要学会倾听,学会等待,这其实是一种尊重学生、关注学生、关注差异、关注发展等学生观的体现,这种倾听要为学生把好脉,提供各类内在、外在的素材,可以说各个器官均参与其中,综合调度。我们既要倾听学生发出的声音，而且还要倾听学生内隐于心却未能声化于外的声音，听他的发言与要解决的问题有什么关联、与其他同学有什么差异点、与他过往的表现有什么变化等，这种视通其外、洞察其里的察言观色，其实都是钟教授或者说是佐藤学所论及的倾听。但倾听不是目的，作为教师要把倾听来的东西进行取舍、整理、重组，聚焦学生、读懂学生，积极做出回应，力争走进每一个学生的内心世界，切实做好以学定教，进而引领学生走出泥沼、走向卓越，让每一个孩子的生命充满勃勃生机。这才是我们教育教学的旨归。而这个过程就是串联与反省的过程。倾听、串联、反省，这是一条逻辑链，哪一个地方出现裂痕都会使得整个链条散而不举。在这个链条上，反思是贯通始终的内在行动，这个行动是师生"教学相长"的引擎。

三、"学习共同体"的形成需要重构课堂文化

这里的重构不是推倒重来，而是一种对传统优秀课堂的再组合、再建构，是一种基于优秀基因的高层垒筑。

陈静静博士发现了当前课堂最大的困境——学生普遍存在"虚假学习"和"浅表学习"的情况，从而产生了大量的"学困生"。课堂困境产生的主要原因是高速压缩化的课堂教学进度与缓慢而复杂的学生学习历程之间存在巨大落差，学生的真实学习需求未得到关注和回应，从而陷入了"学困生"的死循环。要改变课堂困境，使学生从虚假学习、浅表学习走向深度学习，课堂的系统化变革势在必行。在这个背景下，"学习共同体"的尝试就在陈静静博士的倡导下揭开了序幕。陈静静博士团队成果既有理论建构，也有实践探索，更有面对面的课堂观察，让我们心灵大受震撼，同时也慢慢体悟到了佐藤学的学习共同体之所以得以全球推崇的脉息（见图1）。

佐藤学教授的观点为："要想让深度学习真实发生，最好的途径就是在学习共同体中学习。"这个学习共同体是转个人独学

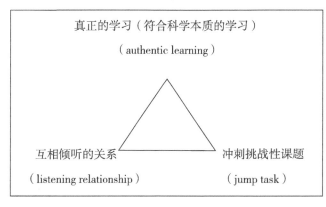

图1 佐藤学提出的学习成立的要件

为个人独学基础上的同伴互助，形成发展共同体，非一般意义上的"小组合作"。这个学习共同体是合作共赢、平等互利的，没有聒噪、没有霸权，只有静悄悄的深层学习。"21世纪的教师都必须是学习的专家！"佐藤学给教师的定位已经把教师的学习摆正了位置。"唯有学而不厌的先生，才会教出学而不厌的学生。"陶行知如是告诫我们。但我们老师的现况如何？这值得我们深度的反思！

学习共同体内涵丰富，笔者今天重点谈师生的"学习共同体"。这个共同体应该是思维场、情感场、交往场交织在一起的生态平衡域。学习共同体的课堂首先应是一个思维场，应当有利于学生转知成识这一智慧的形成和发展。我们要使课堂始终充满着浓郁的思辨色彩，努力建构一个思辨的课堂，一个充满思想的课堂，一个思维灵动的课堂。学习共同体的课堂应该是一个情感场，应该使学生的情感在一种安全、自由、和谐的氛围中不断得以陶冶与美化，进而硬化为学生积极的求真、向善的源动力。学习共同体的课堂应当是一个师生、生生的交往场，让交流应时而发，真正有意义地"动"起来（这里的动，不是表面上的动，主要指学生内心世界的动，思维在动，情感在涌动）。师生关系不能只是简单的授与受的关系，任何一方都不应把对方作为一种对象去控制、去灌输，而应是一种平等、民主、自由、宽容、鼓励和帮助的"伙伴"关系，学生通过与教师的交往和对话而成长，教师通过与学生的对话而充实，从而达到共享知识、共享智慧、共享人生的价值和意义，教学相长尽在其中。因此说，发展共同体的课堂应该是还孩子自由发展的空间，还孩子真情洋溢的世界，还孩子心向善美的情愫。其中应有相互倾听的契约、思维思辨的自由、师生弹唱的协奏。

学习共同体与萧伯纳的一段论调有颇多相似之处，可见英雄所见之略同。萧伯纳说："我不是你的教师，只是一个旅伴而已。你向我问路，我指向我们俩的前方。"诚然，课堂教学的过程，就是教师伴着学生一起前行的过程，应然是一种优雅的生活，恰如王晓叶老师举的一个登山的例子："我们有两条路可走：一是徒步登山，二是乘坐缆车登上，山顶为教育之旨，我们该如何选择？"这是个似乎不需要回答的问题，但现实如何？急功近利的心态是否占据主流？还是诸多借口而迫于无奈而为之？这都需要我们回到本文伊始的故事，差距就在于行动！关于学习旅伴也有两种样态：一种，教师在前，学生跟在教师后面，亦步亦趋；另一种，教师相信学生有前行的愿望与能力，放手让学生自主往前走，当学生前行方向出现较大偏差时，教师跑到学生前面引一引、指一指、带一带，然后又退到学生中间，或者在学生的后面，甚至成为坐在路边为学生鼓掌的人。这两种课堂样态，正是对"教为中心"与"学为中心"课堂的形象描述与直观勾勒。

以上种种，共同托出了一个话题：重构教与学的关系、重构课堂文化。笔者通过自己的亲身体验以及观摩同行的课堂等发现，课堂上，当学生的学习真正发生时，其实人人都是学习者、个个都是小老师，教师与学生，就是一种"同学"关系，互促互进，相得益彰。笔者诸多文章的形成就得益于孩子们课堂的精彩生成。笔者理解的学习共同体，就是以师生的学习为中心，师生一起思考，共同学、一起学、互教互学，在这样浓郁的"以学为中心"的课堂中，师生共同寻求和享受成长的美好。

四、佐藤学的"三种眼"

佐藤学提出，看待教育问题，要有三种"眼"：

第一种是"蚂蚁的眼"，要看得非常细，小草、小微粒都看得到。

第二种是"蜻蜓的眼"，会从各个角度观察事物。

第三种是"鸟的眼"，能够俯瞰大地。

三种眼之说可谓精到，第一种眼告诉我们要善于透视细小，不管学生发出多么细小的声音，我们都能够敏锐地捕捉到，并寻出内隐的秘密，然后借力全息理论通过"一"而识全貌，也就是常说的一叶知秋、见微知著、由小见大，等等。第二种眼是"雷达"的眼，是辩证思维下的眼，是通观全局，整体把握。第三种眼是高瞻远瞩。试想我们老师如果具备了这三样眼，我们就能真正摸清学生的学情，学生的

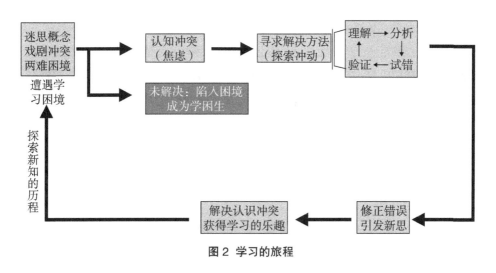

图2 学习的旅程

"最近发展区"就会在我们的掌股之间，在这个基础上的施之以教就能真正贴近学生，学生思维幽闭的心扉也会在教师三种智慧之眼中叩开。

佐藤学认为，学习是一种旅行，是从一个已知世界到未知世界的旅行。学习是一种相遇、对话，与陌生世界和他人相遇，与自己相遇；与新的世界对话，与他人对话，与新的自己对话。图 2 就是学习的旅程（黑色箭头部分就是学困生的"死循环"）：

基于以上的认识，陈静静博士开出了"三单"：首先是针对基础性课题自主学习的预习单，其次是针对冲刺和挑战性课题协同学习的学习单，最后是针对独立或协同完成巩固、拓展练习及变式练习的作业单。

这个"三单"不简单，其中蕴含了佐藤学的核心理念，熔铸了陈静静博士的本土内化与外显之道术，其中的营养不深度学习自难品知。"要知道李子的味道，需亲口尝一尝！"

写在最后

倾听很重要，学会倾听应当成为我们教师的一种责任、一种追求、一种职业的自觉。可以说，没有倾听，就没有真正意义上的以学定教。倾听不单单是听其外化于声的语言，还需要察言观色，洞察其内，觅出内隐于心的"语言"（心语），如此才能摸清学生的学情，把倾听来的语言进行串联，根据最近发展区，而施之以教，努力破解学困生的"死循环"。

特别指出的是，再好的理念也需要本土化的加工，才有可能落地生根，蓬勃发展。若照搬拿来，必遭水土不服！因此，面对"学习共同体"，我们要积极吸纳其中的营养素，滋养自己、壮大自己，学会"倾听、串联、反省"，让学习真发生，同时也要剔除糟粕成分，去伪存真，拿起辩证的武器直面新生事物，化消极为积极，化不利为有利，化云端跳舞为贴地前行，如此学习才会裨益于我们的学生、助力于我们自身的专业成长。

——2018 年 12 月 9 日

第二编 教育教学碎思

　　作为一名教师，沉醉于教书、读书、写作，躬耕于教育教学田园，在行进中，或听闻了某些言论，或目睹了某些现象，或体察到某些行为，使自己产生了诸多想法，纵然这些想法随意、散乱，不成系统，但这些碎思也从某些角度展露了自己对教育教学的一些个性化的认识。这些认识在课堂教学的实践中不断得以印证，成为笔者"整体统摄·快慢相谐"之整体化教学主张形成以及"以文化人"经营班级理念的基点，成为自己再次成长的催化剂。

教育之境：顺乎自然

岁月极美，在于它必然的流逝。

春花，秋月，夏日，冬雪。

你若盛开，清风自来。

——三毛《随想》

品读三毛的这一段文字，内心倏忽间漫出一缕思考，似乎触摸到了一点对教育的心悟——顺乎自然的教育就是本真的教育，其是教育的至高境界。岁月悠悠，美在自然的流淌，教育无痕，大象无形，笔者用心体悟着，任由心灵的游走，没有刻意地追随，只有思想的洗濯，修己悟道，沿着自然的轨道行走，没有功利、没有辎重、没有喧嚣，只有一颗禅心！

恰如三毛的另一句话："我的心境，已如渺渺青空，浩浩大海，平静，安详，淡泊。"是的，在经历了诸多纷争之后，才找到了自己，才明白了只有自己有了定力，才会宠辱不惊、神宁气闲。微合双目，繁杂袭扰已去，心如止水，让自己的心灵得以休整，这其实就是沉潜，只有沉潜下去，才能更好地蓄势，才会有凌空一跃的身手！

教育，真是奇妙的事情，当你苦心竭力为之奔波的时候，学生的问题一个挨着一个，按下葫芦浮起瓢，让人揪心不已，可当你退出界外，远观其景，蓦然感觉诸多问题其实不是问题，那是孩子们的成长，是心灵的拔节抽穗，或倒卧，或旁逸斜出，或攀缘逆行，这都是常态，这都是成长的历程，这就是成长的规律。我们何必揪着不放并耿耿于怀，甚至想尽一切方法去铲除呢？想到此，顿然间，自己对自己想法的浅薄感到汗颜！教育不能改变他人，只能掌控自己，我们仅是在帮助他人成功，顺其天性，助其成功。诚如著名教育家弗莱雷所言："教育的作用就是为学生自觉化的形成提供援助。"进而言之，就是帮助学生走向成功，而不是逼迫着孩子非得在某一方面成功。

顺乎自然，不是任其自然，而是遵循自然规律，按规律办事。"人法地，地法天，天法道，道法自然。"此"自然"非自然界，更非虚无，是"自然而然"之规律也！天底下无可比拟的"道"，一"顺"、一"任"，使得"自然"有了不同的境界！

　　每一个学生就是一支不同花期的花朵，等待花开就是对自然的敬畏，对规律的尊崇。菊迎秋风，梅傲冬雪，这是自然；鹰击长空、鱼翔浅底，这是自由；小草没人疼也在成长，野花没人赏也在散发芬芳，这是自守。如此等等，透出的都是对自然的守望，这种守望就是真的教育，就是教育的真谛！

　　　　——本文为《新课程（初中数学教学案）》2016 年第九期卷首语

享受教之幸福

幸福是什么？在物欲横流的当今社会谈幸福，似乎离不开金钱、地位等元素。其实，幸福是充满个性的，不同的人会有不同的解读，有的人，腰缠万贯未必幸福，有的人，家徒四壁照样悠然自得。"一箪食，一瓢饮，在陋巷，人不堪其忧，回也不改其乐。贤哉回也！"颜回这种安贫乐道的处世之风让人钦佩，可见幸福的多元。其实，幸福就是一种感觉，一种源于内心世界的自我体悟。

一名教师，俗称"孩子王"，精神上是富有的，内心是充盈的，因为知识武装着自己，孩子们的童心同化着自己，只要守住静气，怀有定力，我们教师就是天底下最幸福的人！笔者和孩子们每天都沉浸在这迷人的世界里，自由徜徉，惬意翱翔。无论是课内还是课外，笔者都努力用自己的情感、声音、体态营造一种氛围，在不知不觉中播下文化的种子。看到如同花蕾般的学生，在自己用心地呵护、浇灌中一点点成长起来，我感到生命是那样的奇妙和美好，生活是那样的幸福与快慰！虽然自己是一名数学教师，数学学科自然给人理性、冷峻的感觉，其实这是对数学的一种偏见，数学也可以和语文一样富有诗意，数学也可以使孩子更有力量和精神涵养！但有一点不容回避，就是这种诗意，需要老师的文化底蕴支撑，需要老师对数学的挚爱真情。诚如孔企平教授所说："只有热爱数学，才可以享受数学。"享受数学才会打造出精彩、温情、诗意的课堂。因此，笔者不断吸纳大师的思想精髓，使自己的精神不断接受先进理念的洗礼，仰慕名师思想的星空，脚踏名师们成长的足迹，带着一份执着，一份信念，一份精神，以真诚质朴的灵魂去播种，以激情飞扬的心态去传递，在数学教育的路上，步履匆匆，执着前行；扬帆远渡，写意风流！

人生需要幸福，没有幸福的人生是悲哀的；幸福需要事业，没有事业的幸福是乏味的；事业需要动力，缺少动力的事业是短暂的；动力需要乐趣，充满乐趣的动力是永恒的；乐趣需要用心，持之以恒的用心才能促进专业成长的可持续。专业的精湛，是个人幸福的底座，是引领学生走向幸福的资本。多付出一点关爱，你将多得到一份满足；多撒播一粒种子，你将多收获一份希望；多一点孜孜以求，你就多一点神采飞扬，如此，你才会真正体味幸福，破解幸福的密码！

——本文为《新课程（初中数学教学案）》2016 年第 12 期卷首语

教育真谛，且行且思

在一个个夜深人静的夜晚，笔者总喜欢敲响键盘，静悄悄地把自己淹没在文字的海洋里，反观自己，体悟生活，遍读学生，呵护花蕾，或激情澎湃，或黯然神伤，或文笔犀利，或语义婉约，或灵动，或阻隔，或高昂，或低落……当文字跳跃在键盘上时，犹如拨动琴弦，总有游走心底的一丝愉悦，此时此刻，自己思想的空间便如浸水的香茗般慢慢地舒展开来，曼妙而令人心醉……

笔者的爱好不算寡淡，练过书法，玩过象棋，驰骋于球场……但至今让人最难以放下的就是记下自己的一思一想，一见一得，把自己埋在文字里，享受阅读和写作带来的那份安逸、轻松、乐趣，体味"三省吾身"散发出的那份纯真、坦荡、恬静。一家之言难免偏颇，但却洗尽铅华留下了真实的自己，一管之见或许存在谬误，可是发自肺腑地道出了自己的心声。在自己的教学天地求索探寻，在自己的班级领域灌溉耕犁，教学得以提升，教育得到发展，心灵得到滋养，思想得到荡涤，一步一步，点点滴滴，自己的文字踏遍了全国初中数学专业的期刊领地，偶有小文进入了班级管理的视域。

行走于教育的田园，不时会捡拾到教育的"七彩虹"，心情自然会沐浴在阳光之下。但毋庸讳言，也必然会遭遇坎坷泥泞。倘若换一个角度思考，就是这些路途的不畅，才会督促我们思考教育，触摸教育的真谛。

教育的真谛是什么？我们都在苦苦追寻，纵然答案难有定论，可教育不管到了什么时代，它都是基于人的，都是关注人的发展，顺其天性才能助其成功。笔者不敢称自己是一个真正的教育行者，但敢说正在触摸教育的脉动，正走在绿色教育的大路上！

在笔者的心底有三根弹奏教育之曲的弦——尊重、等待、赏识！

尊重——教育的前提。没有了尊重，教育就是空谈。播下花籽，收获姹紫嫣红的春天；播撒尊重，才会收获健全人格的成长、美好人性的光辉。尊重是教育的起点！教育就此扬帆远航！

等待——教育的常态。等待是一种对教育的守望，等待让教育焕发教育的本色，让孩子成为孩子。要相信，每一个孩子都是一枝独一无二的花朵，终有绽放的一天。我们要用"多彩光谱"的评价眼光为每一个学生喝彩。

赏识——教育的魔力棒。俗话说，数子十过不如奖其一功，赏识能够温润学生的心田，点燃学生在学习的过程中闪现的星点兴趣火花，助推学生的成长。给足学生勇气，学生的灵性就会在我们的鼓劲中得以滋养；不断给学生施以赏识的正强化，学生才会焕发出生命之力！

一路走来，笔者践行着自己的所为，盘点着美丽的收获，或失意，或欣悦，但始终恪守"既做学生知识的导师，更要做学生心灵的牧师"的底线，丢下杂念，拿起自己的笔，埋下自己的头，写下自己的生活，描绘自己的人生轨迹。普通教师要成为一名真正的教育行者，首先要抛却功利。泰戈尔所说的"鸟的翅膀上系上黄金，就再也不能飞翔了"值得我们细斟。有了"宠辱不惊，看庭前花开花落；去留无意，观天上云卷云舒"的平和心态，有了"甘于寂寞，敢于担当，勇于奉献"的教育情怀，有了"跳出学科看教育，跳出教育看教育"教育视野，带着这些上路，哪怕荆棘遍地，沟壑林立，也阻挡不住我们前进的脚步……

作为一名齐鲁名师，当在抛却功利的心境里奋然前行，尽自己的绵薄之力，与学生共同寻求生命的意义！

新形势下教师的需要探微

时下，课程改革如火如荼，对教师提出了更新、更高的要求，将教师推至改革的潮头上，并提出课程改革的"瓶颈"是教师。因此，教师的压力空前之大。笔者认为，教学活动是师生的多边活动，教师在教学过程中的主导地位是不能动摇的，要教师发挥好主导作用，满足其正常需求必不可少，否则将危及教学质量。

一、教师的需要是"以人为本"蕴涵的要义

教师需要的基本含义是尊重人、依靠人和提高人。尊重人是提高人和依靠人的保证。一个人只有受到最起码的尊重，才会体验到生活的乐趣与价值，才能心情舒畅地投身工作、学习。尊重人首先要尊重人的人格，作为学校领导，要有从善如流的品质、海纳百川的气度，去包容充满个性色彩的教职员工。

尊重人还包括尊重人的创造性和个性。人的禀赋不同，但无优劣之分。尺有所短，寸有所长，每个人都有自己的潜能，不管是从事班级管理工作还是教学工作，都有积极向上的心理需求，在其潜意识中都蕴藏着创新的种子，要萌发需要学校大环境的"适宜温度"，即自我伸展的空间。若学校营造的大环境并不积极，势必会削弱其创造欲望与动机，长此以往，教师的个性得不到张扬，抑制之下流于平淡，工作热情必然会大打折扣。教师的个人爱好和生活习惯不可能都一模一样。只有百态才会有生机，齐推并进，同模复制是管理之大忌，良好的个性只有在不断强化中才得以伸展。

二、教师需要的双重意义

需要就是人们对某种目的渴求的欲望。美国心理学家马斯洛把人类多样的需要由低到高分为五个层次，即生理、安全、社交、尊重和自我实现。教师的这五种需要是否得到满足，一般取决于学校。待遇包括两个部分，即物质待遇（物质需求）和精神待遇（精神需求）。

教师最基本的物质需求是衣食住行的满足。在经济大潮的冲击下，若物质上的供给如工资等拖欠或打折扣，势必影响教师的心理，出现心理失衡现象，并在无形

中降低其工作热情。"安居才能乐业"是人人通晓的道理，唯此才能排除教师的后顾之忧，使其聚精会神地投入工作，教育质量才能得以保证。

另外，教师的正常需求还表现为工作上的按劳取酬，奖勤罚懒。学校要营造积极向上的教学氛围，引领教师向真、向善、向美。笔者认为，首先要公正公平，否则无凝聚力可言。一个学校要团结一致，人际和谐，公平公正是先决条件，在有失公正的单位，规章制度只是一纸空文，这既不利于身心健康，又影响学生的健康发展。

精神需求是指工作的胜任感、成就感、责任感、有影响力、个人成长和实现价值等。精神待遇具有隐蔽性的特点。学校领导者在努力提高教师的物质待遇、改善教师生活环境的同时，要洞悉表征的内蕴，注意心理安慰，深刻理解精神待遇的人性意义。要真切关注、了解和把握教师的精神需求，千方百计提高教师对精神待遇的满意度。要放下架子，尊重教师的个性、尊重教师的人格、理解教师的思想情感、欣赏教师的进步，让每个教师都拥有心理安全感，努力构建以信任为本的人际关系和精神家园，让每一位身处其中的教育工作者彼此享受到真诚的温暖与和谐，并充分激励教师参与学校管理，满足教师成就需要和发展需要。

实际上，作为教师，在满足基本物质需求的前提下，更重要的是满足精神需求。精神支柱坍塌了，工作效果就会大打折扣。教师的精神需求除正常的关心、爱护与理解外，还突出表现为思想上、业务上的不懈追求。"春蚕到死丝方尽，蜡炬成灰泪始干"，这是教师奉献精神的写照。但在社会飞速发展的当下，教师需要不断地"充电"。除了自己的学习外，学校应搭建外出学习的平台，给进修以支持，使教师不断地汲取新思想、输入新血液，以保障绿色生态课堂的生成。尤其是寄宿制学校，教师自闭于校内，学校若不及时提供机会，教师的整体素质就会下滑，落后于时代，学校的教学质量纵然一时繁荣，迟早也要衰败，甚至被淘汰出局。

三、几点建议

在推行基础教育课程改革的几年中，各实验区发放了各种调查问卷，这反映出教育主管部门对这次史无前例的改革的高度重视，但不知是否有人进行过这样一种调查：教师每天几点下班？晚上几点睡觉？双休日、节日多少教师能真正得到休整？教师队伍中，身体处于健康状态的、亚健康状态的有多少？带病工作的有多少？如果这种调查还不多甚至还没有的话，调查显然是不充分的。

应该说，新课程对教师提出的教育教学方面的诸多新要求都是有道理的，但任何好的设想不能一蹴而就，实践要有个过程，在决定这个过程的时间长短、推进速度快慢时，千万不可忽略教师队伍的基础、地区的差异以及由此造成的不同的承受能力。一刀切的要求和急于求成的心理都容易造成"好事没办好"的结果。

处于课改第一线的教师中，中青年教师占绝大多数。年轻教师要成家，要抚养年幼的孩子，同时也需要学习；中年教师要照顾年迈的父母，并面临孩子升学等问题，需要比以往花更多的精力来承担家庭的重担，自己的身体也开始走下坡璐。"关心学生的一切，关心一切学生"是教师这一崇高职业义不容辞的责任，但教师的一切是否也要有人关心呢？换一个角度，即使为了保证或提高工作质量，关注教师的工作强度和生活状况也是非常必要的。

总之，教师需要的满足直接关乎学校的教学，学校若落实不好"以人为本"的现代理念，教师对学生"以人为本"的理念只能是虚幻的。

——本文发表于 2007 年第 1~2 期《滨州教工研究》

学《论语》经典，悟修为之道
——解读《论语·泰伯第八》

曾子曰："以能问于不能，以多问于寡；有若无，实若虚，犯而不校。昔者吾友，尝从事于斯矣。"

——《论语·泰伯第八》

笔者非常喜欢《论语·泰伯第八》这一则，它既包含了学习的态度，又揭示了修行的道理和生命的高度。人能做到"有若无，实若虚"，才能不断接受新的知识和道理，否则，固执己见就只能原地踏步，很少再有进步的可能。这段话让笔者再次想起著名的中科院院士裘法祖"做人要知足，做事要知不足，做学问要不知足"的经典语句，要知其自己的不足才能丰盈自己，要虚心向学，不断追索，因为学无止境。没有自己的空杯，哪有新的接纳，此即为"吐故纳新"。

无论是在孔子的眼中，还是在曾子的眼中，颜渊都是一个具有高度生命自觉的人，他的人生高度让我们"心向往之"。"闻道有先后，术业有专攻"，越是有学问的人越能够向他人学习，这是因为他们已经不再害怕被人无视，不再证明自己。作为老师就应该追求这样的境界，"弟子不必不如师，师不必贤于弟子"，在这个瞬息万变的时代，师生应是学习的互助者，彼此的生命成就者，这就是我们常说的生命成长"共同体"。教师不用怕在学生面前漏拙，有时候的漏拙是一种教学智慧，一种悄无声息的真教育。比如与学生零起点解题，能让学生见到老师解题的真面目，期间或许一路顺风高奏凯歌，抑或磕磕绊绊、迂回曲折，或需要学生的启迪而豁然洞开，或走入死穴难以或不能自拔……不一而足，但这些都是真的过程，这才是教师的真教学，也是教师内心强大的一种行为外展。遮遮掩掩，支支吾吾，不会装会，只会让学生不齿。要有"能问于不能、多问于寡"的心态，如此才能真正赢得学生的尊敬。我们闻道在先未必就是权威，学生超越我们是我们的荣光而不是"现眼"，敢于向学生学习的人才是强大的人。

通感全文，愈加感叹于颜渊的生命自觉，更感叹于自觉之后的高度。"实若虚"是自觉，"犯而不校"则是高度。面对曾子的这个朋友，笔者首先想到一个"大"字，大智若愚，大巧若拙，大音稀声，大象无形。其次想到的第二个字是"强"，强烈的求知欲，强烈的使命感，强大的内心世界，强大的生命张力。再次想到的第三个字是"诚"，他的心里眼里只有真、善、道等，奔着这样的目标，芸芸众生的各种差异都不存在了。他以造物者的视角看人。造物者把不同的知识、智慧、美德播撒到生命样态不同的人身上，于是这个人就像蜜蜂采百花一样于众人身上采集智慧和美德，所以，他是至诚的，不是故做好学态，故标高致姿的。颜渊，他是一个不以知识的富有者自居而谦恭居下、虚怀若谷的人，他是一个气场恢宏、真正强大的人，他是一个拥有空杯心态、日渐精进的人，他是一个摆脱了凡俗局限、永远朝圣的人，他是一个内心光明、不可战胜的人，总之，他是一个不负于"渊"字的大写的人。

试看，"有学问却好像没有学问，满腹经纶却好像空无所有一样"，那不是洞明了世事，看淡了云烟，修炼了内心，而达到了逍遥的人生境界吗？为学和修身到了这一步，文、行、忠、信、恭、宽、敏、慧等美德皆可兼而得之矣！这是一般人很难达到的，是一种人生的理想，明了我们一个内心修炼的至臻方向。

关于犯而不校，再谈点认识。其原本意就是别人触犯了自己也不计较，这需要海纳百川的宽广胸襟，这是生命高度自觉的一种自然外显。我们有时候会很在意别人的触犯，作为一般的琐事则大可不必为之所扰，这正是孔老夫子所倡导的忠恕之道。但是在大的原则性问题上，还是应有底线的，不可一味忍让。日常中，别人无意中的侵犯我们都会自觉或不自觉地竖起一种自我保护的意识，把自己包裹起来，这种对自我的保护，就是没有高度的自觉所致。

所以，在这一方面我们尚需内修。犯而不校是恕道，以眼还眼，以牙还牙是直道，我们应当视情况而定。我们不能无原则地退让，而让歪风邪气恣肆无度。端身正意学《论语》，重拾古人智慧，为处事之理，修为学之道！

——2018 年 9 月 5 日

《学记》三言，力敌千钧
——从《学记》中汲取教育智慧

如今看来，《学记》虽仅千言小文，字里行间却氤氲着万千智慧。一点一点地去品读，时间长了就可以发现字意背后的东西，以下是笔者的个性解读，抑或有误，交流为盼。

古之学者，比物丑类。

解读：善于类比，这是解决问题的常用策略，作为以思维见长的数学学科来说，类比更显其重要。类比是伟大的引路人。的确，在迷茫中，善于类比给了我们前进的方向，就是有了善于类比而顿生发现、创意等。就拿解题而言亦如此，一个题目茫茫然不知所归，怎么办？类比，想一想与之关联的东西，能否借之以用？我们经常说"触类旁通"，此"类"既有类比之意也！

记问之学，不足以为人师，必也听语乎。力不能问，然后语之。语之而不知，虽舍之可也。

解读：这是对当下"以学定教"的最好解读！单凭死记硬背得来的所谓学问，是一点也没有灵气的知识，难以化为智慧之力。打铁还需自身硬，"没有金刚钻，不揽瓷器活"，揽了必害人害己，没有真功夫，不可为师矣！有了真本领，必须善于根据学生的问题来讲解才行，这就是"以学定教"。继续看"力不能问，然后语之"，何意？当学生没有能力提出问题时，老师才可以进行讲解，这句话深藏着的内容是：若学生有能力提出问题，就要学生把问题提出，不要忙于告之，轻易告知，要观时机而为之，否则不就是我们当下经常谈到的"越俎代庖"吗？不就是主导越位吗？教不越位，但要到位，教与学的和谐，才会让学生的主体功能得以充分发挥。最后"语之而不知，虽舍之可也"告诉我们，如果讲课还不懂，就不必讲下去了。这说明我们的讲解没有逼近学生的认知发展区，产生不了共鸣，讲者无益，学生的认知不在"服务区"，不能对接。这让我们反省一个问题：我们到底要讲在何处？当讲？不当讲？这也告诉我们，有时候我们讲了很多，还怪学生不会，嗔怪："这个题目都讲了许多遍了还不会……"其实，我们反观自己，我们的讲是怎样讲的？信号对接了吗？还是我们一厢情愿地讲讲讲？明白了以上这几句话，"施之以教"才会真正发生。

记曰："凡学，官先事，士先志。"其此之谓乎。

这两句话的大意是，古书上说："凡学习做官，领导人民，先学习管理事情，要作一个读书人先学习立志。"就是这个意思。

若我们从教育这个角度去理解，可以这样认识：在教育这件事上，教师的责任首先在于尽职，要先于学生把事情做好，此即为"为人师表"。"师者，人之模范也。"汉代的杨雄如是说，教师就是要起表率作用，要生命先行觉醒，然后以觉醒之心去唤醒学生、启迪心智；而学生的责任首先在于立志，要有一个清晰的目标、一个笃定的愿景，这就是说要有强烈的方向感，不可迷失，不可随风飘摇。王阳明教诲我们："志不立，天下无可成之事，虽百工技艺，未有不本于志者。"可见志之重要。一个人有了目标就不要随意转向，更不要原地打转，要仰望星空"北斗"，锲而不舍，脚踏实地，一步一步走向成功。因此，对于教师而言若不履职尽责，纵有天大的本事也无益于学生。

——2018 年 9 月 7 日

破除"四毋"遮蔽，登临"朝圣"之境
——对《论语·子罕第九》的解读

子绝曰："毋意，毋必，毋固，毋我。"

——《论语·子罕第九》

子绝曰："毋意，毋必，毋固，毋我。"孔子道出了人性的弱点，揭开了常人的短板，给出了人们遇到事情时的心理惯性思维——容易臆测、武断、固执、自以为是，这都反映出人们遇事总是以自我为中心，这样对事物的分析判断倾向主观、片面，以至于做出错误的结论，使事物的发展偏离正确的轨道，不利于问题的解决和关系的和谐，严重时会滑向钱理群教授所说的精致的"利己主义者"的坑穴。从另一方面说，孔子道出了作为高度生命自觉的君子，对待人或事要客观，要多元理解，不随意揣测，不下绝对的判断，不固执己见，善于审时度势，善于多方思考，不要以自我为中心处理事情。

"四毋"说起来容易，做到何其难也，这是真正的圣人境界。用心去体会这句话、品味"四毋"后面的味道，我们不难想到，眼下或过往所有的烦恼、痛苦，都是源于"意、必、固、我"，而这四个字凝结起来就成为一个字——"私"，因为紧紧地执着于一个"我"，那么凡事都会以"我"为圆心，以"私"为半径进行取舍，合己意则乐，忤己意则苦，这个"我"就是"私"的根源。所以，真正做到这四点，就是"无私"，就是"廓然大公"，也是"天地万物一体之人"的境界，那显然就是王阳明们的圣人之境，然而所有一切都是建立在打破"小我"的基础上的。这也是孔子等先贤们以"无为"法而做"有为"事的心法。破除"四毋"遮蔽，岂是一句话能所为？这应是我们一生一世，乃至生生世世努力的方向——追寻朝圣之境。

下面我们对"毋意、毋必、毋固、毋我"从反面一一做分解。

意，臆测也。臆测意味着什么？意味着想当然，自以为是，站在自己立场揣度别人心思，自然很容易伤害别人。必，武断也。武断意味着什么？意味着凭借先前经验，盲目自大，听不进别人意见，容易一意孤行，走向真理的背面。固，固执也。固执意味着什么？意味着拘泥于自己的主张，不听劝阻、不想改变，容易走向偏狭。我，唯我也、主观也。主观意味着什么？意味着唯我独尊，看问题容易囿于自我，视野窄，容易出现闭目塞听、陷于偏颇迷惑的状态而不自知。这四种毛病都是低境界的表现，都是没有跳出自我的外展，会严重影响着一个人的视野和格局，想想自己，这四种毛病是不是都有？或有一部分？今后要时刻提醒自己告别这四种心态，努力跳出自我的局限，要多听取别人的意见，学会客观看问题，"改过——责善"。

这"四毋"也告诉我们，无论做什么事，都要崇尚科学，科学判断，遵从古人的训诫，"兼听则明，偏听则暗"，集中意见建议，灵活多变，勤思善想，博采众长。这让笔者想起了对学生的教育。很多时候，我们看到的学生都是单方面的学生，而另一面甚至"冰山下面的大部分"，我们是看不到的。这就需要我们在批评学生、教育学生的时候，耐下性子问一问是怎么回事，背后的原因是什么。清楚了背后原因的时候，表面看似不对的东西下面却往往有一个善意的动机。为人师者，应与这四种行为决裂，对待学生，理解信任，不猜疑；讲解知识合作讨论，注重过程不务虚；处理事务力避执拗，学会变通不强行；课堂教学转变角色，以学为主体，充分尊重学生的学习体验和感受。面对学生问题时，我们要拿起辩证的武器，善用联系、全面、发展的观点看学生，自勉自励，慎言立行，打造自己缜密的逻辑思维，一览众山的学识眼界，严谨的工作作风，透过现象看本质，不被表象迷惑、不为利诱所动的定力，决绝"四毋"，澄明心境。

另外，"四毋"对于成长期的名师来说也甚是关键。名师经过成熟期后，面对发展瓶颈，若"四毋"缠身，心不静，神不宁，图谋虚荣（比如有的写论文不写参考文献，把人家的东西窃为己有；发言、交流等借用别人的观点而不说明，这其实恰恰暴露了自己的"内虚"，本来站在巨人的肩膀上自己会更高，可惜的是把人家的东西变成自己的东西来标榜自己，而让明白人一看、一听露了马脚，成了"一抔土"），不善于学人之长，更谈不上放低身段不耻下问地去学，这如何能到达新高度？因为成长期的名师已小有成就、小有名气，很容易固执、武断、自以为是。如果这四个方面做不到，被虚名所累、所困，就不可能突破现在的瓶颈。首都师范大学的杨朝晖教授认为，现在核心素养背景下不适合单纯提教师专业发展，应该提教师的全面发展。唯有修身养性、生命觉醒、圆盈心智打底，我们的专业才会获得真正的发展，否则就会轮回到"争抢时间""争夺地盘"的漩涡。

由于人们观念的差异、视野的局限、认知水平的不同，在生活中，常常会被自己所看到的东西所局限。有人说:"因为相信,所以看到。"而多数普通人却是"因为看到,所以相信。"这反映在数学教学上诚如是,若摆不正"肉眼"看到的感性直观和"心眼"看到的理性直观,势必会出现判断失误,这就是说"眼见未必为实",有时候我们就是让自己的眼睛欺骗了自己,缘何?因为我们深入认识世界的学识、本领尚不足,看到的世界本身具有局限性,那我们的意见、所识往往会走向偏执、片面。这也在告诫我们一定不要简单地、轻易地下结论,任何时候都要保持清醒的头脑,提高自己的判断力,多方调研、求证,全面地看待人或事,这是一个人成长的样态、成熟的象征,也是突破自己封闭性认知的开始。

"四毋",说到底还是自我生命尚未觉醒,常"我"处在一个"小我"之中,未曾摆脱心中的偏执和杂念。"绝四"必先与仁的觉醒相辅相成,才能突破自己生命的局限。我们要先把自己放下,内心空灵清净,才能看清自己,看清别人,从而走向生命自觉圆满、开阔自由的美好状态。

"金无足赤,人无完人。"我们每个人都有那么一部分是需要我们自己去不断修正的,我们应当首先承认自己不完美,然后痛下决心,剔除那些不完美的东西。今后,笔者将以"四毋"为警策,自勉、自省、自强。

——2018 年 9 月 9 日

教育"善"任，任重道远

——《论语·泰伯第八》解读

曾子曰："士不可以不弘毅，任重而道远。仁以为己任，不亦重乎？死而后已，不亦远乎？"

——《论语·泰伯第八》

"士不可以不弘毅，任重而道远。"这句话，笔者是非常熟悉的，原因是上一届任班主任时所带级的名字就是"弘思二班"，其中之"弘"即出于此。

首先一起解读一下第一句的三个关键字："士"，在西周、春秋时代，"士"为贵族最底层，贫民最高层。士，事也，即承担事务的人，士分武士与文士，国学大师辛意云老师认为，到了孔子时代，士的含义发生了些许变化，已成为读书人、知识分子一类的称谓了。弘，宽广也，指伟大的胸襟、恢宏的气魄和真正的决心。毅，强忍也，指果敢的决断、深远的眼光、坚毅的品格以及正确的见解等。再看第二句的关键词"仁"，"仁"乃"人道"也，是让人真正成为人，不再受生物限制的那个人道，也就是生命大道，以此"人道"来触及教育人们走向生命觉醒的大道。其他字通俗易懂，不再阐释。

通而概之，就是说弘毅之士，当有宋代张载"为天地立心，为生民立命，为往圣继绝学，为万世开太平"的气魄，另有顾炎武"天下兴亡，匹夫有责"之誓言，这均明确了知识分子的责任与担当。整句话是在勉励所有读书人、知识分子，以促进全人类生命觉醒为己任，走向生命觉醒之路。这就是中国至今之所以能振衰起蔽的关键。因为所有的读书人、知识分子，能义不容辞地自觉担当起用生命的自觉推动生命自觉的重任。

以天下为己任，自然是任重，但如此之任重，道路如此之长，君子却依然自觉地把它担当，可见君子的自我修行与社会的担当从来都不是分开的。君子之所以能够把自我修行与社会的担当结合，就是因为君子从来都是"己欲立而立人，己欲达而达人"。做好了自己，从来都不会把别人置身之外，心中总是有着别人，所以才会有了一份责任，而且这份责任是自我赋予而不是社会赋予的，这才是一种大境

137

界、大担当。这也正是中国君子的可敬可贵之处。所以作为全国的名师领航人，我们不仅要做好自己的工作，还需要担当起整个社会的责任。具体而言，首先要做好自己工作室的工作，再带动自己所在区域的教学发展，如果有可能，我们也应该为全国的教育贡献自己应有的那一分力量。

通过深入学习论语，笔者发现教育即行善，济世救人！我们是在传播智慧，行善未来，我们都是在做自己分内的事，那就把教育当行善去做吧！帮学生将人生的第一颗扣子系好，用这样的理想追求作为自己的座右铭，以仁爱之心觉醒仁爱之心，以弘毅之志立宏毅少年，建设好三尺讲台，芬芳桃李，这就是为师的弘毅之志与大境界吧！

今天是教师节，听着中央电视台李修萍老师的领读，想着国学大师辛意云的讲解，感觉曾子的话言犹在耳："士不可以不弘毅，任重而道远。仁以为己任，不亦重乎？死而后已，不亦远乎？"这与新时代"四有"好老师的要求一脉相承。今天，笔者自己也收到了不少的问候与祝福，但我们更应明确自己肩负的那一份责任，应该思考我们教师应该如何为"士"，如何"弘毅"，如何以为国家培养人才为己任。陶行知先生说："捧着一颗心来，不带半根草去。"这是他自身的写照，也是对教师提出的高要求，教育善人，立德树人，达己达人，任重而道远，我们自当终身为之上下而求索，以做一个党和人民满意、家长放心、学生欢迎的好老师！

——2018 年 9 月 10 日

因材施教，何以可能

——《论语·先进第十一》解读

子路问："闻斯行诸？"子曰："有父兄在，如之何其闻斯行之？"

冉有问："闻斯行诸？"子曰："闻斯行之。"

公西华曰："由也问闻斯行诸，子曰，'有父兄在'；求也问闻斯行诸，子曰，'闻斯行之'。赤也惑，敢问。"子曰："求也退，故进之；由也兼人，故退之。"

——《论语·先进第十一》

这段内容的大意是：

子路匆匆问老师："听到一件事有道理，就马上去做吗？"孔子摇摇头说："有父亲兄长在，要请示商量，怎么能马上去做呢？"

冉有犹豫地问老师："听到一件事有道理，就马上去做吗？"孔子肯定地说："对，马上就去做。"

在一旁的公西华疑惑了，他问："老师，他们二人问的是同一个问题，你的回答却完全相反，这是为什么？"

孔子微笑着说："他们俩性格不同呀！冉有向来瞻前顾后，往往事情考虑成熟了仍犹豫不决，所以我要鼓励他，帮他下决心；子路胆大好胜，常常没考虑成熟就鲁莽行事，所以我要提醒他不要冲动，要多与人商量。"

读完后，恍然感觉一帧教育教学的画面展现在眼前，孔子的教育智慧穿越时空，润泽着我们这些从事教育的后辈。这段对话充分展示了孔子因材施教的教育思想，细品并反观这段话，就是因为孔子能洞察学生的性格，摸清了学生的家庭，对学生有全面而深入的了解才会这样做。这是当下我们常说的"学情"，这就是"以学定教"。可见，当下流行的"以学定教"即出自孔子的"因材施教"。这也再一次地印证了我们当下的教育教学思想的源头何在，不仅如此，也警示有些人、有些学校，不要动辄创新教学模式、教育思想，那不过是在玩新词。诚如李镇西之言，我们就是在践行孔子留下的教学原则、教育思想，就是坚守常识。

这段话，展示了孔子重视差异、直面差异。对于同一个问题，孔子面对不同的学生给出了不同的回答：胆大激进的子路，孔子建议他三思而行，优柔寡断的冉有，孔子鼓励他激流勇进。这把孔子因材施教的教学智慧展现得淋漓尽致。因材施教说起来容易，做起来难。孟子说："先觉觉后觉，先知觉后知。"一个善教的老师，必然是一个会"听其言、观其行"，重视研究学生学情，会根据学生个性采用不同教学方法，让学生学有所获的老师。我们自身只有具备了能体察他人的本领，才能通过已有的智慧透视学生的内心，感知他人的生命状态，对学生了如指掌，那因人而异的施之以教始有可能。能做到以上，才能真正体现我们教师职业的专业性和不可替代性。

老师教育学生的方式是根据学生的不同品性给予个性化的指导，这种个别化的教育方法是我们现在正在努力实践的方向，课程多元化、班级小班化，用多样化的资源支撑学生的自主学习，让每一个孩子都能得到适切的发展，让每一孩子享有更好的教育，北京的很多学校已经做到了这一点。如北大附中和北京十一校的选科走班，都走出了特色，可以说量身定做课程，基本实现了不同人的不同课程，这种从课堂走向课程的举动让"华罗庚成为华罗庚、巴金成为巴金、姚明成为姚明"有了可能。

教育的宗旨自然在于育人。人的性格都是有不足之处的，但性格中的不足之处是可以通过后天的修炼弥补的，以使其在做事中把自己的品行修得更好。有人认为性格决定成败，孔子提醒自己"三省吾身"，学他人之长，补一己之短。古人以性格见长而取胜者不乏其人。张良善思，运筹帷幄之中，决胜千里之外；诸葛亮一生谨慎，屡建奇功。我们要引导学生既不急躁冒进，又不畏缩不前，知进知退，让修炼成的优秀性格成为人生的助推器。但是现实中的教育并不乐观，很多时候，我们常常忽视了学生本人"人"的存在，通常会按一个统一的标准来要求学生，特别是学校纪律与班级纪律上的要求，结果我们往往没有关注学生为什么会出现违纪的深层原因、背后的动机，这或许就会导致教育的失误，比如，学生迟到是不是因为路上堵车，是不是因为在路上帮助了一个人而误了时间……如果是这样的话，我们是不是可以破例给孩子一个表扬呢？笔者感觉这就是我们向孔子学习的地方！

另外，这段对话，除了孔子因材施教的智慧得以展现外，笔者认为他的回答也透射出孔子的"中庸"思想，是孔子把中庸思想落实于教育实践中的一个具体事例。从弟子的个性出发，因人、因事而异，要求弟子不要退缩，也不要过头冒进，要进退适中。我们要用时代发展的观点看待孔子的"中庸"思想。笔者理解为

"中庸思想"包括三层意思：一是体现了组织用人和培养人的原则，选人用人要了解使用对象的个性特点与能力倾向，遵循用其长避其短的原则聘予适切的岗位，这样既有利于工作的开展，又有利于使用对象的成长。二是体现了因材施教、循循善诱的教学原则，老师要在理解教材、理解教学、理解学生的基础上确定教学方法，借力现代教学手段，为学生而教，努力做到"取势、明道、优术"。三是要努力提高个人素养，达知行合一，从一点一滴做起，扬长改短，改过责善，通过小目标、大情怀、聚能量、成大器的修炼方式重塑自我，以德立教，发挥好"人之模范"的作用。

说到这里，笔者想起了自己曾经因两个班教的内容不一样而被谈话。何为因材施教？何为公平？大一统、齐步走、一模一样是公平？这显然是对公平的误读，是对教育之道认知浅薄、甚或"无知"的一种表露。直面差异、因异而动、因材施教才是公平。

作为新时代的教师，既要与时俱进，又要善于汲取古人智慧。因材施教，教无定法，有教无类，这些教育的基本原则，闪耀着孔子教育的智慧和思想，直指教育的源头和本质，时到今日，这仍应是我们恪守的教育原则。当下的课改与其说迈入了"深水区"，不如说到了需要重新思考教育，返璞归真、蔽器崇道（教育学、脑科学等）的时候了。如今产生的一些教育教学乱象，就是忘记了教育的初衷和基本原则，迷失了教育的旨归所致。因此，我们在施教过程中，要深入了解学生，把握学生个性，依学生的个性特点，采取不同的教育方法，最大限度地落实因材施教在班级授课制下，这是极大的挑战，真正做到实为不易，以促进每个学生的健康发展为己任，我们当尽其所能而为之！

写在最后：

孔子赞

心中有道，眼中有人；摸清学情，施教之因。

约我以礼，博我以文；循循善诱，谆谆教诲。

心中有爱，宽严皆宜；殷殷期盼，意笃情真。

点滴做起，立德树人；进退有度，静待花馨。

捧着心来，不带草隐；万世师表，日月同辉！

——2018 年 9 月 16 日

统整课程：站在课程高度教学

教学，不应从教材出发，更不应从考试出发；不应从教参出发，也不应从名师的教案或网上下载的课件等出发，而是应从课程出发，站在课程的高度，对现行教材进行统整，成为新的结构化、系统化、单元化的课程。笔者对教材的统整不是内容简单的物理叠加，而是让内容与内容之间融汇起来，引动化学反应，发生化学变化，进而指向深度学习的一种系统建构。也就是说，自己的教学不是一节一节地教，而是有跨度、大单元式的推进。笔者在长期的探索与论证中，建构起了自己的课程，在不断守正与不断超越的往复中形成了自己的教学主张——"整体统摄·快慢相谐"的整体化教学，并在第三届华人数学教育大会"数学教育教学"分会场上做过主题报告，受到与会专家的高度评价。而今，在我们深入学习《中共中央、国务院关于深化教育教学改革全面提高义务教育质量的意见》《国务院办公厅关于新时代推进普通高中育人方式改革的指导意见》和《滨州市初中教学精细化管理基本要求》《滨州市深化小学教学改革指导意见（试行）》等的背景下，有必要反观与重申自己的教学主张，利用这次难得的学习机会，通过理性认识和实践案例进行阐释。

一、几点认识

站在课程的高度教学需要课程意识的支撑

课程意识最早出现于施瓦布的研究之中，学界至今仍没有统一的定义。一般认为，课程意识指对课程的敏感程度，它蕴涵着对课程理论的自我建构意识、课程资源的开发意识等几方面。课程意识的核心是课程观或"课程哲学"，有什么样的课程观就有什么样的课程意识。意识支配行为，有怎样的课程意识就会有怎样的教学行为。其中比较代表性的观点有：教师课程意识是教师对课程系统的基本反映（郭元祥，2003）；教师课程意识是教师在认同课程目标、课程价值的基础上对课程实施的自觉（钟启泉，2004）。

从理论上说，每个教师都具有自己的课程意识，其教学行为都或明或暗地受到一定课程意识的支配，但问题是是否每个教师都具有鲜明、合理的课程意识？这一课程意识是否与当前时代发展的要求相一致？价值取向是否指向立德树人？缺乏课程意识的教师，考虑的是"怎样教"，关注的是教学目标的实际达成，缺少对"教什么""为什么教"和教学目标的合理性拷问；其关注教学活动是否做到最好，缺少对这项活动做到什么程度才合理的深度思考；过度关注学生的学习结果，缺少对学生生命情感的人文关怀。而具有鲜明课程意识的教师能产生合理的教学行为，并以自己对课程的独特理解为基础，突破课程是"法定的教育要素"、不可变更的系统观念，突破课程专家的"成品处方"，对课程内容进行选择和调整，从目标、课程、教学、评价等多维度来整体规划教学活动，结合学生的经验和社会实际，动态地生成课程，从而使自己成为课程的动态生成者[1]。可见，我们谈的课程意识，显然是指要具有鲜明、合理的课程意识，要善于从国家意志和课程高度，高屋建瓴，统合课程标准、教科书及相关资源等，形成有利于学生发展的学程资源，顶"天"而立"地"，落实好"用教材教"的课程理念。

站在课程的高度教学需要理解好教材，进而厘清教材内容与教学内容

理解教材不是孤立的、简单地通识教材，而是把教材置于整个育人系统中，在理解学生、理解教学的帮协下去落实，教材的结构体系、内涵外延、逻辑关联等都需要我们通透之，并能有效地把它们统摄起来，形成自己个性化的课程，这其实才是真正意义上的校本课程，这才是基于学生现实的教学资源。另外，教材切不可切片，成为碎品，彼此形成孤立的线程，难以融会整合，只有整体、系统才会迸发张力，因此，整体观始终是自己处理问题的宏观策略。

长期以来，人们总是将教材内容和教学内容等同起来，认为课程标准要求什么教师就教什么，这种认识是片面的。教材仅仅是形成教学内容的一个"载体"，或可有等价的载体，或可有实现教学目标、完成教学功能的替换性内容，未必就是教材上固定的东西。因此，作为发挥实际作用的教学内容，应来自师生对课程内容、教材内容与教学实际的综合加工、开发创生，具有一定的创造性、统整性。师生一方面可合理地利用教材教学，对教材内容进行选择、取舍、加工、补充；另一方面，师生可以科学地加工教材，合理地组织教学过程。它不仅包括物化的教材内容，还包括引导作用、动机作用、方法论指示、价值判断、规范概念等意识形态方面的东西，包括师生在教学过程中的实际活动的全部。由此可昭，教材内容只不过是教学内容的一个重要部分，而不是全部，另外这个组成部分未必全部纳入，可根据学情有选择地使用。

教学内容就是落地的课程，具有一定的灵活性，而教材内容是国家课程计划规定的内容，具有稳定性。狭义的教材就是教科书，教材内容自然是教科书内容，是课程标准的物化，是课程专家、教材专家集体打造的具有稳定性的成品，但这个成品未必具有全国的通用性，区域的差异、城乡的差别等都会带来一些变数。其实这也体现了一标多本存在的现实意义。

教师即课程，教师专业的长足发展才能真正实现站在课程高度教学

华东师范大学教师教育学院周彬院长说过一段很有趣味的话："中小学的教材都是'压缩文件'，把知识、方法、思维等都压缩在薄薄的书本上，能否学好，取决于学生的'解压能力'。但这个解压能力需要我们的培养，要培养起这个能力自然需要老师的'解压能力'。"老师是否能把"冰山"下的部分发掘出来，能否解压、合理用之，这是关键。很显然，这个解压能力就是教师的专业水准，"修己"才能"安人"，打铁还需自身硬，一名教师只有强大了自己，成为明白人，才能教明白，才能引领学生更好地发展。因此说，我们的专业发展永远没有休止符，要实现站在课程的高度教学，亟须我们以梦为马，驭好"教研"这架长车，奔驰在"教师专业发展"这条自我觉醒的大路上。

二、践行主张

整体统摄，让结构生发智能力量

"整体—部分—整体"是人类认知的基本规律。只有立足整体去设计课堂教学，在整个初中课程的长轴上去思考每一节课，才能确保教学的前后一致与逻辑关联；只有注重对知识的集约化处理，纵横联系，才能发挥系统的功能。有整体才有力量，孤立零碎、短失联系的知识，犹如一盘散沙，难以成形，无以发力。整体统摄建立在教材的统整之上，这种统整不是部分的物理叠加，而是通透教材后整体统摄下的重组与融合，以形成相对稳定的具有强迁移力的知识组块——整体结构。可见，整体是统整下的集成块，是哲学观照下的一脉体系，它们彼此依托，共生共美。通过整体统摄，让学生站在了统观全局的制高点上，去统观知识的来龙去脉，体察整体架构的骨质气韵。正所谓"胸中有整体，了然每一处"，整体化教学的价值彰显出来。

如人教版数学八年级上册第十二章"全等三角形"一章的教学，笔者通过研究它的前后关联及统领性，把这一章教材预设的十六课时统整成九个课时：第一课时（整体构建新授课）认识全等三角形及各类判定方法；第二、三课时（训练提升课）

针对四类全等三角形的判定方法的训练；第四课时（深度探研课）是特殊三角形的判定方法；第五课时（深度探研课）是角平分线的性质；第六课时（活动课）用全等三角形研究筝形；第七课时（统摄复习课）是小结与复习；第八课时（反馈课）分层考查，第九课时（矫正课）分步达标。原本教材的第一节和第二节共八个课时，我把它整合成四个课时，其中用第一课时把整个章节统领起来，学生通过几何直觉，观察给出的十二个几何图形，引导学生从几何的研究对象（形状、大小两个维度）出发去观察。学生发现，这些图形可分成三类：一类是形状、大小均一样的；一类是形状一样但大小不一；一类是形状、大小均不同。这样就把全等形以及后续的相似形给揭示了出来，让学生见识了全等与相似变换的全貌，然后聚焦到三角形这一最简单而又最重要的封闭图形上来，遵循特殊到一般的认知规律，自然先研究全等三角形，沿着一组元素、两组元素、三组元素的轨道拾级而上，探寻出全等三角形的四个判定方法（SSS、SAS、ASA、AAS）。这样学生就把一般三角形的全等判定一网收尽，接下来再进行两个课时的训练，四轮实验证明，成效明显。因为这样实施后，打破了原有的一法一例一练的模式，而成为方法集体出场，面对具体题目时就必须做出方法的选择，给了学生广阔的探索与思考空间，有效地消除了原来一法后一例一练直接不假思索套用的弊端，既发展了思维，又节省了力量。

快慢相谐，让学生赢得长足发展

教材统整之下，往往带来的是一种快步推进。当然，我们的"快"并非刻意地去追求速度，而是立足学生的最近发展区，迁移发力快进的外在表征，同时又是基于逻辑建构、整体推进内需而生发的快，是系统论与控制论结合下认知负荷降低的快，是一种积极前进，在前进中适度回环、逐步解决问题，其中不乏"类比、归纳和猜想"等教学快进的强力推手。另外，"快"也是对反复演练、刻意缓推慢进等过度教学的一种调适。快主要体现在单元（或章）起始等整体建构课上（以上例子可见端倪）。笔者根据每一章在每一个领域的位置不同，把章起始课分成了三类：领域（大单元）起始课、领域沿途起始课和领域终端起始课。

有的章节是领域的起始章，是一个新的知识体系的开端，而每一知识体系都有其发展的整体脉络。因此这类章起始课的教学除了统领这一章外，还有种下整个领域种子的隐性"义务"，对本领域的其他章起始课应有先行组织、结构统领的功用，或展示其知识体系发展的大背景，或体现本章学习的大目标、大思路，或突出本章知识体系的大框架，从而达到铺垫、以知贻情、"润物无声"的育人效果。如初中学段一元一次方程就是方程体系的起始[2]，笔者是这样教学的：首先通过创设列算式难而列方程易的实际问题，用难易反差制造认知冲突，吊起学生倾向列方程解决问题的胃口，把学生拉到方程"阵营"中来，然后通过有意识地设置情境列方程，渗透符号意识，把各类有理方程嵌于其中，列完后启迪学生尝试分类，形成有理方程的整体框架，而后提出问题："从算式到方程，算式直接获得了问题的答案，而方程不是，怎么办？"由此呼出或唤醒解方程与方程解的概念，接着以一个一元一次方程为例，提出解方程首先需要研究等式性质。如此，方程的研究思路就呈现出来了。最后通过生长性小结，完善体系，便于中程、后程的起始课教学凝聚力量。

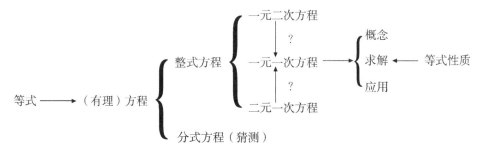

图1 方程的研究思路

沿途起始课。有的章是处于它所在领域的中间位置，往往已经有了领域起始的统领，也就是说已经把这个领域的"种子"种下了，后继的章起始课常常就是靠倚生长点的自然延伸、发展，或类比之前学过的章节进行学习，很显然，这类起始课比较容易实施。如二元一次方程组可类比一元一次方程教学，四边形可以类比三角形教学，二次函数可以类比一次函数教学等。

终端起始课。有的处于初中学段领域的末端章，处于系统的收口位置，除了发挥统摄本章的作用外，还肩负着"前衔后含"的重任，需要在结构上梳理好前已有的系统起始和沿途起始的整体脉络，形成浑然一体的数学知识结构，让系统的大网张得开而又收得拢，有效规避碎片化、断裂式的各自为政，彰显数学教学的前后一致与逻辑连贯，则深度教学就尽在其中了。如一元二次方程是整式方程的末端章、反比例函数是函数的末端章、锐角三角函数是直角三角形性质的终端等。其中一元二次方程的起始课[3]，除了建构本章结构外，还要把消元并融进来，完成整式方程的终了性起始，让结构、框架更加丰实有力，让学生的认知结构界域更大、更加优化。

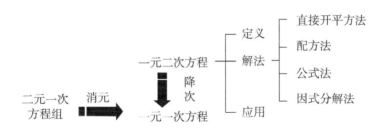

图 2 一元二次方程课程结构

当然，若一味为快而快，势必偏颇，"积极前进"之下还要"循环上升"，快慢联袂才是王道。快慢相谐的基调，弹奏出教学的交响曲。这种基于与快互补的慢，才是教育的本色。慢之于教育是生命成长的实然所得，是贯穿于教育教学实践之中的应然追求。此"慢"也并非传统意义上的刻意求慢，而是基于对核心知识的深度体验，进行潜移默化的濡染与渗透。也就说，慢不是目的，而是通过放慢脚步，拉长思维过程，把发现的机会、锻炼的机会让给学生，让学生有平台展现自我，让核心知识浸透学生心田，让学生在思维慢镜头中去感知、体验，以促进深层理解，裨益于学生知识的有效内化。说到底，慢其实是为了更好地快。这种快与慢的和谐，将共同助力于学生的长远发展，它主要体现在深度探研课与一题（图）一课等训练提升课上。笔者发表的《数学"慢化教学"的策略研究》[4]中给出了慢化的几条策略：在数学知识教学中，激发认知需要，慢于自然；降低认知起点，慢中求真；拉长认知过程，慢中求实；拓宽认知渠道，慢中求透；挑起认知交锋，慢中求活。在数学习题教学中，慢化的策略有：一题作基演变，慢中明道；开放问题思路，慢中优术。

三 "想"作舟，摆渡学生过思维长河

陈省身先生说："数学是自己思考的产物。"史宁中说："教师要学会站在学生立场思考问题，甚至与学生一起思考问题，只有这样才能引导学生思考。"笔者铭记两位大师的论断，并结合"回想、联想、猜想"践行于自己的课堂，打造出了思维味道浓郁的个性课堂。我们在观讲题课时，看到的往往是把加工后的美妙解法展现给学生，学生除了惊叹老师的高明外，面对类似问题仍不得思路，原因是学生不会思考，因此，教学生会思考才是命门。笔者在处理问题时，善于和学生一起思考，勇于与学生一起零起点解题（师生一起面对没有事先准备好的问题），笔者自己称之为"裸解"题目。其实只有这样解题，才能让学生见到老师解题的真实面

目，能让学生体验到老师面对阻力时如何突围。总而言之，要把老师的解题真实展现学生，让学生知晓老师解题同样也会遭遇困难，老师遇到困难时是如何应对的，这样，既给了学生解题的自信，也引导学生触摸到老师的破题之策。久而久之，学生学会思考，提升思维将成为现实。

参考文献：

[1] 郭元祥.教师的课程意识及生成[J].教育研究，2003（6）：33-37.

[2] 邢成云.初中学段方程体系起始课教学构想[J].中学数学杂志，2019（6）：16-19.

[3] 邢成云.整体统摄凝聚结构——第21章《一元二次方程》的起始课教学[J].中学数学杂志，2018（4）：5-7.

[4] 邢成云.数学"慢化教学"的策略研究[J].教育研究与评论·中学数学教育，2019（2）：73-78.

优秀漫思

曾几何时，笔者也在为分数打拼"不言春作苦"，为分数"呕心沥血"，为自己能把平行班的老师落下 20 分乃至 30 分而自豪，当然自己的打拼不是通过非法手段所得，靠的还是自己的真本事。自担任班主任之后，在带着一届又一届学生前行的过程中，一届届学生让笔者明白了很多道理。分数固然很重要，但分数绝不是最重要的。学生良好的行为习惯，团结和谐、彼此欣赏与宽容的班级氛围以及乐观向上的心态，这些都比分数更重要。当然，在现行的教育体制下，谁都不可能跳到三界外悠闲逍遥，谁都不能否认分数的重要性。但有句话始终让笔者牢记："没有分数过不了今天，只有分数过不了明天。"这个辩证关系我们必须拿捏好，否则，我们就是对孩子的未来不负责，这不是危言耸听，这是一个有良知的教育者发自内心深处的感悟。

一个班级就是一个小社会。学生的成绩、品行等自然也是各异，正因为如此才会有班级的缤纷多彩。因此，班上不可避免地会有一些基础较薄，成绩暂时不理想的学生，他们或许会拖班级的"后腿"，让很多老师焦虑。但焦急其实是没有任何作用的，我们要给他们更多的帮助。笔者的办法是以其特长尽可能安排这些学生负责管理班级，让他们负责班级一些重大活动比如运动会、文艺晚会的筹办组织任务，这些在学习方面让老师焦虑的学生在这些方面往往有突出的表现，或许他们的分数落后一大截，但或许他们的能力已经领先一大步，笔者相信，这也是一种学习，一种更深层次的学习，一种为了自己未来立足乃至发展的学习。

纵然如此，笔者前进途中，我们师生同盟军的焦虑不时袭上心头。孩子们需要成绩，但他们不单单是为成绩而来，他们需要正常的学生生活，我们是不是过于干涉学生的生活，使得学生经常处在灰色情绪之中？曾经笔者所带班级每每参加活动都能拿到一个好的名次，但是这样是不是对名次过于强化？价值追求失度是否致使孩子们忽略了情感体验？现在想来仍觉汗颜。

我们普通教师应该开拓自己教育净土的疆域，建构自己的教育乐园，在自己的小辖区内扫除雾霾，抛却一些无关痛痒的科条律例，调整心情，拂去心尘，带着一届又一届的学生欣然前行。这种悠然自得也是自己修行的产物！

优秀，笔者如是看！

"用笔"思考，体悟自己

偶然的机会，读到了著名作家王蒙的文章《作家是用笔思想的》，单是题目就让笔者眼前一亮，一口气读完全文。的确，有时候，一个人的想法、念头会稍纵即逝，若不及时落在纸面上，可能就踪迹皆无了！纵然有所留存，若没有完全记录下来，也会被时间稀释，以至于相关留存无法再促成还原自己曾经有过的想法。作为一个教育行者，若也和作家一样善于用笔去思考，才能善于对自己的教育教学做出严格的审视与反省，既要不惮于正视自己的不足，努力探寻补救之径，更要梳理前辈或同行的成功经验，从中提炼出可供借鉴的精华，使其成为自己成长的营养素，那将是对自己心智的丰盈。

用笔思考，是可文字化的脑力体操，是对自己心灵的一种涤荡，一种智慧的凝结载体。单凭翻来覆去地想，留下的痕迹淡淡的，且容易互相冲洗、互相消磨，难以积淀下厚重的教育经验，若拿起笔，用笔思考，把自己的所思所想倾注笔端，哪怕点点粉屑，经年累月也会积聚成智慧的山丘，不断存入、不断整合、不断碰撞，里面的智慧火花就会迸发、闪烁，再面对所谓的问题时，随着自己心域的开阔，或许一切就不成问题了！

用笔思考，是教育的一种行走方式，探寻教育的本真，是对教育规律的尊崇，是对生命的敬畏，是对教育乱象的主动厘定。它需要实践，需要思考，但要实现二者的对接，离不开笔，实践的经历没有思考的沉淀，很快就会化为乌有，思考的印迹没有用文字再现，纵然当时火花四射，可一转身的功夫或许就"云开雾散"，被氧化而逝去，拿起自己的笔，将实践与思考链接起来，将其可视化，哪怕再稚嫩，也是一笔不可多得的财富！

用笔思考，是一种曼妙的教育幸福，拿起笔，让心灵游走，让精神旅行，让思想漫步，这种闲适、自由、恬淡，何其幸福？这是一种超脱的人生境界，没有世俗的纷扰、没有时尚的喧嚣、没有科条律例、没有威逼胁迫，远离了钩心斗角、拒绝了沉瀣一气，沉淀下一颗清灵的心，体验着教育的优雅，享受着教育的幸福。人总要仰望点什么，目极蓝天，心境洞开，那是一种超越。人更需要低首看路，脚踏实地，那是一种责任和担当。用笔饱蘸着爱心和真诚去思考孩子、描摹孩子，孩子始终都是我们教育的财富。

把自己开成花，始终留在春天里，用笔思考，抒胸臆、发心语，体悟着他人智慧，丰盈着自己性灵。用笔思考教育，挚爱的是别人，豁达的是自己。正所谓：种下一棵树，心中就有一片森林。

用笔思考，寄情山水，忘身于物外，唤醒的是良知，救赎的是心灵，享受的是幸福，收获的是诗意的人生！

"绿色"论文缘何止？

当前，论文淡出职称晋升，引起全国上下的热议，许多观点也相继而生，如"论文早该叫停了，有些人会写不会教""中小学教师应把主要精力放在教学上，学生成绩好就行了，写论文没什么用""写论文、搞研究那是教科研部门的工作""搞研究干什么？教好学生不就行了""成天写论文，荒了教学，误了学生"等说辞，引起了笔者的思考，写论文有错吗？怎么会引起如此诟病？

当笔者见到评职称取消论文时，顿感由衷的高兴——高兴什么？高兴以后的研究论文不再功利，成为"绿色"的了。那些不思考、不研究课堂的教师不用再费神去写"假论文"，这让教学研究回归常态，让那些有思想、有见地、真研究教学的人有了个更好的研究环境，这样孵化出来的论文笔者称之为"绿色论文"。这样的论文应该还是需要的，因为职称不需就打杀论文，这不合适。论文不是"为赋新词强说愁"，应该是对教学即教学反思后的经验积累，是一种自然流露，是为他人提供可资借鉴的研究成果，大家共享成果，进而转化为课堂教学的生产力，使课堂得以优化，受益的是成长中的孩子们。若只是为了功利，为了职称去"拍脑门"，拼凑论文，那这样的论文不要也罢，这样产出来的论文也不会有生命力。

论文是教师教学科研水平的折射。

我们知道，教育教学既是一门科学，也是一门艺术，离不开研究活动。从新的课程理念对教师的定位（引导者、组织者、合作者、研究者等角色）便可见一斑。而研究成果离不开文字的表达、论文的承载。所以，论文写作不可缺，否则，好的成果何以共享？教师何以互相学习？更况且,教育科研始终是教育发展的第一生产力。

论文写作是一种深度思考，是反思的高级形式，对个人的专业成长有很大的助推作用，对他人而言也是一笔物化了的精神财富。研究离不开做、离不开说，更离不开写，我们要做得实实在在，说得清清楚楚，更要写得明明白白，这是对自己专业发展的层级追求。写出来不仅仅是单纯的写的问题，它必然伴随着实践、阅读、思考与提升，它与实践相随，与阅读同行，与思考为伴，与研究共存。写出来的过程，就是反思、审视、总结、提炼、升华的过程，是一个综合提升自己专业智能与素养的过程。

其实，好的论文大都源于教师教育教学经验的长期积累与总结。凡是成功的经验必然能促进教学质量的提升。教师将自己的成功经验写成规范、流畅的论文，并公之于众，这不是两全其美的一件事吗？因此，教师撰写论文，目的是对自己的教学进行反思与梳理，以便更好地改进自己的教学，若能公开发表出来，同时也能给读者以启迪，进而促进教育教学的长足发展，这也是教师自身成长的过程，是一种真正意义上的"教学相长"。

在教师群体中还有这样一种情况：教师以"写论文影响教学"等为托辞不去写论文。但我们若深入思考一下，反观这些说辞，就会觉得这些说法难以立足。试想，一名教师若连文字关都不过，如何能好好教学呢？文字表述能力是教育专业技术人员的必备条件，若写出来文不通字不顺、说出来的话没有逻辑，怎么教好学生？另外，一个教师不能用文字表达自己的教学，就很难深入地思考教学，自己的教学科学与否？合理与否？效率怎样？是否在天天重复着昨天的故事？这样真的能把学生教好？非常值得质疑！从这层意义上说，论文需要写，这一传统还需要发扬光大，不然，好的东西得不到传播，岂不亏哉？

试看那些做出突出贡献的教育家和教育专家，哪一个不是写作的高手？教得好、写得好相辅相成，此所谓"教而不研则浅，研而不教则空"，那些接地气的论文何尝不是优化了课堂、推动了教育教学的发展？魏书生、李庾南、窦桂梅、邱学华、任勇、吴正宪、于漪、张齐华等特级教师哪一位不是著作等身？哪一位不是论文遍及各自专业期刊或教育期刊？相反那些自以为自己教得不错的老师，大多是通过所谓的"不言春做苦"的劳顿而获得的一点成绩，这是通过学生付出沉重代价而折损、透支智能换来的分数。

教师不能只停留在"匠"的层面。有的老师设置一道例题，你问他为什么设计这道例题，他竟然不能回答，认为大家都在用自己就用，自己实际上从来也没思考它的价值与功用，导致课堂上题目泛滥，明显拼盘，难以形成有机整体，教师不能说出个"所以然"来，更不能谋篇布局成文共享。如果一个老师真能不加班、不加点地一贯教得好，这个好绝非偶然，其中必有可学习的优点，必有自己独到的东西，只有把这些好的经验和做法写成文字，才便于交流、探讨、传播。如果教师自己思考了、探索了，却不能成文共享，这不能不说是一种缺憾！

因此说，论文要写，关键是弄清为什么要写，要写什么，是杜撰、拼接，是为功利而写，还是为猎取"能手、名师、专家"等名头而写？如果这样的话，那当然不要写，写了也是无益。教得好更要写得好，这样才会真正助推教学。做得好、说得好、写得好其实是教师专业发展的三个层级：不是为写而写就能提升的，那些浮于课堂的写手文章也不会产生效益，因为没有很好地扎根于课堂，就不可能开出课堂之花、结出课堂硕果！

论文之写非强求，对自己的教育教学梳理、反思并形成文字，这就是深度研究教学，这是为了更好地教书、育人，这种论文就是"绿色"的，同时也是一个教师教学水平的综合体现，而不是有些人认为的为写而写，为功名利禄而写，那样地写是要不得的。要真正教好书，没有研究就盘旋在教学的低层，甚或年年岁岁重复着昨天的故事，争抢着占据学生的闲暇时间，以换取学生的分数，这样的所谓教得好其实是在勤奋掩饰下的"误人子弟"。

教师写论文本身以及对职称的追求无可非议，教师据自己实践反思或写经验论文也正常，因为它实用而接地气，也不乏真知灼见，可以给人启发或借鉴。写作就是成长，终身学习，成长发展才是硬道理。我们要有定力把持住自己，切忌跟着"闲言碎语"沉浮，乃至迷失了自我、丢掉了个性。

教育要回归常识

教育要回归常识，这是以钟启泉为代表的教育大家们的呼吁。当下的教育方式不断翻新，教学模式漫天飞舞，并大有颠覆传统的倾向，钟启泉教授称之为教育的"狂躁症"[1]。

教育要回归常识，几千年积淀下来的教育经典、教育思想、教学方式已经够我们创造性地使用了，我们还没有完全吃透这些观点，就大谈创新，今天东家模式，明天西家思想，似乎在不断创新，不断变革，但仔细看看，大都是把老祖先的东西翻新，更有甚者，把教育的经典方式给抛掉了，还美其名曰"创新"！

尤其是教育教学的先头兵，我们不需要刻意创新，更重要的是守望教育规律，把自己的本职工作做到位。有的教师认为坚守教育规律就是循规蹈矩，就是搬用名家之法，就是日复一日、年复一年地恪守本分、重复教育，这是另一极的认识，对教育贻害不浅。由于机械搬用、固守章法，使得课堂规矩有余而灵动不足，难以驱动学生面对当下世界、积极学习，所谓的守望教育本真的规律，是对规律的敬畏之下，创造性地践行自己的想法，发挥自己的个性潜能，而不是一呼百应的墨守成规！只有很好地处理这个关系，才能有真正意义上的"守望与回归"。

斯霞称自己不过就是遵循教育常识，李镇西先生称自己不过是做了点守望常识的事情（保持朴素，遵循常识，坚守良知），教育专家窦桂梅称要"回到教育的原点"，而魏书生先生认为，"教育要守住常识，不动摇、不折腾、不懈怠"。这些论断就是对教育规律的守望，但总有人大肆鼓吹，说自己不知道创新了多少模式。我们扪心自问可能就能清醒地认识到，我们缺少的就是这么一个反问或元认知式的自问。

回归不是重复古人，回归不是拾古人牙慧，回归不是墨守成规，不是萧规曹随，回归是对规律的敬畏，是对传统历史积淀下的优秀成果的继承与发展，那些二十年使用一个教案的行为，那些默默无闻照搬着自己过去的辛勤者，都是不足称道的，甚至是阻碍教育发展的。只有敬畏教育规律，踏踏实实教书育人的人才是祖国的脊梁。教育不需要嘶鸣聒噪，需要的是静静地守望，默默地奉献。

回归不是回头路，回归是冷静下来恪守教育之道，遵从教育规律，回归是立足本土，创新自己的教学行为，把光荣传统发扬光大……

最后以纪伯伦的话结尾："我们已经走得太远，以至于忘记了为什么而出发。"

参考文献：

[1] 钟启泉.遏止教育的"狂躁症"[J].基础教育参考，2015（1）：71.

过度练习何时休

当下的数学课堂，一讲到底的现象基本没有了，但"一练到底"又开始升级。一节课用题目塞得满满的，练得可谓昏天黑地。诚然，数学离不开练习，但不可过度。恰如孙维刚老师所言："水能载舟，也能覆舟，题海战术就是覆舟之术。"另外，还要看是怎样的练习，看练习的目的所在，若训练的意图是要速成，是为了考试，而不是为了提质增智，那样的练习，恐怕学生越练素养越低，越练潜力越被抑制，越练越会成为不由自主的机械、渴望停下的受损马达。因为机械重复的练习，虽能夯实学生的知识基础，但造就的往往只能是生搬硬套解决问题的学生，越来越偏离社会的需求和生命成长的规律，这种狭隘的应试训练已经外显为一种反智行为，一定程度上阻碍了学生核心素养的培育与发展。

而在吴亚萍教授的认识中，练习并非传统意义上的题目练习，而是思维训练。虽然它们同样是在练习，但价值迥异。若没有弄清知识的来龙去脉，单从知识、技能下手反复演练，那只能在学科的外围打转，无助于学生的继续学习，更不利于知识的理解和方法的迁移。底线要求与高标引领一定要和谐，不要为了所谓的保底就不渗透高端的思想，二者要兼顾，切忌在知识层面反复压榨，结果学生晕头转向，忽略了认知的高度。认知的宽度、高度我们都要，"鱼"和"熊掌"不应舍一取一，而应兼而得之。

笔者曾在新疆喀什地区某校听过的一节有理数的混合运算课，一节课老师准备了20道题，从一级混合到二级、三级，最后还有括号参与运算，可谓题类齐全，陷阱迭出，大练特练，大有学生不会誓不罢休的态势，其结果是学生该出的问题还是会出问题，没有得到很好的调适，教师还抱怨学生基础差、不配合，其实这样的课堂很常见。课后评课时，执教老师才明白，原来一节课的混合运算教学，顺序该怎样进行都是老师的指令，或者是学生靠自己的惯性认识，有的孩子弄不清顺序，甚至不管顺序，纵然老师不住的强调"要注意顺序，先什么后什么……"但现实与理想相去甚远，学生依然我行我素，缘何？顺序没有很好地得到理顺，学生没有真正明白为什么会有那样的顺序，只是一头雾水地在练练练，这就是"过度练习"，过犹不及，的确如此！笔者自己也曾上过一堂混合运算的课，只是从简单到复杂的一组题目，问题却得到了较好地解决。笔者就从那一组题目中让学生悟到了运算的顺序该是怎样的，为什么会那样，一步一步，循阶而上，清澈明了，仅用五个小题目搞定了本节课，"知法—明理—悟道"一脉而成。笔者自以为是成功的，从课堂上学生的深度参与也能够得到了证明。

另一种练也是一种过度，就是在知识的边缘地带深挖洞。这种方式难以带来课堂的增益，只会带来学生的纠结。只有能够促使学生灵活运用知识解决问题的练习才是有魅力、有价值的，其育人意义才是深刻而深远的。

陈省身先生说过："数学是思考的产物。"思考是需要时间的，过度演练会侵占思考的时间，是本来可以让思维跃升的机会丢却。

练的度需要拿捏，练的价值需要深度思考，切忌让练止步于熟练，要练在核心上，要练在思维节点上，要通过练磨砺思维，练就学生智慧的大脑。这正如波利亚所强调的："如果一个数学教师把分配给他的时间塞满了例行运算来训练他的学生，他就扼杀了学生的兴趣，妨碍了他们的智力发展，从而错用了他的机会。"

过度练习何时休？

德之于师的思考

"德"之含义是直视"所行之路"的方向，遵循本性、本心，顺其自然，便是"德"。老子的"道生一，一生二，二生三，三生万物"之"一"即德，亦可称为宇宙的全息元，这就是古朴的全息论。知"道"即知"一"；得"道"即得"一"。故古人有"知一则万事毕"之说。老子说："天得一以清，地得一以宁，神得一以灵，谷得一以盈，万物得一以生，侯王得一以为天下正，其致之一也。"我们可以这样理解，德就是万物之灵的初心，德之于师，就是师德。师德是什么？这就引出了一个著名的"顾明远之问"：为什么只有中国人特别爱讲师德？

我们先看看大师们对师德的认识：

"师德是一种专业责任，教师的道德要体现在专业能力上。谈师德，不能抽象地讲爱，最重要的是教师要有专业水平。拥有了较高的专业化水平，才能够担当起教师的师德。"华东师范大学教育学部主任袁振国这样说。在他看来，恰如把生命交给医生一样，人们是把精神的生命交给了教师，我们老师如何才能担起这一重任？

"教师的师德在哪里？在终身学习。如果他不能够适应快速变化的时代，不能够适应教育教学出现的新情况，如何引领学生面向未来变化的世界，适应世界，应对世界？"袁振国认为，"在一个复杂多变、变动不居的世界里，教师如何体现他的师德，如何体现自己的专业责任，这才是真正的挑战。"

顾明远先生说："师德不是悬在教师头上的达摩克利斯之剑，说到底，师德的问题还是教师专业化的问题。"

笔者的导师张思明先生对师德也有一段精辟论断，发人深省："师德的根本要求就是对学生负责，就是要用真、善、美的东西影响学生，就需要教师德艺双馨、有真才实学。教师真正有师德，就是要把自己的本职工作看得无比神圣，而不能只给学生一张没有价值的笑脸，就好像一辆车开进了加油站，加油站倒是盖得很漂亮、很豪华、很舒适，但是没有油可加。有德无才也是另一种形式的'缺德'。"

通而观之，我们不难发现，三位大师不谋而合地揭示出了师德的本真之意——专业化水平、专业化发展。我们往往把师德窄化甚至错误地认为是"好好老先生"，是"一张没有价值的笑脸"，是"廉价的溺爱"，更有甚者，为了一个问卷评价向学生无原则地"示好与退让"。畸形之识，不一而足。

与前文的认识对接，师德就是为师的初心，就是为师之本。"四有"好老师全面揭示了师德的内涵和外延，我们可以发现，"四有"最终落脚于"扎实学识与仁爱之心"，这就是为师顺乎自然的道、从教走势的本心。

对教育教学本质的追问与澄澈，是我们为教的起始，否则就是悖其道、乱其为，是"无德"行为，通俗地讲就是"无法无天"。如此为教是非常可怕的，"不学无术"的勤奋会带来什么？那还不是应了著名特级教师吴非的那句话！一种别样的"失"德——应了一时景，失了孩子的未来！

——2019 年 7 月 16 日

标题有神文添彩

——《"玩"工具 "做"数学》标题的炼成

标题就是题眼。如果文章拥有一双明眸善睐的"眼睛"，读者对其便会一见钟情，好的标题能起到先声夺人的效果。论文的题目往往是对文章内容的高度概括，是文章精髓的集中体现。因此，写论文之前需要我们反复斟酌，力求做到以最准确、最简洁的语言阐述自己的观点，凝聚论文的核心，揭示论文的内涵，如此才会生发锦上添花之力。

以下谈谈自己对文章标题《"玩"工具 "做"数学》[1]形成历程的一点认识。

一、标题策划的指导思想

俗话说：题好一半文。一般来说，一个好的标题应该具备两大功能：点题功能和纹饰功能，前者揭示论文中心，给论文定位，进而给读者以基本的导向；后者在不违背原则的前提下进行审美加工，意在增强文章的感召力与吸引力。基于以上认识，笔者自己策划论文的标题坚持在不失科学性的前提下（即"达意"），增强题目的趣味性（即"传情"），力图出新出彩。我们都曾有过这样一种感觉，一个别具一格的标题能令读者眼睛陡然一亮，一开始就给人以清新之感，夺人耳目，愿闻其貌。

二、标题的设计过程

拟定标题，虽无成法可依，但也并非是可以信手拈来的，如此得到的标题往往是粗糙的。拟定的标题应与论文内容紧密联系并为主题思想服务，切忌游离主题之外的无病呻吟。要善于抓住读者的阅读心理，吊起读者的胃口，激发其阅读的兴趣，把读者引向自己的文章场域。

众人皆知，论文的标题往往是严肃有余，活泼不足，带有浓重的学术气息。考虑到自己写作的内容就是学生天天形影不离的作图工具，针对这一现实，笔者拟定标题时力求让标题新颖、独特、脱俗，带点俏皮的意味，让标题富有诗情画意，以增强题目的感染力。带着这样的想法，笔者成就了自己的多篇拙作。《"玩"工

具 "做"数学》这篇文章标题的拟定可谓一波三折,笔者在敲定过程中留下了自己的思维轨迹。起初文章标题定为"摆弄作图工具中考题拾萃",完稿后这一标题就被自己否定了,因为太过直白,缺少艺术含量,同时给人一种罗列之感。笔者把题目更换为"作图工具玩进考场",拟定这个题目是源于自己发表在《中学生数理化》上的一篇文章的标题——"小小火柴棒摆进大考场",在反复阅读自己的文稿时,笔者发现如此的标题并不能体现文章的核心,玩工具仅是一个动手操作的过程,是一种外在的动,而文章的落脚点是思维的活动,也就是"玩"作图工具仅是一个研究问题的载体,通过这样的载体去实现图形变换的考查,也就是做数学的一种体现。有了这些思考,在反复阅读文稿的过程中笔者的想法就出现了松动,决意定为"玩工具 做数学",为了突出两个动词,且体现"玩"与"做"的递进关系,特此在两个词上加了引号,成为最终的标题"'玩'工具 '做'数学"。就这样,一个标题就在自己的磕磕碰碰中"瓜熟蒂落"了。

三、标题的效果分析

作为试题研究栏目的文章,是研究中考的教师或应对中考的学生关心的内容,带有很强的时效性,因此标题的魅力表现得尤为重要,只有题目具有"磁力",才能吸引师生的眼球,否则可能被一扫而过,成为刊物中可有可无的附庸。纵观全文可以看出,文章是通过直尺、量角器、三角板以及它们之间的组合展现了如何"玩"工具的,在"玩"工具的过程中充分展现了图形的变换——做数学,使得手动、脑动和谐共进,拉长了思维的过程,"玩"出了数学,"玩"出了智慧,"玩"出了才干。可见标题"'玩'工具 '做'数学"不落俗套,敢于创新,言简意赅地展示了全文的内核,促人思考,发人深省,引人入胜。具体来说,这个题目的特点有三:

(一)简练、准确

简练说白了就是用最少的字表达清楚论文的全部思想,能用最少的字涵盖文章的关键内容。准确,就是恰当、贴切,让标题能凸显文章的要义,恰如其分地概括文章的主题思想。区区六个字统领全文,堪称简练;一"玩"、一"做"揭示内涵,可谓准确。

(二)俏皮、活泼

《"玩"工具 "做"数学》标题工整对仗,富有文辞之美,修辞之韵。一"玩"、一"做",幽默俏皮,情趣共生,动感十足,活泼灵动,读起来是一种享受。"工具""数学"相映成趣，勾勒出整篇文章的轮廓，突出了考查手段与考查目的的和谐。工具的可近可亲，拉近了题目与学生解题心理之距，不失人文之关怀。

（三）扣人心弦，引人玩味

炼词炼句炼标题，历经千锤百炼浓缩成的六个字，扣心弦、开心扉，立意别具匠心，给人一种新颖独特的感觉、一种鲜活脱俗的印象、一种了然于胸的敞亮、一种回味无穷的联想，能让人过目难忘，让人欲罢不能地成为作品的忠实读者。

总之，这个标题达到了让人入目、入脑、入心的效果。

四、标题的风格

《"玩"工具 "做"数学》是对作图工具在中考考场上频繁现身所做的梳理、整合，由于载体的鲜活，给中考考场注入了活力，并且存在着广阔的开发空间，文章的标题自然需要带有韵味、携有温情、展露文采，尽显"玩—做"之英雄本色。

《"玩"工具 "做"数学》标题不落窠臼，打破了教学论文"论、说、议"等传统的拟题方式，从注重准确表达到更注重审美价值，充分挖掘全文所蕴含的实质性元素，利用贴切生动的修辞方式，展现出好玩、活泼等浓郁的生活气息，但又不失数学味的理性特色之精神风貌。

要让标题承载起全文的主旨并富有艺术性，这是我们拟定标题的追求。有人说，材料是文章的血肉，结构是文章的骨骼，主题是文章的灵魂。那么标题当然就是文章的眼睛了。"人靠衣装"，论文要靠"标题"装。一个新颖别致的好标题，能闪出第一道光彩，它不但能为论文增色，而且能起到画龙点睛之效用，如此，肯定会招揽更多的读者，青睐于我们的杰作。

只要心中藏天地，胸中有丘壑，就能在大脑起风暴、笔底荡波澜。让我们做一个有心之人、善思之人，除了在主体内容上苦心经营外，还要对标题考究、把标题扮靓，使自己的文章成为上乘之作。

参考文献：

[1]邢成云."玩"工具 "做"数学[J].中国数学教育,2010(19)：33-39.

起始于辛苦，收结于平淡
——作为教研组长及初一教学主任的思考

　　教学工作是学校的核心工作，教学是载体，真正的育人活动是通过教学实现的。所谓的育人活动，要有效发挥作用必啮合于教学，二者相辅相成、不可剥离，任何二元对立的认识与行为都是偏颇的。我们的有些育人活动之所以效果不佳，就是因为没有有机融入教学中去，成为两张皮。比如最起码的诚实守信的教育，不是背背教条就能做到的，不是一个价值观的引领就能完成的，它需要一个系统的工程，这个工程的血脉贯穿于各科课堂的始终，且是其中的一条"隐脉"。可惜的是，我们的教学缺少这样的设计，基于此，德育与学科课程的融合研究应运而生，这其实不是什么新鲜话题，提出来是想摆正德育与学科的关系，估计很多人到现在也没有领会到它们的真正含义，更有甚者认为这又是在搞形式。我们当下的很多教学之为就是在践行前人留下的成果，德育与学科的融合即为其一。从今年的市教科院的视导听课不难发现，初中部的课堂教学令人堪忧。这是不可回避的现实，我们的学科成绩主要靠两点：一是反复地苦练，这其实剥夺了学生的闲暇时间，有竭泽而渔之嫌；二是靠一些学生撑门面（即用过滤的学生拉起平均分，赢得高端的位置）。通过听课（包括初一的课）可以发现，我们的老师关注外在较多，在细枝末节上下功夫，对教材的研究不够，不能创造性地驾驭教材，没能很好地实现用教材教，"教材无非是个例子……"叶圣陶先生的著名论断没能很好地变成我们的认识和行动。笔者认为，一所学校不在课堂上狠下功夫，必然会陷入时间的争夺。教学时间是个常数，是教学的保障，但把时间用满，就短了学生独立思考的时间，对学生的终身发展没有好处，近期内看似提高了点成绩，但从学生发展的时间长轴上去考量，实际上是矮化了学生。老师们把精力用于课堂，效率就高了，效率一高，孩子们的负担就轻了，如此才能良性循环。总而观之，出现这些现象的根源在于引领不够，督促不够，配套政策不够。抢夺时间似乎已成名正言顺，课上完不成课后补，如此恶性运转，哪还有几个老师研究课堂？这还不如抢点时间来得快捷、经济、实惠，这样人就会变得越来越懒，一种积重难返之态就从冰山下露了出来。作为年级组负责教学的主任，笔者倍感沉重。纵然在教研组以及初一年级组从听课、讲课、评课等多个方面做了自以为有意义的引领、启动，但收效甚微。刚刚从业的老师以及老教师嫌麻烦，所以就不想做了，这其实就是长期形成的慵懒之态！这种慵懒之态已潜移默化影响了新入职的教师。人是要有思想的，笛卡尔的"我思故我在"已经说得明明白白。"只要一个人在思考，那么他就是自由的。"爱默生的这句箴言无疑也传递出思考的宏大价值。当我们放飞思绪的时候，也就释放了心灵，获得了自由。有了思想的自由，才会有不拘常规的创意，才会有展翅奋翼的势能。我们作为教师，有多少人善于思考？面对听课、评课，有多少人实事求是？有多少人敢于摆正自己的观点？笔者以为教学最起码要做好三件事：

一是理解教材。不把教材钻研透，何以组织教学？但现实很骨感，不能很好地理解教材者大有人在。著名数学教育家张奠宙教授曾经说过一句话："教什么永远比怎样教更重要。"这无疑在告诉我们研究教材的重要性，由于版本的多样化，我们一线教师更需要立足本土教材，环视其他版本的教材，汲取各类版本的精华，"喂养"好自己的课堂。

二是理解教学。学科的基本功需要扎实，有些老师有知识无智慧，有学历没能力，不能很好地把自己的智能转化为教育教学的教能，实现不了教与学的对接，"以学定教"仅是口号，课堂上见到更多的是以教定学，就是执行教师的教案，说透了就是播完幻灯片，看不到生成的元素。其实根本原因是课堂重心没有下移，不敢放开，导致课堂的封闭。

三是理解学生。这就是我们常说的学情，理解学生就是要基于我们每一个班级学生的实际，甚至是每一位学生的实际，设计适切的教学方案，而不是"一案通吃"。两所不同学校的学生，用同一套方案，却出现越教差距越大的现象，因为这是两类不同的学生，基础、思维水平差距较大，何以大一统？做好了以上三件事情，再规划教学才会有底气，才会有做到因材施教的可能，否则只能是空话。

当然，要做好这三件事情，需要老师付出更多，需要反思自己、研究教学。人教社数学室主任章建跃博士对此有一段精辟之论：做教研要有"默而识之，学而不厌，诲人不倦"的态度和精神：教研不是为了表演、作秀，要静下心来，心无旁骛，要默然领会在心，也就是要"默而识之"；教研还要有"学而不厌"的精神，因为它不能让你升官发财，更多的是"枯燥乏味"，甚至费九牛二虎之力而难入其门，很多教师也因此而放弃，但这正是进步的开端，因此做教研要有"面壁十年"的准备；当教师必须有"诲人不倦"的态度，当今的教育，受功利化社会环境的污染，一些教师已经忘记了自己"教书育人"的根本职责，家长、社会以升学率论英雄，这种氛围十分令人生厌。数学教学也不能置身事外，教师为了分数而不得不让学生进行大量机械重复训练，而数学的育人本分（培养思维能力、发展理性精神）则被抛到九霄云外，这种没有思想、没有灵魂的教育"造就"了大批只会解题不会读书的学生。现实面前，更多的人选择逃避，因为逃避也可能带来颇丰的收益，而直面的勇士未必能有自己的立足之地。但不管是春风得意，还是铩羽而归，每一次奋进都是对自我的跨越，都是朝着梦想更进一步。雄鹰不需鼓掌，也在飞翔；小草没人心疼，也在成长；深山的野花，没人欣赏，也在芬芳。做事不需人人都理解，只需尽心尽力；做人不需人人都喜欢，只需坦坦荡荡。实际上，一个人的成长离不开三类人：一是"高人"引领，二是"贵人"相助，三是"小人"刺激。笔者之所以成长了，就是因为有幸遇到了这三类人。所以，每个成长中人，应该感谢这三类人，缺了哪一类，可能都行之不远，从一定意义上说，这些人都是我们生命中的"贵人"。都是能写进自己回忆录中的可圈可点的人物。随想随写，难以成文，权且为一学期的收结吧！

起始于辛苦，收结于平淡！教学诚如是！

——2017 年 6 月 27 日

名师素养与教学主张

"学然后知不足，教然后知困。知不足，然后能自反也；知困，然后能自强也。"经历了二十多年的教学打拼，刚刚品出了《礼记·学记》中这句话的一点味道。名师之名并不是一个"名"而已，没有真才实学，没有高尚人格，没有超凡境界，是难副其名的。入选齐鲁名师人选以来，笔者深感自己的责任重大，更觉自己的才智浅薄，只有不断学习、实践，才有望名副其实地跨入名师的行列。著名教育家苏霍姆林斯基在谈到教师的教育素养时指出：学习、学习、再学习——教师的教育素养的各个方面正是取决于此。笔者不敢有丝毫的怠慢，静下心来学习，专下心来教书，潜下心来育人，修为自己，磨炼自己，尝试用自己的思考行走于教学的大道。时至今日，名师是一种追求，一种奉献，一种责任，一种使命的感觉愈加鲜明。

笔者认为，名师素养应体现在四个"度"上：

生命的高度

一位真正的名师，绝不会把教师当成一种仅仅能用以提供维持生命延续的衣食资源的职业，而是把它当成他们追求发展、探寻生命存在的意义和价值的平台，真正的名师会把生命价值融入事业中去，追求生命的质量、生命的高度。

专业的深度

真正的名师要有精深的专业知识，扎实的学科功底，深厚的文化底蕴。唯此才能做到深刻地解读教材、熟练地驾驭教材和创造性地使用教材，才能创造出生动活泼的、具有生命活力的课堂，为学生的幸福生活和生命成长奠基。

教学的精度

精益求精，理应是课堂教学的恪守。没有最好，只有更好。精湛的教学技能、高超的教学艺术，才能造就精彩的课堂，才能使得师生在课堂历程中享受幸福。

教研的温度

教而不研肤浅，研而不教虚妄。二者的合璧才会催生教育的智慧，助推教师的专业化发展。只有怀有对研究的足够热情，才能深入教育教学的内核，才能让自己的教学走远，才能走向教育的本真。

名师之所以名，就是因为有自己的教学追求，有自己的教学主张，并践行之。笔者自己感觉离名师还有很长一段距离，不敢宣称有自己的教学主张，只能说是自己的一些思考、一些做法，并矢志不移地实践着。

第一，拉长思维过程，慢中求真。

思维是数学的内核，是数学的生命线，"数学是思维的体操"。数学训练思维的功能是其他任何科目望尘莫及的。在数学知识的探索过程中承载着数学思想、方法，渗透着对数学探索的情感、态度等多维元素，因此有意拉长被压缩了的思维链条，能丰富发现的过程，引导学生多感官参与，使学生在思维慢镜头中感知、体验，促进深层理解、问题意识，从而探寻到数学的本真。

第二，简约课堂教学，大气立意。

大道至简，道法自然。削枝强干，留下本真，不搞虚无，剔除了喧嚣与华丽，数学学科才会变得干净而美丽，其数学的内涵、数学的气质、理性的精神才会得以展现！我们应力求"简约"而不是"简单"，简约是一种境界、一种韵味，它的背后是精要、深刻、智慧和超越，更是一种"大气"。数学要教得"大气"，首先体现在教学的目标定位、教材处理要大气，需要我们对整个数学教材知识体系了然于胸，能够居高临下地处理教材、组织教材，而不被教材束缚；教学设计的环节不宜过多过细，而应该是板块式、移动式的整体思考，不是拘泥于一些细小的环节。

第三，善用"错误"资源——拨乱反正。

学生在课堂上出错应该是常态，错误反映出的是学生现有的思维水平和真实的想法。另外，学生的错误中往往含有合理的成分，因此，我们对学生的这些问题要辩证地分析，既充分肯定其合理的成分，又要对其错误的一面加以纠正，进行针对性引导，充分利用好这份宝贵资源，给课堂增添一份靓丽。诚如心理学家盖耶所言："谁不考虑尝试错误，不允许学生犯错误，就将错过最富有成效的学习时刻。"我们只有怀有一颗"宽容"之心，去欣然面对并善于利用，才能从纠错中完善学生的知识结构，从而达到深化理解、拨乱反正的目的。

第四，关注个性差异——学会等待。

等待是对学生的一种信任，一种人性化的真实体现。我们要关注学生的心理，尊重学生的个性，伤了学生的心，就断了学生上进的路，就不可能有效率可言。学会倾听学生课堂上的声音，这是真实的展现，只有师生平等交流、真诚对话、共享成果，才会有真正意义上的"教学相长"。

老师的"缄默"是一种智慧。有时候，老师一说话、一评价，学生的思维之门就关闭了，哪怕是老师的一皱眉也会给学生以消极暗示，学生或许就会诚惶诚恐，不敢擅自行动，不敢妄言，奇思妙想可能会"胎死腹中"。因此，我们要学会等待，等待每一朵个性之花的绽开。

第五，教学变奏——变中引趣。

"文似看山不喜平"，教学同样。学生在课堂上若经常处于淡然的自给自足的平衡饱和状态，容易导致思维的麻木、产生惰性。教师若有意识地用"变奏"的方式打破已有的平衡，把学生的心理置于一种不饱和状态，诱发学生的好奇心，引发新的挑战，驱动学生的探索心理，激发他们主动钻研，积极思考的心向，便可以使学生在思维上始终保持在高度的兴奋状态，克服惰性，挖掘思维潜能，从而达到培养学生数学思维品质的目的。郑毓信教授曾说过："知识求连，方法求变。"变则灵动，变则鲜活，变出智慧，变出情趣，"变"打开了学生获取解题方法的有效通道。我们往往能够在"变"中洞察到问题的本质，探寻出问题与问题的联系，凝成规律，实施"归一"，统一美、变化美在此得以展现，学生的求索之"趣"自然应"变之美"而生。变式教学就是一种常用的"变奏"，用好它，能给课堂增效添彩。

第六，整合教材——跨步推进。

整合教材，实施单元教学，不苛求知识的学深学透，而是重于构建可跨越的逻辑框架，发展学生的思维，这是引领学生学会学习的一种教学尝试。其重心落在逻辑链条上，而不是知识的细枝末节。如"全等三角形"一章的教学，教材安排一个判定方法跟进一个或两个例题，显然是出于细嚼慢咽、稳扎稳打而设，对熟练技能有很大的正向强化作用，但它的致命弱点就是忽略了学生的思维张力，面对问题学生可以不加选择地套用什么 SSS、SAS、ASA、AAS 等，思维被囚于一个狭小的圈子内，机械搬用即能奏效，如此的教学只能导致舍本逐末，透支了学生的心智，荒芜了学生的思维。基于这些认识，笔者立足整个方法体系，整合这部分教材，组织一次方法的探寻旅程，沿着从一个元素到多个元素的探索轨道，构建起全等判定方法的框架结构，然后按从易到难的梯度安排学生的解题实践活动，在实践中做分析、做选择，把各种方法融汇，摸索出由既定条件和结论导引的一整套方法，最后归"术"成"道"，达至教学的上乘境界。

教学主张植根于教育思想，是教育理念的深化与聚焦，是教师对教育理念个性化的解读与具体化。自己的一些做法还不足以称得上教学主张，在日后的教学实践中，笔者会不断反思、提炼，守望自己的愿景，希望早日能拥有自己的教学主张，实现自己幸福的教育梦想。

——2010 年 9 月 8 日

第三编 点评·赏析·质疑

　　本部分是基于他人论说之上的文字，是一种文字与文字的交流，思想与思想的交锋。"真理愈辩愈明"，笔者在不断地思辨中提高自己对课堂教学寻真质疑的能力，提升自己教育教学的境界。这些小文，或对课例进行点评，或对优课进行赏析，或对公开发表的言论进行质疑，其中大部分是基于《中学数学教学参考（中旬刊）》之"课例大家评"栏目中的课例点评而撰文的。在这个平台上，大家你一言我一语，见仁见智，把课堂真脉，探教育真谛，在如琢如磨中积淀，在如切如磋中成长。

复习课：例子撑起一片天

复习课作为一种无文本性的课型，有着非常大的自由度，这样就给我们探索、创新提供了偌大的空间。张宏政的《一节" 全等三角形复习课"的课例说明》[1] 在研究了《新课程数学复习课的设计》[2]《老歌新唱，浅印深痕——"发现式复习课型"操作体系构建的研究与实践》[3] 的基础上，践行了自己的所思所想，给我们提供了一节异彩纷呈的优质课例。反复拜读后，笔者有了自己的一点感悟。

（下面文章中的问题1、2、3、4详见张宏政论文《一节"全等三角形复习课"的课例说明》〈略〉）

感悟一：以一当十，例子经典

作为一堂复习课，例子的选取非常重要，要力求以例承载起复习的意图，既反扣"双基"，关注起点，又饱含思想，关注落点，注重发展性。张宏政的课例中选取的例子负载起了这些功能，可以看出作者的深厚功底。

问题2的三个小问题均通过挖掘学生在新课学习过程中模糊的认知点或惯性错误，以举反例为主线引出问题，让学生在反例顺应中切中要害，揭示出问题的症结所在，把学生的思维由"浅滩"引向"开阔地带"，有效落实了知识技能的巩固与提高。尤其是题（2），把角平分线的性质以及等腰三角形的判定等核心知识嵌入，打破三角形全等独揽"证明线段或角相等"的大权之定势，拓宽了证明线段或角相等的路径，渗透了问题解决的灵活性。

问题3的三个小题平行排列，但赋予了不同的功能，题（1）通过摆全等条件的方式，再次突出 SSA 的干扰作用，因为这是同学们使用全等工具的软肋，以此增强对它的"抗性"；题（2）渗透图形变换思想，通过此例贯通了全等与图形变换的内在联系，并以"这个证明是否存在漏洞"的发问，增强了学生思维的严谨性；题（3）与题（2）联袂出演意在从运动的上位观点认识全等概念，同时也渗透了思考问题的多向性、灵活性。

三个例子"形散神凝"，但都是紧紧围绕全等三角形这一主线展开，可见作者的匠心。

问题4通过一个母题，唤起了学生面对线段和差问题处理的基本思路——"截长、补短",尤为可嘉的是策略的提炼——对称观念，辅助线功能的挖掘——条件的聚合。然后在此基础上适时进行了变式演练，试图把提炼的技法、思想、策略迁移到新的问题中来，去实现学例得类、豁然贯通的目的。

纵观整个课例，例子的典范作用得以充分发挥，效果斐然！

感悟二 ：反思统领，亮点频闪

学习数学就意味着善于解题，有目的的解题可以深化理解。笔者认为，有目的的解题，离不开反思活动。"学而不思则罔，思而不学则殆"，这一语道出了"学思结合"的重要性，"学然后知不足"更直接地阐述了学习过程是离不开反思的。在解题后，通过问题跟进搭建"脚手架"，引导学生"回头看"就是一种有效的反思。如：回想一下怎样审题摄取信息？用到哪些知识点？各知识点间有何联系？解题过程对吗？考虑问题是否全面？能否改进解法？有无更好的方法？有无规律？如此而为，相关知识、技能、思想方法等将得以内化、深化、升华。另外，在问题的解决过程中，思维受阻是常有的事，思维为什么受阻？学生是如何"突围"的？善于从这些角度对学生的认知理解、思维判断进行反思，能有效显现学生思维后面潜藏的元认知，在"实践—认识—再实践—再认识"的循环往复中调整思维走向，提升元认知水平，从而优化思维，为达成高层的认知理解提供了智能保障。

纵观本课例不难发现，反思活动贯穿始终。

如问题1中教师的适时追问语："说说你的理由。""还有其他不同的方法吗？"这些先行组织者语句把学生领入反思的小舟，引渡到了思维的深处。

问题2本身就是通过反思的形式呈现的，就是要解剖病例，其中的举反例作用非凡。作为一线教师，人人知晓在学习过程中，不可避免地存在认知的偏颇，而学生自己往往难以察觉，要澄清这些模糊的认识，单靠说教，学生可能会难以深入理解。若能有意识地设置反例，让学生对问题加以思辨，将有助于明晰知识，帮助学生走出认知误区，反例的这种补充作用是促使学生深入理解数学知识无可替代的重要手段。

三个子问题,都有一个举反例的环节,通过对反例的探索和生生思维的碰撞,"盲点"毕现，"疑点"凸显，引发学生自省，能有效消除"浅尝辄止"的思维纰漏。

问题3的"谁能证明？""这个证明是否有漏洞？""还有不同想法吗？"等均透射出反思活动，就是这样的活动，才会让课堂缤纷异彩，亮点频闪。

感悟三：题目变式，锦上添花

著名数学家波利亚说过："一个专心认真备课的教师能够拿出一个有变化但又不太复杂的题目，去帮助学生挖掘问题的各个方面，使得通过这道题就好像通过一道门户，把学生引入一个完整的理论领域。"这其实与具有中国特色的变式教学是一脉相承的。

变式教学何以备受青睐？因为它有利于防止就题论题、呆板僵化的思维方式，可以较好地避免教学中使知识、技能、方法割裂的弊端。变式教学能使学生的思维向"深"和"宽"的方向发散，从而培养学生思维的灵活性，达到举一反三、触类旁通的效果。

本课例中张老师组织的变式练习，非常有看点，这些变式练习把学生的思维引向了一个新的高地，开阔了思路，灵活了方法。

其中变式1保留了母题（问题4）的本质——角平分线，对其他条件做了适当调整，张老师紧紧抓住轴对称这一把手，把 角的平分线与全等联通，引导学生树立起"见图想性"的意识，把具体的方法上升到思想观念的上位高度。并利用方法三，进一步打破全等证明线段（或角）相等的定式，使等腰三角形的功能得以"闪亮"。

变式2进一步突出本色，把角平分线的核心条件也抛掉了，仅仅把解题的构造观念沉淀下来，是一个更高层次的变式练习，对学生的要求颇高。从学生的解答可以看出，已经基本实现了捕捉有效信息构造全等的有效迁移，这把课堂推向高潮。

两组变式踏着母题，拾级而上，思维攀升，教师给了学生施展的机会，学生还了老师一个精彩，若前面几个环节是张老师织好的"锦"，现在的变式就是锦上的花。

若从批判的角度审视课例，笔者认为以下几点值得商榷。

第一，开放问题与知识梳理合拍吗？

由于复习是一种再次研究，其内容先前已经学习过，没有了新鲜感，学生的兴致难以提升，若采用泛泛回顾、和盘托出旧知的方式，学生的兴趣不但很难激发，而且会出现不求甚解的现象。要激活学生尘封的记忆，激活学生原有的知识沉淀，教师就要将复习的知识点复现于学生的"大脑屏幕"，如果缺少了情感的参与，就会使认知过程单向发展，使学生的认知难以持久，不能有效地进行内化，这样的复习是乏味的、没有生命力的。

张老师胸有成竹，开篇设置了一个开放性问题，放飞学生的思维，具有一定挑战性，把全等三角形的各种判定方法聚拢，既反扣了基础知识，又发展了发散思维，可谓一箭双雕。但从文中给定的知识体系来看，仍有为开放而开放的嫌疑，因为知识体系呈现的是整个章节的系统，而全等三角形仅是其中的一个枝权，这给人一种脱节的感觉，让人感到还是回到了泛泛回顾基础知识的老路上来了，有点"穿新鞋，走老路"之感。

一个开放题成了一个"敲门砖"，进门后，立刻转身，另起锅灶，重现知识回顾的一幕，两个环节似乎各自为政，甚至成了一个"噱头"。从张老师的意图来看，本环节就是要构建起知识的框架，并且是想以问题的解答为载体来实现，如此立意的话，笔者感觉可以通过一组非常简单的小题目，激活内部结构，来完成建构。

案例1：

（1）如图1，$\triangle ABC \cong \triangle A'B'C'$，$\angle BCB'$=30°，则 $\angle ACA'$的度数为（　　）

A．20°　　B．30°　　C．35°　　D．40°

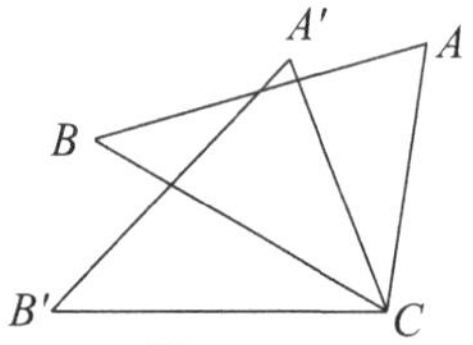

（2）用原问题1。

（3）如图2，已知$AB=AD$，那么添加下列一个条件后，仍无法判定$\triangle ABC = \triangle ADC$ 的是（　　）

A．$CB=CD$　　　　　　B．$\angle BAC = \angle DAC$

C．$\angle BCA = \angle DCA$　　　D．$\angle B = \angle D = 90°$

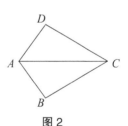
图1

（4）如图2，CA平分$\angle DCB$，当$DA \perp DC$，$AB \perp BC$时，$AD=$____；若连接DB，则AC是DB的____．

图2

设计意图

第1题再现全等三角形的概念、性质以及旋转变换与全等三角形的关系，进而揭示出全等三角形与图形变换的内在关系。

第2题再现三角形全等的判定方法：①边角边公理（SAS）；②角边角公理（ASA）；③角边边定理（AAS）；④边边边公理（SSS）。

第3题再现：直角全等三角形所独有的判定方法：斜边、直角边公理（HL）；有两条边和其中一边的对角分别相等，不能保证两个三角形全等。

第4题再现角平分线的性质及逆定理和线段中垂线的性质及逆定理。

一个个小题看似凌乱，但都承载着知识的唤醒、聚焦，知识框架就这样在学生的"你来我往"中搭成了。

第二，变式其实有瑕疵。

白璧微瑕，学生18回答的教师提出的问题中可能有印刷错误，从后续的问答中可以断定是△AEO而不是△AED；变式1的条件有待加强，应该补充"$\angle ABC>\angle ACB$"，以保证学生17的解答不出现歧义；变式2完成后可以引导学生在比较中发现，若用学生20的思路可进一步弱化条件，将$\angle DBC=\angle ECB=\frac{1}{2}\angle A$中的"$\frac{1}{2}=\angle A$"部分隐去，只要保证$\angle DBC$与$\angle ECB$相等即可。但从构造等腰三角形的角度入手的话，这个条件需要保留。笔者认为这样处理也是对学生思维缜密性的涵育。

另外，作为中考复习，可再开放一些，把变式1的解答引向"造圆"的上乘境界：

由于$\angle A=60°$，$\angle EOD=120°$，借助圆内接四边形性质的逆定理，可知A、E、O、D四点共圆，又由于OA平分$\angle BAC$，则弦$OD=OE$，可见证明非常简单。

第三，评价语是否单调？

课堂上教师合适得体的评价，就像冬天里的一把火，能点燃学生的激情，开启他们的思维；又像阳光雨露，能滋润他们的心田，促使他们在成长的道路上自信地前进，健康地发展。的确，老师的评价就是风向标，引航灯，学生解答问题后都在期待着老师的评判，若教师置之不理，或不经意间略过，都会给学生留下消极的负面心理，无助于学生求知向善的进取精神的涵养。

以理性见长的数学，除了启用理性评价（对、错）外，适当施以感性（手势、动作等体态语言或欣赏性口语等）评判，或许更能催动学生学习的积极性，数学本来就是理性美的典范，是一种冰冷的美，若不适当来点火热的思考和调味剂，学生的积极心将受到一定的阻滞，久而久之，学习的热情会下降。

课例通篇的评价语无非是"很好""非常精彩"，仅此而已，显得有点吝啬溢美之词。笔者认为这样虽不缺乏对学生的评价，但总感觉情感的孕育做得欠缺，若适时地把教师满腔的热情以及对学生的悦纳之爱通过语言、体态真情表露，暖人心、催人奋，效果或许会更好。

第四，提炼小结环节，焉何不见学生活动？

"编筐编篓，全在收口。"尽管课堂小结的作用如此之大，但是在实际教学中，我们常常对一节课的开头煞费苦心，精心设计、巧妙安排，而对课堂小结，则往往草草了事，甚至干脆忽略。在实际操作中，课堂小结有较大的随意性和盲目性，致使小结既起不到梳理知识、承前启后的作用，也起不到画龙点睛、内化知识、升华知识、发展智能的作用。本课例，设置了很好的几个问题，能引导学生反思提炼，但可惜的是没有学生的活动，看不清教学的全貌，像是教案，而不像是课堂实录。这不能不说是一种缺憾！

在数学复习过程中，除了梳理知识体系外，更多的是与解题打交道，但不是泛泛解题，教师应选择最经典的题目使其撑起复习的这一片天空。我们不能以会解一道题为目的，而应当通过讲解这道题目来达到让学生复习、巩固、深化有关的基础知识，学会选择知识、选择方法，直至达到学会思考、学会解题的目的。即"解出的是题目，巩固的是基础（四基），训练的是思维，提高的是能力"——这才是复习课的出发点和最终的归宿[4]。

参考文献：

[1]张宏政.一节"全等三角形复习课"的课例与说明[J].中学数学教学参考（中旬），2011（3）:14-17.

[2]吴越，周元峰.新课程数学复习课的设计[J].中学数学教学参考（下半月），2007，1-2.

[3]符永平.老歌新唱，浅印深痕——"发现式复习课型"操作体系构建的研究与实践[J].中学数学教学参考(中旬)，2009，11.

[4]邢成云.题组引领 梯度推进——例谈题组梯度复习法[J].中国数学教育（初中），2010，7-8.

——本文发表于 2011 年 6 月《中学数学教学参考（中旬）》

立意高远，大气磅礴

打开《中学数学教学参考》2011年第8期，一则课例点评映入眼帘——《在初中阶段进行极限思想渗透教学的尝试——"圆周率探秘"的课堂实录与反思》[1]。由于笔者近段时间正在探索小课题的研究，对此类文章非常感兴趣，一口气读完，被作者的教学大气感染，一股思考的冲动撞击着自己的心扉，一行行文字从键盘上流淌出来。

教学目标定位高远

学生临近升学，大部分教师都在为中考复习大动脑筋，贴近中考考点反复训练，试图获得一个可观的考分。而作者敢"冒学校中考复习之大不韪"，研究中考的"边沿地带"，这本身就是一种大气，一种摆脱知识本位而着眼于学生终身发展的举动，是真正关注人的教学追求。在当下，勇于践行绿色的教学观，实为真师！纵观课例，可以看出本课的教学并不是作者的率性而为，而是在课题研究必要性、可行性分析后的杰作，立意高远的目标，洗却世俗的铅华，是对学生的学习力进行保护性开发而非掠夺性开发的一帧风景。文章留给学生的是智慧的启迪，留给读者的是勇者的大气。

教学过程设计有起伏

教学从一个人人能为的简单计算开始，通过答案的熟悉化效应，引发学生的惊讶，激发起学生愿探其详的欲望，为学生的深度参与搭建了情感的平台。然后"退，足够地退，退到了原始而又不失一般性的地方"——半径为1的正五边形周长的探索，在师生、生生的多维互动中，历练了正多边形、圆、等腰三角形、三角函数以及解直角三角形等知识，获得了解决此类问题的经验，为问题的引申、归纳与应用提供了方法的支持，有效地实现了迁移，为进一步的猜想奠定了丰厚的感性基石，这样感性与理性、直觉与逻辑交相辉映，把学生的思考引向深入，数学的内涵、数学的气质、理性的精神得以真实绽放！最后在延伸中，把学生的亲历亲为之计算与祖冲之的计算之谜相融，在古今对决中，极限思想的渗透落定。这种低起点、高落点的教学历程，作者表现得沉着冷静、收放自如，对探秘活动似乎了然于胸，有"运筹帷幄，决胜千里"的大将风度。

注释：

[1] 唐荣喜.在初中阶段进行极限思想渗透教学的尝试——"圆周率探秘"的课堂实录与反思[J].中学数学教学参考（中旬），2011（08）：12-15.

微课热的冷思考

近来，一股"微"风吹遍了大江南北，搅动了亿万人的心，我们身处的教育大环境概莫能外，"微课"之风，吹皱了原有课堂的那池清水，催动了中国的课堂改革。微课是不是教育的福音？我们应该持怎样的态度去面对？微课是不是确实带来了学生成绩的增益和学科素养的提升？这些问题都需要我们把持好自己，冷静慎思，探个究竟，弄个明白。

2015 年的 1 月份，笔者作为山东省骨干教师在华东师范大学培训了半月的时间，培训主题就是微课的学习与制作。其实 2013 年，笔者在山东省潍坊市就接触了微课与翻转课堂，那是黎加厚教授宏观统摄下的一组报告和几个学校的微课具体研究引领，当时我们有很多同仁都不以为然，触动不大。通过华东师范大学的深度培训，笔者对微课的认识也逐步深入，开始加大了对它的关注，清楚了微课不等于完整课堂的局部片段，微课本身就是一个完整的教学设计。微课可以实现思维的可视化、可听化，进而帮助思维薄弱的同学通过直观启开思维之门，发展思维、提升思维。本文以《中学数学教学参考》中呈现的八个微课案例[1]为载体，陈其陋见，恳请交流。

一、和声同音
（一）微课不"微"，微而见大

八个微课案例和相关视频，笔者反复揣摩，体味其中，感觉微课并不"微"。八个微课选材较好，可以看出，每一个微课都融入了教师的教学智慧。明确的教学目标，精心的铺垫与唤醒，虚实相补、动静结合，具象中不乏抽象，较好地处理了它们之间的平衡，使学生可以根据自己的情况，调整学习节奏和学习进程，有点自主化学习的味道。笔者从中看到了微课与信息技术的深度结合，它们的联袂践行着教与学的"双重革命"，能加快以课堂学习为主向多种学习方式的转变，一定程度地满足了学习者个性化、多样化的诉求，让每个学生都能找到适合自己的学习有了可能。

（二）选点适切，构思有致

八个微课的选择点瞄准了学生学习的重点、难点、疑点、易错点、易混淆点，可谓适切，直击学生平时学习的软肋，具有较强的代表性，学生观看后会有好的收益。其中每一个案例的问题系列设置，层层引导，构思有致，可触发"自觉"学习者的深度思考，可以说能切中养成良好的思考习惯和提升学习者思维能力等微课之核心目标。

二、疑义相析

（一）是告知还是探究？

这几个案例选得很好，绝大部分选用了几何画板，充分利用了几何画板的动画、测量等功能，把相对抽象的、不好理解的东西，直观形象地展示出来，便于学生的感知与体悟，较好地体现了信息技术与数学整合的魅力，这是值得称道的。笔者仔细观看了八个案例的每一个，并结合一年来看过的微课，感觉微课对相对直白的事实性知识的学习以及技能演练有便捷、精准、聚焦、到位的优势。但不可讳言的是，微课中的探究环节相对实体课堂来说逊色不少，因为在微视频中，程序已定，只能通过讲解落实教学目标，更大程度地表现为老师预设思路的一种播放，是为了落实微课的目的在引导性探究。我们知道，实体课堂的教学过程是一个预设与生成相谐的过程，其中不乏师生的有机互动，是师、生、文本等多维对话的过程。而微课的局限在于互动缺位，有单向传递之弊，更多地表现为告知，相对实体课堂而言，短了现场互动、少了人的气场，情感的交流难以展开。

微课视频有着可暂停、可重播、可跳跃等可自主选择的优势，较好地改变了某些同学听课跟不上老师的被动局面，通过看视频可以得到补遗。微课有问题聚焦、主题突出、指向明确之特点，适合学生的针对性学习。不过，学生的视听也是老师讲学生听，进而言之是"机"讲人听，说白了是一种换了形式、换了场所的听讲，与实体课堂上"老师讲、学生听"没有实质性差异！若从另一个角度想一下，学生面对微课能花大气力去听、去学习，带着如此的学习之心，课后直接请教老师不是同样可以解决？面对面的交流时，听不懂可以直接质疑，是不是效果会更好？而看视频更多地要靠自己去悟。

总之，对思维见长的数学课而言，微课之弊现实地存在着，探究之于微课，有虚假之嫌，并且微课视频之讲匮乏人际互动，那种模拟课堂对学生的情智发展是一种缺失。

（二）是取代还是互补？

微课从外在的势态来看，似乎满足了当今移动学习和碎片化学习的需要，也符合网络时代青少年学习者的"10分钟注意力模式"，因此有人认为，在不久的将来，微课很可能将传统的实体课堂或课堂实录完全淘汰出局。殊不知，一种方式的优势并不是要把其他方式驱逐出去、取而代之，恰如张奠宙先生之言："一件商品有一点用场就可以上市，但并不是说它一上市，其他产品就必须淘汰。"微课只是特定时代的特定产物，因为微课虽然能清晰地呈现教学内容，起到循环使用、快慢可控的效力，但因为缺位导致无法真实地记录和再现课堂中的师生行为。而实体课堂教学，生生、师生的交互学习，除了共进共长外，情感的交流蕴于其中，互动气场生发的教育是微课所不具备的，而这恰是育人的核心，因为教育的最终指向是人，是立于师生物质（"四基"）生长上的精神成长。教育的过程是学生获取知识的过程，也是学生提高生存能力、交往能力的过程，是学生人格不断完善的过程。在这个过程中，知识的获得是其他几种能力提升的载体和途径。

因此，恰当地混合使用微课与实体课堂，才能更好地扬两者之长，避两者之短，融合互补，以获得聚力的整体效应。以微课取代其他教学方式、颠覆实体课堂是不足取的。

（三）是预学还是温故？

微课可作为异步教学的资源，弥补原有课堂在某些方面的不足，可作为课堂的一种有益的补充、完善。由于学生的差异性的存在，接受能力的强弱不一，同步教学不可能保障每一个学习者的学习质量，微课的出现解决了这一问题。微课可暂停、可快进、可重播等，满足个性化的需求，使反复观看、反复学习有了可能，因此，它是课后弱势群体再学习的新平台，对他们是一种补偿，对优秀生是一种提升。笔者认为这是基于微课在学习后的安置而言的，若这类微视频前置于课前，把新学习的内容片段化，剥离了知识的连贯性不说，更让学生的思考无法发生。微课需要不需要思考？纵然视频给出了思考题，思考未果，这个视频还看不看？若进行下去，听到的就只能是老师的虚拟思考，如此的安排就会异化成了"人讲变机讲"的行为。介绍、告知，这还是不是有意义的数学学习？数学的核心是思维，是以知识为载体的思维活动，用微课替代老师的授课，笔者以为是一种缺少思考的盲目跟风，无益于学生的可持续发展。

　　另外，如果微课视频置于课前，让学生们学习新知，有没有适合每一位学生的视频？[2]这个视频能否保证每一位学生畅通无阻地弄懂、看完？学生的自主性是否能落实？这种学生、教师、文本的错位能否保证学习的效率？学生、教师、文本不能同时在场，效果如何？有没有调研成果可以佐证？诸如此类都值得我们思考。再者，这种翻转之后的机讲视频，缺少眼神、手势等肢体语言的感情交流，而这恰恰是在新知识的学习过程中不可或缺的，钟启泉的话耐人寻味："教学的过程一定是人际互动智慧碰撞……没有思维碰撞，教育就无法完成。"[3]这无疑在告诫我们，不要用"人机"取代"人际"，新知的获得，应富含发现与探究的成分，通过微课视频，探究如何产生？思考如何进行？情绪如何优化？久而久之的视觉疲劳，是不是也会让孩子产生厌恶情绪？学生学习环境过程中的顺势而为、以学定教等机智性的教学之为都会淡出课堂，纵然有的视频也在引导学生探究，但归根结底是学生看老师的"探究过程"，是一种"被探究"，告知探究过程，把历程全程展现在学生面前而已。

　　说到底，微课就是一种"快餐式"的学习，对直白知识的学习便利快捷，能满足学生不同的多样化的需求，同时也给走读生的家长指导孩子学习提供了有力资源，也给因种种原因不能在实体课堂内听课的孩子提供补偿学习的机会和渠道。作为温故复习或解课后之惑，用好微课从一定程度上弥补了同步课堂教学的缺憾，有利于学生的查漏补缺，尤其是孩子回家后，面对问题无力解决时，微课的魅力就彰显出来了，这是值得肯定的。但若把微课置于课前预习用，效果就甚"微"了，学习者听任机器的告知，基本上停留在浏览、知晓的肤浅层面，跟着"学步"，纵然微课都设置了思考环节，但那种思考只是一种形式，没有碰撞，若孩子一偷懒，什么思考都是"浮云"，用于预学，笔者认为不妥。

　　我们对微课的态度仍需要秉持辩证的观点，取其长，避其短，既不能盲从，又不要排斥，要明白它绝不能包治百病，也不能如躲瘟疫，避之不及。要发挥它应有的积极作用，服务于我们的课堂，切忌用它来颠覆我们的优势。

　　雪莱认为，最好的学习是由内而外的学习，而这一点是视频讲座做不到的。翻转课堂下的微课仅是教学方法的一种或一类，而教育是多元化的，是不能靠单一的方式就能化解的，它需要智慧、融汇、优化，强强联手才能克敌制胜。

参考文献：

[1]中学数学教学参考.特别策划："微课"课例展示与评析（一）[J].中学数学教学参考（中旬刊），2015（1-2）：42-54.

[2]代保明.对"翻转课堂"的几点困惑[J].教育研究与评述（中学教育教学版），2014（6）：5-7.

[3]赵玉成.钟启泉：回到常识才能谈点基础教育[J]，上海教育，2014（4B）：13-15.

——本文首发于《中学数学教学参考》2015年第七期，后被中国人大书报复印资料中心《初中数学教与学》（2015.11）收为题录

疑点——思维的生长点

明代陈献章说:"前辈谓学贵知疑,小疑则小进,大疑则大进。疑者觉悟之机也,一番觉悟,一番长进。"可见疑之不菲效力。微课设计[1]撷取了学生的常见疑点,通过案例及微视频的形式展示出来,品读以及观看后感慨良多,现把笔者学习后的思考展露,与诸位共勉。

[下面文章中的问题1、2、3、4均来源于2015年(1-2)《中学数学教学参考(中旬刊)》中的"微课"课例展示与评析(一)(略)]

一、疑点选择切时弊

"边边角"问题对初学全等三角形的学生来说,颇具"杀伤力"。尤其当探寻方法由具体转入抽象阶段后,舍弃了背景成为直接使用的方法,不少同学面对具体题目寻求全等思路时,有意无意地被"SSA"蒙蔽而不觉,当然不排除有其心理相左因素,求易心切,自然滑入陷阱者,但对全等方法把握不精准、认识不深刻不失其重要原因。

我们知道,探寻全等方法时,教材给出了一个经典的反例,这一反例的出现可不易,学生很难把它构造出来,教师一般是减低思维要求直接作为反例和盘托出,然后引导学生通过直觉观察和视界认同来强化这一认识而已。如此的处理显然有点突兀且轻描淡写,致使后来同学们的"知而误用""一语惊醒梦中人"不时上演,稍有提醒,学生就会悔悟,可一旦面对"负迁移性强"的问题时却被惯性打败,屡改屡犯,成为学生心中的一个结。微课以此为素材展开探究,切中了学生的弱脉,笔者以为是令人称道的善举。

二、饕餮盛宴共享用

(一)几何画板的作用发挥得淋漓尽致

微课的整个设计有几何画板的支持,尤其是问题1、问题2、问题3的动画演示,给了学生通过直观感知的机会,破解了学生的疑惑,把抽象的认知直观化,减低了学生认识的难度。

开始的画板通过直觉把问题情境搭建（问题 1），使得把蕴藏其中的问题展示了出来，为开展研究启开了思路，觅到了研究的基点。这种情境创设有助于学生问题意识的形成，整个微课就活了起来。

问题 2 的动画在从一般到特殊的演变过程中，把"HL（HL 定理，是证明两个直角三角形全等的定理）"凸显出来，让学生看到一般与特殊的关系，那种变化入目入心，可以说对"HL"做了本源性的诠释。

问题 3 的动画，从两个角度展示了问题的探索过程，一个嵌入了等腰三角形的性质与判定，一个发挥了"HL"的威力，都充分展现了数学的化归思想。

问题 4 抛给了学生，通过问题 3 的引路，这个问题不难获解。

在整个探索过程中，画板的动画功能得以充分展现，最后凝聚成一个结论，揭开了"SSA"的秘密。

（二）钝角全等的两个方法探寻精妙

寻路的过程就是把等腰三角形与全等方法融汇的过程，其联手之用得以见证。

第一个思路，通过拼接，露出了冰山下的部分——等腰三角形，使得全等的"寻寻觅觅"有了"灯火阑珊"的机会，一个"等边对等角"和"等角对等边"的切换，把全等的求索条件给摆了出来，给人眼前一亮的清爽之感。

第二个思路，通过高线这一最通俗、最大众的辅助线，把斜三角形化直，实现了类别上的蜕变，让"HL"有了用武之地，从而奉献出"$\angle B = \angle E$"的"副产品"，使得欲探索的三角形全等成功获取。

两个看似精妙的思路，其实是顺乎自然的常规之法，是把等腰三角形与全等深度理解后的应然呈现，这个拉长的探索过程是值得的，坚固了学生的"四基"，磨砺了学生的思维，同时让我们见识了知能贯通后的精彩。

三、些许瑕疵待商榷

（一）设计的前置说明不足

读完整个设计、看完视频可以发现，这个研究的基点是等腰三角形，因此，需要严正指出，本探讨是在完成了等腰三角形的学习后，借力等腰三角形的性质与判定展开的，是一种典型的后续知识返证先前知识的行动。它们相互为用，折射出内在关联。但本设计没有说明，没有交代，笔者感觉此为缺憾。

（二）问题 1 的呈现不合逻辑

"SSA"是被否定的结论，是不能作为三角形全等判定方法的认识，但问题1"满足'边边角'的三角形一定全等吗？"如此发问，让人有些摸不着头脑。笔者认为前承学生的原有认知"SSA"不能立其法，问"满足'边边角'的三角形一定不全等吗"，这样才符合"前后一致、逻辑关联"的认识。

（三）问题的提出可否交由学生

问题意识得到了新课程的关注，传统"两能"变"四能"即是见证，发现问题、提出问题备受关注，若将此渗透于课堂，对涵育学生的问题意识将大有裨益。但作为非现场人际互动的微课，由学生提出问题成了奢望，由此可见微课的纰漏之处。这种形式纵然设置了问题，但这些问题是老师的问题，学生只能"听"之"任"之，看老师高明的阐释与讲解，有一种裹挟的感觉。问题 2 至问题 4 我们不妨给学生，通过视频创设的氛围，问题 2 的提出可谓水到渠成，是一种自然而然，既然如此，何必老师直言问题？退而求其次，假设问题 2 老师给出了，问题 3、问题 4 有学生提出也是不错的方案，因为由问题 2 到问题 3、4 无非是一种分类下的完善，由直角三角形自然会想到钝角三角形、锐角三角形，这些都是基于数学的内部和谐生发的想法，是学生"最近发展区"的问题，如此设置是基于学生会学的举措，是益于学生的长足发展的。

结语：

素材的使用需要教学的智慧，而教学的智慧有赖于媒体的选择。选用微课的形式，降低了素材的教育价值，本来可以启迪智慧的选材，现在只是用来展示、验证、介绍，思考的元素淡之又淡，这理应说背弃了数学的本真、偏离了数学的核心，值得斟酌！

微课是地地道道的接受性学习，看视频就是先听课，并且是亦步亦趋地听，没有任何互动，这与老师直接灌注有何差异？但为何微课受到推崇呢？华东师范大学的钟启泉教授指出："教育需要当面交流，课堂是不可复制的，这都是教育常识。"[2]当下的课堂教学中，背离常识者屡见不鲜，这很值得我们深思！

参考文献：

[1]中学数学教学参考,特别策划:"微课"课例展示与评析（一）[J].中学数学教学参考(中旬刊),2015(1-2):42-54.

[2]钟启泉.回到常识才能谈点基础教育[J],上海教育,2014(4B).

基于现实，"自然"精彩

《探索解题方法自然生成的轨迹》[1]通过探索的方式给出了三个问题的三个"自然生成"的解法，笔者通过反复拜读，感触很深，对两位作者给出的这些自然思路实施了再研究，有了自己的一点认识，现成文以求切磋。

诚然，问题解法的"自然"与解题者的文化背景有关，一个高中生与初中生面对同一问题，他们自然的想法可能就不一样，这除了数学内在的积累差异外，也与思维方式有关，强定势下的思路容易形成，基本套路用得往往熟练，这些容易"上手"的思路可视为自然思路。从数学思维的角度来看，自然的想法才是最好的方法，因为，自然的想法才是学生能够想到的方法，自然的想法才能引起师生之间的共鸣，才能在简单中彰显大气，给人启迪。另外，这些所谓自然的想法还应该是指向核心知识、核心技能的，是基于通性的方法，它不偏钻、不怪异、不生涩、不极端、不玄妙、不高蹈。因此，解题教学切忌用极其繁杂、困难的思路方法把学生弄得头昏脑胀，用极其不自然的技巧把学生弄得茫然四顾。

笔者认为，自然的解法就是通俗的解法、常规的解法，就是从题目条件出发，每一步跨度不大，容易想到，易于理解，是接地气之法。不过判断一个解法是否自然，不同的人的看法未必一致，可以说大家都有自己心中的自然之法。因为解法自然与否，和解题者本身的知识素养有很大的相关度，比如"四基"的掌握程度、成功解题的案例多少、联想及统摄能力、灵活运用能力等，难以一概而论。但不管怎样，承载核心知能，顺乎一般思维规律、接近学生思维本能的方法就是自然的方法。

本文欲通过例子阐释以上说辞。

一、两个基于学生现实的案例

现行人教版八年级数学教材"勾股定理"一章复习题17加入了一道拓广探索题，题目如下：

如图 3-5-1，设直角三角形的两条直角边长及斜边上的高分别为 a，b 及 h。

求证：$\dfrac{1}{a^2} + \dfrac{1}{b^2} = \dfrac{1}{h^2}$。

大部分老师认为这道题难度很大，学生无从下手。诚然，作为一道探索性问题，应该是有难度的，不可能信手拈来，但笔者的学生完成这一道题目时却相对顺利，他们立足勾股定理，借力面积关系，很快得证。其思路为：如图1，由勾股定理知 $a^2+b^2=c^2$，根据面积关系知

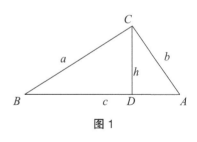

图1

$\dfrac{1}{2}ab=\dfrac{1}{2}ch$，即 $c=\dfrac{ab}{h}$，将其代入 $a^2+b^2=c^2$ 得 $a^2+b^2=\dfrac{a^2b^2}{h^2}$，等式两边同除以 a^2b^2 得 $\dfrac{1}{a^2}+\dfrac{1}{b^2}=\dfrac{1}{h^2}$。

分析：为何学生能找到这个思路？其实是因为前期工作到位。面积关系在三角形一章中已经渗透，而消去"c"的做法在消元法中已经升华为"消除差异"法，到现在就成了自然的思路，至此难题也就不难了。由于课程整合，现在笔者任教的初二学生已经完成了相似性的学习，为了与高中接轨，笔者还引入了射影定理，再把上述问题给学生解答，竟然出现了另外一种景观：

设 $BD=m$，则 $a^2=mc$，$b^2=(c-m)c$，$h^2=m(c-m)$，则左 $=\dfrac{1}{a^2}+\dfrac{1}{b^2}=\dfrac{1}{mc}$

$+\dfrac{1}{(c-m)c}=\dfrac{c-m}{mc(c-m)}+\dfrac{m}{mc(c-m)}=\dfrac{c}{mc(c-m)}=\dfrac{1}{m(c-m)}$，而右 $=\dfrac{1}{h^2}$

$=\dfrac{1}{m(c-m)}$，即左 = 右，故得证。

这个证明从等式的两端分别入手计算，殊途同归，用到的仅是分式的运算，这无疑是自然的思路、大众化的思路，但前提是学过射影定理。可见，所谓自然思路一定是基于学生的现实的思路，这个现实又相关课程标准的基本要求和执教者的教学定位。两个思路各有千秋，但均基于"自然生成"。

现行人教版八年级数学教材"平行四边形"一章复习题18拓展探索的14题，题目如下：

如图2，四边形 $ABCD$ 是正方形，点 E 是边 BC 的中点，$\angle AEF=90°$，且 EF 交正方形外角的平分线 CF 于点 F. 求证：$AE=AF$。

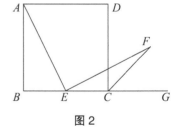

图2

在没学习相似形前，笔者通过教学发现，学生面对此题的第一想法是过点 F 作 $FH \perp CG$ （如

图 3），想法证△FHE 与△ABE 全等，但通过努力不能完成而中途放弃，可见这是个非常自然的思路，但由于知识的缺位而执行不畅，致使思路夭折，然后才探寻其他思路（多种方法构造全等形）；而我们教材上是通过提示（取 AB 的中点 G，连接 EG。）给定的问题，如此问题的指向性就非常明

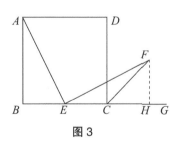

图 3

了了，问题也因此缺少了探索性和挑战性，其实本题是一个很好的拓展探索题，学生学完相似形后，再次启动本题的证明，以衔接、落实学习四边形时原初的想法，大部分学生能顺利解决，同时也为深刻理解全等与相似的关系提供了优质的载体，可见这一资源的再次利用价值。

思路：显然△FHE ∽ △ABE 可证，可得 $\dfrac{AB}{BE} = \dfrac{HE}{FH}$，而 AB=2BE，则 HE=2FH，又可知 HC=HF，故可得 FH=CE=BE，也就说相似比为 1，即△FHE ≌ △ABE，得证。

拓展：将点 E 为边 BC 中点改为边 BC 上任一点，同样可以用上述方法可证：设 FH=CH=m，CE=a，BE=b，则 AB=a+b，同上证得△FHE ∽ △ABE，则 $\dfrac{AB}{BE} = \dfrac{HE}{FH}$，即

$\dfrac{a+b}{b} = \dfrac{a+m}{m}$，变形得 am=ab，故 m=b，可知△FHE ≌ △ABE，得证。

若将原题中的"中点 E"改为"直线 BC 上任意一点 (B、C 两点除外)时"，结论 AE=EF 都能成立，用上述方法同样可证。

可见这一方法不单单对于点 E 为边 BC 中点可行，具有一定的通性，所以说这也是很自然的方法，是一般的思路，属通法之列。但可惜的是在学生没有学习相似形之前，此路不通，甚为可惜！故建议把此题移植到相似形一章合适位置，其利用价值会更大，因为在四边形出现，构造全等形的思路不好形成，有突兀之感，在提示之下，价值被淡化，起不到应有的作用。

通过以上两例，笔者有理由认为，自然之法是基于学生现实的方法，是基于学生可持续发展的方法，并非一成不变。

二、对《探索解题方法自然生成的轨迹》三例的个中之见

例 1. 如图 4，在△ABC 中，AB=6，AC=3，∠BAC=120°，∠BAC 的平分线交 BC 于点

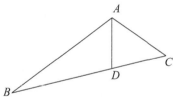

图 4

D，求 AD 的长。

见解一：例1的最初解法其实是基于对称的补形思路，把看似不和谐，有残垣断壁之感的图形适当修补，成为相对完满的图形，进而把已知条件有效组合而得解。应该说这个思路也是一个自然的思路，但有烦琐之嫌，其繁主要体现在辅助线的构建上。

见解二：《探索解题方法自然生成的轨迹》在原初解法的基础上通过深度思考探得一法，是着眼于角分线的性质定理联想到的方法，应该说这是一个自然的联想，因为就是构造出角分线性质定理的模型，然后借力面积法而获解。相比而言，这一思路似乎前进了一步，更通俗一些，但辅助线的条数并没减少。笔者认为，以上两种方法在思维量上是伯仲之间，没有实质性的进展。

见解三：

笔者思路：基于人教版义务教育八年级数学教材 $P78$ 例2提炼的思路——"角平分线+平行线=等腰三角形"。

解法一：如图5，过点 C 作 CE∥AD 交 BA 延长线于点 E，由于 $\angle BAC=120°$，而 AD 平分 $\angle BAC$，所以 $\angle AED=\angle BAD=60°$，$\angle ECA=\angle CAD=60°$，推知 $\triangle AEC$ 为正三角形，即有 $CE=AE=3$，由于 CE∥AD，所以 $\triangle ABD\backsim\triangle EBC$，则 $\dfrac{BA}{BE}=\dfrac{AD}{CE}$，代入数据得 $\dfrac{6}{6+3}=\dfrac{AD}{3}$，故 $AD=2$。

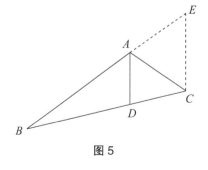

图 5

点评：本题使用的思路就是等腰三角形学习时的常规思路"角分线+平行线=等腰三角形"的基本模型，两条辅助线就足够了，其实就是一条辅助线——平行线，另外一线是被动之下自然生成的线，可见其构图的基本化和思路的简洁性，《探索解题方法自然生成的轨迹》中的角分线性质嫁接面积法确实是顺乎其理的方法，但如此解答是不是更基本？实践证明，面积法纵然好用，但学生用起来并不像我们老师一样驾轻就熟，对有些同学来说甚至是个"盲点"，当然这可能和平日的教学定位有关。如此说来，所谓的通法、自然解法显然是立足学生的已有经验的，因此我们认为，教科书上渗透的方法都可称之为基本方法，或者说是自然方法。另外，我们在追求自然解法的同时也要注意方法的优化，一个题目思路众多，需要我们的开放思维去直面，开拓我们的思路、开阔我们的视野，对学生思维品质的发展是有诸多好处的。笔者认为，这个解法更简洁、更通俗，因为平行线这条辅助线是再普通不过的了，它是平移变换的执行者，这应该是辅助线的开端，是平行公理的直接效能，值得我们研究。

解法二：既然能过点 C 作平行线，那过点 B 应该也能行，一试成功。如图6（过程略），此时辅助线的条数等同于解法一。

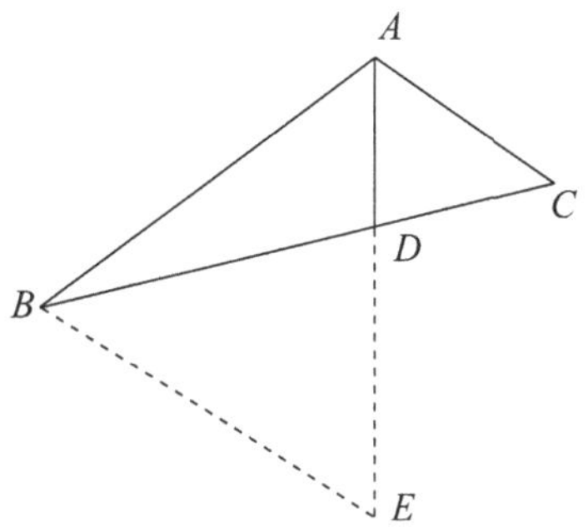

解法三：沿着以上思路思考下去，其实在线段 BC 内部的点 D 作平行线也可（如图7），可证 $\triangle ADE$ 为正三角形，即 $AD=DE=AE$，设 $AD=x$，则 $\dfrac{BE}{AB}=\dfrac{ED}{CA}$，$\dfrac{6-x}{6}=\dfrac{x}{3}$，故 $x=2$。可见此时只需要一条辅助线，当然本解法与前面两个解法并无二致，都是基于角分线联想等腰三角形的基本想法，但其简捷易行可见一斑。

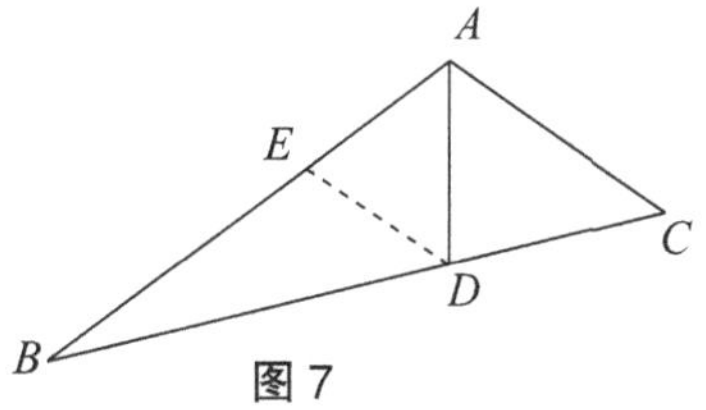

图6

图7

当然简单未必是自然，有可能是神来之笔、妙手偶得，可本思路应该不属此类，也不是自己的方法就是"自然而然"，他人的方法就是"天外来物"的自我辩护。同仁自有明断，恳请交流。

例2. 证明：方程 $x^8-x^5+x^2+x+1=0$ 无实数根。

原文证明过程略。

点评：在此举这样的例子，笔者不清楚作者何意。因为这样的方程显然不是基于初中生的，否则，远远超出了课标的底线。若不是对初中生而言，最起码是高中生，立方差公式应该是高中生熟知的，原变形应该说是很自然的思路，消元、降次应然是面对整式方程问题最原初的想法，故而把方程变形为 $x^5(x^3-1)+x^2+x+1=0$，即 $x^5(x-1)(x^2+x+1)+x^2+x+1=0$，$(x^6-x^5+1)(x^2+x+1)=0$，对高中生而言不失顺畅，刚才的变形可谓举手之劳，至此，剩下的任务就是识辨 $(x^6-x^5+1)=0$ 是否有解。

而《探索解题方法自然生成的轨迹》作者的解法与原解法并非有本质区别，一开始通过降次处理，将原方程化归为两个因式的积，再行判断符合问题求解的一般思路，解法是自然的，直至 $(x^6-x^5+1)=0$ 是否有解的判断，引发了分类讨论，剩下的思路基本等同于作者的思路。其实到 $(x^6-x^5+1)(x^2+x+1)=0$ 时，自然分化为两个方程 $x^2+x+1=0$ 和 $(x^6-x^5+1)=0$，而两个思路对第一个方程均用配方做出的说明，既然是一元二次方程，用"根的判别式"直接判断不可以吗？笔者认为，不管是初高中哪类学生，一元二次方程实根的存在情况，用根的判别式更自然、更一般，更逼近学生的经验系统。

笔者想，可能因为原证法与作者证法相比多了点思维回路，就认为不是自然解法了，面对 $(x^6-x^5+1)=0$ 时与面对原题时，分类的节点更容易发现，不然为何瞄准了 0 和 1 的节点展开分类？是不是有点突兀？总之，两个解法半斤八两，彼此难说自然与否！

例 3．略。

笔者为《探索解题方法自然生成的轨迹》中对这个例题的处理叫好。因为作者给出的方法确实是一般的思路——消元，进一步说是消除差异元，而原思路是构造函数，给人玩高空杂技的感觉，玄妙、高蹈，让人望而生畏，这种技法难以"飞到平民百姓家"，而消除差异法就是平民之路，人人能为、可为，且有效。当然，原题的原作者可能以此为例来阐明构造函数的方法，我们的认识或许偏离了原作者的初衷，断章取义。但这个问题之于初中生也应属于远离学生的题目，洋溢着竞赛题的味道。若作为教学之外的探研，还是值得称道的。

三、两道中考题释解别样的"自然"

【题 1】：（2014 年菏泽市）已知：如图 8，正方形 $ABCD$，BM，DN 分别平分正方形的两个外角，且满足 $\angle MAN=45°$，连接 MN。

（1）若正方形的边长为 a，求 $BM \cdot DN$ 的值；

（2）若以 BM，DN，MN 为三边围成三角形，试猜想三角形的形状并证明你的结论。

【标准答案】

（1）$BM \cdot DN=AB \cdot AD= a^2$，过程略。

（2）以 BM、DN、MN 所组成三角形为直角三角形，证明如下：

如图 8，过点 A 作 AN 的垂线 AF，在该垂线上截取 $AF =AN$，连接 BF、FM。

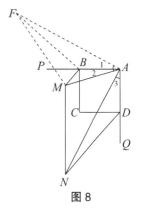

图 8

（或将△AND绕点A顺时针旋转90°至△ABF的位置，使得AD与AB重合，连接BF、FM，或以AM为对称轴作△AMN的对称图形△AMF、连接BF。）

∵∠1+∠BAN=90°，∠3+∠BAN=90° ∴∠l=∠3

在△ABF和△AND中，

∵AB=AD，∠l=∠3，AF=AN

∴△ABF≌△ADN ∴BF=DN，∠FBA=∠NDA=135°

∵∠FAN=90° ∠MAN=45°

∴∠1+∠2=450=∠FAM=∠MAN。

在△AFM和△ANM中

∵AF=AN，∠FAM=∠LMAN，AM=AM

∴△AFM≌△ANM ∴FM=NM

∴∠FBP=180°−∠FBA=180°−135°=45°

∴∠FBP+∠PBM=45°+45°=90°

∴△FBM为直角三角形

∵FB=DN FM=MN ∴以BM、DN、MN为三边的三角形为直角三角形

笔者的思路探寻与解法：〔仅限于第（2）小题〕

不难发现BM，DN和MN三条线段可以看作是梯形的两底一腰，只要把BD一连，一个直角梯形就显现在我们面前，剩下的任务无非就是寻找直角梯形两底与一腰的关系，这类问题我们有非常朴素的经验，做梯形高，这就是基本套路，也就是自然而然的思路。然后通过"勾股定理"把它们连接在一起，剩下的任务就是代数变形了。这些想法更接近学生的已有经验，更贴近我们的数学教材，更重要的是这道题目两个小问的内在关联之魅力才能得到更好地展现。

如图9，连接BD，过M做MH⊥DN，垂足为H，可证四边形MNDB为直角梯形，进而得知MH=BD，又 $BD=\sqrt{AB^2+AD^2}=\sqrt{a^2+a^2}=\sqrt{2}a$，DH=MB，根据勾股定理得 $MN^2=MH^2+NH^2$，即 $MN^2=BD^2+(DN-BM)^2$，$MN^2=(\sqrt{2}a)^2+DN^2+BM^2-2DN\cdot BM$，根据（1）的结论 $BM\cdot DN=a^2$，可知 $MN^2=(\sqrt{2}a)^2+DN^2+BM^2-2a^2$，则 $MN=DN^2+BM^2$，根据勾股定理逆定理可知以BM，DN，MN为三边的三角形是直角三角形。

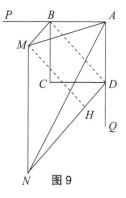

图9

这个方法，立足图形现有的元素，用最通俗的作梯形高辅助线，然后借助勾股定理构建起相关给定三线段的数量关系，借力问题中获得的结论变换而得三线段的平方关系，根据勾股定理逆定理敲定问题的答案。相比之下，这个方法脱胎于学生学习"四边形"一章的基本经验，通俗自然，更贴近学生。

若从题目本身承载的效能来说，标准答案制定成第二个思路的形式，更能体现题目命制的精妙。因为用第一个思路，第一问就是摆设，两个子问题不搭界，彼此不相往来；若用第二个思路境界就不同了，第二问有机链接了第一问，两个子问题浑然一体，那命题者构思的良苦用心才会真正体现出它的智能价值来，而不至流于子问题拼凑的嫌疑，正可谓"精彩源于自然"。[2]

【题2】：（2013年济宁市）在正方形 $ABCD$ 中，E，F 分别是边 AD，DC 上的点，且 $AF \perp BE$，如图10。

（1）求证：$AF=BE$；

（2）如图11，在正方形 $ABCD$ 中，M，N，P，Q 分别

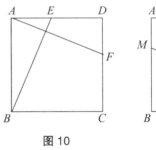 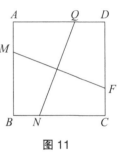

图10　　　图11

是边 AB，BC，CD，DA 上的点，$MP \perp NQ$。MP 与 NQ 是否相等？请说明理由。

（1）证明：在正方形 $ABCD$ 中，$AB=AD$，$\angle BAE= \angle D=90°$，

$\therefore \angle DAF+ \angle BAF=90°$

$\because AF \perp BE$ $\therefore \angle ABE+ \angle BAF=90°$ $\therefore \angle ABE= \angle DAF$

$\because$ 在△ABE 和△DAF 中

$$\begin{cases} \angle ABE = \angle DAF \\ AB = AD \\ \angle BAE = \angle D \end{cases}$$

$\therefore$ △$ABE \cong$ △DAF（ASA）

$\therefore AF=BE$

（2）$MP=NQ$。理由如下：

如图12，过点 A 作 AF // MP 交 CD 于 F，过点 B 作 BE // NQ 交 AD 于 E，则四边形 $AMPF$、$BNQE$ 都是平行四边形，所以，$MP=AF$，$NQ=BE$，由（1）$AF=BE$，即得

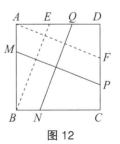

图12

MP=NQ。

分析：从试题制定的答案来看，是想把第一问的结论迁移过来成为第二问的接

力点，如此充分体现了化归的思想方法，但从学生的
解答来看，很多学生没有关注第一问的状况，而是另
起锅灶，把互相垂直的两条线段分别置于全等的直角
三角形中，通过全等去落实证明（如图13）。那么哪
一个是基本思路、自然的思路？从逻辑关联的角度去
思考，答案制定得很好，把两个小问链接在一起，形
成递进式关联，便于学生形成良好的思维序列，从这

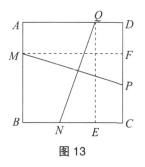

图13

层意义上说，答案的解法应该说是合乎自然的方法，是基于问题发展区的方法；若
从学生的解答来看，另起锅灶者不在少数，说明这个想法也是学生容易想到的。再
往大的范围扩充，这个方法也是基于平移变换而构建的，不过一个是平移"目标
线"，一个是平移"背景图的线"，从而出现了不同的基本范式：平行四边形模型
和全等三角形模型。可见自然的思路并非非此即彼，它们往往融汇于一体，上溯至
道的高度或许就是同"源"之分"流"。

"题2"若把两个子问题视为单个的题目，这两个思路可以说均为自然而然的
思路，但若从两个子问题的关联来看，哪一个思路更能体现自然而然？显然是第一
个，因为通过构造把第二个一般问题化归成了第一个特殊状态的问题，转化思想体
现得淋漓尽致，这种化归迁移力是学生学力的体现。

因此说，所谓"自然生成"的想法其实是基于背景而言的，不可绝对化。此时
的"通法"可能是彼时的"特技"，自然的变得不自然，但境移物换，不自然的或
许成为自然。

四、自然解法的探寻也应因材施教

例：已知关于 x、y 的方程组 $\begin{cases} 2x-y=6 \\ 3x+6y=m-1 \end{cases}$ 的解满足 $x+y=2$，求 m 的值。

对这个给定的题目而言，可用整体意识，两个方程一加，问题旋即化解，但一
般的思路是把 m 视为已知数解二元一次方程组，再瞄准目标求解，一波三折，要
说哪一种方法自然，那么答案当然是解方程组，但一些思维活跃、整体意识强的学
生选择方法一也是很自然的事情，其实解决的也是"一类"问题，只不过这类问题

需要更苛刻的条件，并不是只适用于那"一个"问题之法。

从思维的视角来说，以上两个思路其实体现的是不同的思维层次，有的同学的观察入木三分，有的仅浮于表面，表现在具体的操作上就有了不同的思路，何为自然？在这里似乎难以定夺，因人而异，对此人自然对彼人可能高不可攀，因此，自然就是逼近本质，探得真意。对此题而言，"一加了事"更能凸显题目的本真，而解方程组不过是循规蹈矩，且有迂回之嫌。

结语：

可见，所谓的自然思路是基于现实的，这个现实或许是学生的已有经验与知能储备，或许是学生的惯性思路或熟练技法，或许是特有的问题背景等。但不论如何，我们不能因为"自然"而降低孩子的认知，要基于课标的要求兼顾学生的现实，落实好教学，积淀、积累通性通法，破解应然之法，在不懈的探索中使更多的应然变为实然，以壮大学生的"自然思路"之库。在教学中，尽可能让学生在数学问题的解决过程中享受和体验数学的简洁之美，自然之美，和谐之美，尽可能少用"技巧"舞弄"玄妙"，多用"通俗"演绎"精彩"。[3]

自然之法就是道法，就是滤掉沉渣而呈澄澈的本真之法，是顺其自然、浑然天成的简单之法，就是逼近数学核心知识、核心技能、核心思想的内在规律之法，"道法自然"就是这个道理。

参考文献

[1] 张逢臣，王志进.探索解题方法自然生成的轨迹[J].中学数学教学参考（中旬刊），2015（04）：29-31.

[2] 邢成云.别解见证关联 常规凸显不凡[J].中学数学（初中），2015（02）：92-93.

[3] 李文明."技巧"舞出的是"玄妙""通俗"演绎的是"精彩"——2014年高考福建卷数学压轴题另解与思考[J].中学数学（高中），2015（02）：44-46.

——本文发表于《中学数学》2015年第10期

把准学生认知，选好教学起点
——"正比例函数的图像"[1]案例赏析

作为一个奋斗在教学一线的教师，笔者对教学设计和课堂视频情有独钟，《中学数学教学参考》不断有经典的案例面世，给了我们诸多学习的机会。近来，刊物以初中数学概念课教学为载体，开展了"课例大家评"活动，笔者欣喜之余，悉心捧读，研习设计文本，细听课堂视频，颇有感触，遂成文交流，以期共同进步。

【亮点透视】

追求自然，概念天成

作为具有多重身份的笔者，听过的评优课、观摩课、常态课已难以计数，学生关于函数图像的获得，大都是老师指令下的操作行为，然后就是看图说话，获得一些直感认识，进而理性化。"正比例函数的图像"案例的设计不同，敢于追溯图像的来龙去脉，是讲道理的教学，是逼近学生认知发展区的教学，是着眼于学生发展的教学。学完正比例函数再学其图像对先知先觉者而言似乎天经地义，但初次学习的学生会感觉学它是突兀的、非自然的，强加于学生难以入情入理，背离教育教学的规律，偏离学生的认知轨道，破坏数学的神圣。只有善于顺其脉络地寻到概念形成的根，才能定好概念发生与发展的教学基调，才会更好地把课堂组织成以学生既有智能与积极情感参与求知的场域，使得概念自然成长。笔者感觉本节课最大的亮点就是把准了学生的发展之脉（怎样实现函数解析式向图像的转化），从学生已有的数学现实出发（学生在七年级已经知道了图像可以表示函数，并对"气温随时间的变化图"相对熟悉），定好了新知的固着点（"气温随时间的变化图"），打通了新知与旧知的横隔（执果索因，反观与回溯"模特"是怎样画出来的——时刻与对应气温构成的数对描出的无数个点的密集），顺乎自然、循性发展（类比归纳，实现迁移），整个教学环环相扣，顺应了学生的已有认知，构建起富有弹力的知识体系。

细化过程，慢中求实

整个过程充盈着学生的多维活动（读书自学、尝试画图、议一议、做一做、讨论交流等），属于慢的基调，但这种慢是一种外在状态，它不是为慢而慢，更不是消极怠工，而是为了生成"快"的效果而采取的"缓存"策略，是为了更好地快，是"快"的前奏，是为通透核心知识，使之沉淀于脑，铭记于心而蓄能蓄势，是基于学生学会、提升学力的慢。布鲁纳说："学习不但应该把我们带往某处，而且还应该让我们日后的继续前进时更为容易。"因此，关注学生的发展性至关重要，现在的缓推慢进是为日后其他函数的学习积累跃进的套路与经验。

作为统领性的一节内容，委实需要做实做透，以便形成富有强迁移力的结构体系，这种慢中求实的过程细化主要体现在两个关键环节：

一是函数图像概念的获得。函数的图像的获得是通过营造契合学生认识起点的问题情景，追溯其源，不惜笔墨，从搜索"气温随时间的变化图"开始，反扣函数定义，在个性认识的交流中，把函数与图像对接，形成基本经验，达成共识——可以通过图像的形式把函数表达出来，为后续正比例函数的图像的探索埋下伏笔，成为新知学习的固着点。

然后在面对正比例函数图像的探索过程中，由已有的图像追溯这样的图形是如何形成的，这种穷理溯源的探索是数学特色的体现，学生在寻寻觅觅中获得了图像的来路，通过分组交流与公众展示，把如何画出函数的图像的基本步骤落定，然后把这一方法迁移到正比例函数图像的探索中去，以"活动1"和"活动2"两个活动为载体，通过学生自学课本与画图的实践活动，沿着从特殊到一般的认知轨道，猜想并认证了正比例函数的图像是一条直线。整个过程可以说是"千呼万唤始出来"，在一波三折中把概念做实。

二是浓墨重彩探性质。"一个定义，八项注意"等烧中段式的概念教学仍有市场，如此，看似节省了时间，提高了效益，但由于那样"掐头去尾"的剥离，使得该沉着下来的东西飘浮，学生没能悟透概念的本质，周旋于概念的外围，难以触及问题的内核，是得不偿失之举。"正比例函数的图像"案例设计在探索性质环节不遗余力，引导学生展开两次大的探究活动，探究1中，学生历经课本83页的"做一做（2）"，84页的"议一议（1）""议一议（2）""议一议（3）"等活动，在交流碰撞中，明确"函数图像的点都适合函数解析式""符合解析式的所有点都在对应的函数图像上"，它们形成"一一对应"的关系，从而丰富了对正比例函数图像的认识，可以说是对概念的"精致"。探究2，在学生完成课本84页"做一做"的基础上，与例1获得的图像放置在同一坐标系内，形成比对，启动"议一议"，把问题提出来：在上述函数中，随 x 值的增大，y 的值分别如何变化？在交流中辅以

阅读教材,把正比例函数的增减变化规律揭示出来;再通过课本84页的"想一想",在学生的观察、比较中,把增减规律向前迈进一步:|R|越大,直线越陡,相应的函数值增减得越快。两个探究活动,层级递进,把个正比例函数的性质探了个清清楚楚。

本设计的细化过程并没淡化结果,相反,过程与结果的并重体现充分,这从课堂上老师的板书以及投影片上打出的"我们的获得"即可见证。拉长过程,细化过程是为了通透知识与技能,是为了更好地体悟概念以及其所蕴含的思想方法等,关注结果是为了课堂的实效,而不是为过程而过程,虚空高蹈,吕老师在本节课拿捏得较为得当。

亦庄亦谐,和而生识

诙谐的教学语言能给课堂增色,能让学生在捧腹开怀的同时获得知识,增进体验,知情促成意行。吕老师通俗化的教学语言拉近了师生之间的距离,这是无形的精神财富,能激发学生学习的积极意向。

如画人物还得有"模特",函数$y=2x$到底"长什么样","神秘"的函数图像等,这些课堂语言诙谐又不失科学性,使得本来严肃的数学课堂活泼灵动起来,诸如此类的和谐,会催生学生的智慧,使教师从单纯地关注"知识"的教学为重视"心智"的教学,是一种关注"树梢"的教学转向关注"树根"之教育理念的践行。

【几点商榷】

正比例函数是直线的教学似乎理由不足。纵然学生是基于比例系数为正、负来画的,但毕竟仍是特例,仍然没有摆脱直觉认识的藩篱,还是沿着"画图—猜测—集体认同"的方式展开的教学。笔者认为起点的选择可从几何的角度,直接借用角的平分线的性质定理及逆定理,把图形迁移过来,成为可靠的依据,即$y=x$与$y=-x$,从横、纵坐标的特点而言,一个是横、纵坐标相等,一个是相反,不管哪类都体现了那些点到两条坐标轴所构成的两对对顶角两边的距离相等,因此它们呈现出来的是已经被我们证明了的直线,这一点学生确信无疑,带着这样的认识再去画其他正比例函数的图像,其认识的迁移性就强,笔者认为这种特殊到一般的认识会好一些。

研究函数的套路可否勾勒出来? 因为勾勒出来能为后续的研究积累基本经验,形成策略性的智能套路,如此是基于学生发展性而为的,这种策略性知识的教学,是见木见林的整体意识的体现。"正比例函数的图像"案例设计也设计了拓展性画图（画函数 $y=-2x+1$）的深度思考，但重心仅落在画图与看图上，是对由函数式向图像转化以及直感观察到理性性质的经验积累，并且，在实际的课堂上，仅作为一个问题提出来让学生集体回答"能与不能"，给人一个噱头的感觉。作为正比例函数的终结课，后续一次函数、二次函数、反比例函数的研究套路前后一致，所以正比例函数的研究理应担负着基本套路的建构重任，通过本部分的教学积累起可供迁移的经验，这种整体化设计才能更好地落实"逻辑连贯、前后一致"的构想，才能更好地体现策略性知识的教育价值。

在课堂视频中，课堂小结似乎是一个形式。一个个"是与不是"或"能与不能"的回答，仅是形式性的简单回应，没有实质性的意义，并且在文本中没设计小结的环节，而是通过一个"拓展延伸"提出了课堂上小结环节的"问题3"："如果给你一个函数 $y=-2x+1$，你能尝试画它的图像吗？"吕老师通过全体学生的有底气的回答——"能"，就断言作结"这就掌握了"，笔者不敢苟同。总而观之，课堂小结存在着可优化的空间。

另外一点，笔者认为，"正比例函数的图像"一课从课题外在来看，像是概念课，若从其内在的教学内容来说，本节不算什么概念课，它仅是以概念的获得为载体，探研如何把解析式转化为图像，然后观察图像并结合解析式探究函数的性质。当然这不是本节课的作者所能定位的。我们一起反观一下作者对本节课重点、难点的定位：

重点——画正比例函数的图像，依据图像读取其性质。

难点——正确理解正比例函数图像的概念，领悟图像的本质。

的确，本节课的难点是正确理解正比例函数图像的概念，这是本节课的关键之所在，是破解本节课的"结"，这个结一旦打开，后续的研究就相对顺畅，但这不是本节的重点，重点在于画图、观图、读出性质，吕老师的定位是非常准确的，可见吕老师对教材解读的深刻、把握的精当。从教学重难点的确立可见，把本节课定位概念课有偏颇之嫌，最起码是非典型的概念课。一己之言，交流为盼。

写在最后：

数学是一个融知识、技能、方法、思想、理性精神为一体的整体，数学的教学自然也是基于这种内在关联的整体教学，整体的张力才会形成强有力的迁移，长此以往，学生学习的预见性与主动性就会增强，发现问题和提出问题的意识可得以涵养，学力与思维力就会得到真正的提升。如此，才能更好地落实"立德树人"的育人目标，才能真正提高学生的核心素养。诚如严仕健、张奠宙等所言："从数学的发展历程看，数学基础知识和基本技能应包括问题是怎样提出的、概念是如何形成的、结论是怎样探索和猜测到的以及证明的思路和计算的想法是怎样形成的；而且在有了结论之后，还应该理解结论的作用和意义。"[2] 以上的论断在吕老师的课堂上得到了较好的诠释，但要知道"课堂，永远是遗憾的艺术"，本设计同样存在着可进一步改进的空间。

参考文献：

[1] 吕学江.正比例函数的图像[J].中学数学教学参考, 2016(14)：20-22.

[2] 严仕健, 张奠宙, 王尚志.《普通高中数学课程标准》解读[M].南京: 江苏教育出版社, 2004: 11.

——本文发表于《中学数学教学参考》2016年第八期

复习之路何去何从？
——兼评四则复习课例

复习课是个古老而又新鲜的课题，说它古老，是因为这个课题已长期存在，说它新鲜，是因为这个课题至今在探索中，难以定论。复习课这首老歌委实不好唱，没有现成教材的支撑，没有课标的具体定位，复习的内容不再新鲜，学生面对时的激情难再，弄不好就成了新课的浓缩版。基于如此境况，才给了教师自主发挥的空间和创新的余地，才需要我们一线教师对复习的教学内容进行自主研发，筛选定调，也就有了复习课的多姿多彩。

以下思考是笔者对复习课的点滴想法和做法，兼有对《中学数学教学参考》刊物中四则课例的研读与思考，不当之处，恳请指正。

一、精选题目，以一当十，题尽所能

用心体会"精选题目充分利用题目的'营养'价值"在数学教学与复习中的重要作用，从而解放思想，勇敢大胆地摒弃"题海战术"。而要使学生跳出题海，老师就必须首先跳入题海，探骊取珠。基于此，每节课每个专题，支撑起复习重任的每一道题目，都需要教者的反复遴选，筛出最精当的题目或问题，利用其生长功能、衍化功能等，使之担负起复习大任，撑起复习的一片天。

四则课例集中体现了这一点，都在题目的选择上下足了功夫。要么一题（图）贯之，统摄而下，登高"望远"（综合性、发展性）；要么自洽内衔，彼此依托，顺利转场；要么一条主线，内生而长，基于学情，凸显重点核心、盲点疑点。

课例一 "一次函数：从图像中获取信息" [1] 的题目设置中，例1的两个小题形成一个对比题组，除了引导学生读懂横轴、纵轴含义外，还注意了"行驶的路程"与"离家的距离"的比对，这两个量容易混淆，尤其是在图像中学生受直觉左右容易误读，本例抓住了这一误区，摆出来以示强化，以引起学生的深度思考，例2虽只是一个选择题，但本质上也体现了"前 t 个月"和"第 t 个月"的比对，凸显"变化率"与"变化量"的不同，同时把定性分析与定量分析（借力几何方法）结合起来，让学生感受到图形、图像的内在关联；巩固练习则反其道而行之，展示了图像，让学生描述运动的过程，形成与"例1知道运动过程选择图像"的自洽，并且这个"反"中有变化，y 轴表示的是速度，而不是距离或路程，再一次形成比对，问题设计值得点赞；例3是本节课的核心，是思维爬坡的综合题目，通过填空引领读图，步步深入，把前面共同学习获得的读取信息的经验用之于综合题，在开放的教学中凝聚核心，尤其是问题（2）的教学，注意引导学生借助线段图示使用列算式或用方程之法，更加直观，如此使然，让学生在多样化的方法中体悟一次函数与一次方程的内在联系，这些方法、经验在问题3中得以再现，让我们看到了教学的效果。总之，从例1到例3以及课外作业看似分离，实则形成了一个以"读图、识图、用图、画图"的统一体，其中融入了一次函数核心的"四基"，在教学过程中学生的"四能"得以淬炼，值得提倡，这样整节课目的明确、重点突出，只可惜课堂实践中的时间没有把握好，影响了整体效果。

课例一自洽内衔式的题目，其实就是对比性强或补遗性强的题组，笔者善用题组，也曾多次撰文。这个方法需要执教者透视学情，摸清现实，瞄准学生盲点，击中学生软肋，通过筛选、重组与改编等手段，有针对性地进行设置。这一举措的基本定位是通过层层推进、有机关联的题目，把核心的知识技能、方法思想等融于其中，凝聚成一个有机的整体系统链，彰显互补之结构合力，使得题尽其能，聚拢零散于各年级教材中的相关知识技能，以练促思，唤醒记忆，增进关联。对此已有较多的阐释，不再赘述。

课例二"一图一课之二次函数"[2]，是笔者早已用之的方法，也是近来较为流行的一种复习方式，其基本思路是选择一个具有生长功能，又能承载起复习重点的图形，以开放为基调，唤醒学生认知，激活已有经验，激发学生参与，产生"破冰"效应，然后通过不断添枝加叶，衍生问题，步步向上，层层推进，最终成为一道具有高落点的思维攀缘题，"低起高落""富有挑战"是其突出的特点。恰如笛卡尔之言："从最简单、最易懂的对象开始，依照先后次序，一步步达到更为复杂的对象。"执教者从自身携带了部分信息的一图（已知顶点的抛物线）出发，为学生的发散思维搭建平台，引导学生广泛联想，把二次函数的基本脉络梳理出来，不仅有利于"弄清家底"（a、b、c、$\triangle$ 的符号；开口、顶点、对称轴；最值、增减性等），形成稳固的知识基地，而且有助于理解与记忆、便于提取与应用。然后教师适时嵌入有关元素或信息，不断添枝加叶（点、直线、三角形），进一步丰富图形的内涵，使之与数学的核心知能联袂，形成新的组合、产生新的张力，能挖掘出更多、更有价值的数学（以点的坐标为基的线段长度、三角形周长、面积以及最值等），以此为载体，揭示出数形结合、数学建模、转化等数学思想。

一个图形（或题目），就像一棵树，这棵树只有根深（有内涵）才能负荷起枝叶的蓬勃，枝丫的壮大，才能源源不断地输送给每一部分以能源，才会产生好的复习效果。

课例三"'图形的相似'单元复习课（第1课时）"[3]，虽然做了些前期的工作，但核心的问题其实就一组，以一道前期学习中学生普遍感到理解困难的题目（含三个60°的等角）为核心，推至特殊（含三个90°的等角），进至一般（任意三个等角），共同展现变化中的不变，突出其本质，通过学习挖掘这一模型，积淀下基本的活动经验，使之成为相似形应用的重要工具，然后就是这一模型的价值之用，"识模—建模—用模（正、反用）"这条主线一脉而下，把整堂课贯通，使得曾经的难题不再，增强了学生的成就感。

另外需要说明的是，课例3在课堂挑战环节，把平时学生易出错的几个问题通过题组集中呈现，在再认中提高学生警惕性，增强其免疫力，起到了释疑、解疑的复习效果。并且这些问题出自学生平时的作业、练习，有较强的针对性、时效性，是基于学情的策划。这一点也是选题需要重点关注的。

课例四"数学思想方法之数形结合"[4]，则通过内部自洽的三个问题呈现，直线与直线的结合、直线与双曲线的结合、直线与抛物线的结合，以这三类图像结合为载体，共同服务于数与形的结合，形成了具有通联性的一条主线。本课例实际上是一次师生的深度交流，带有讲评与展示的意味，因为三个问题源于课前的导学案，是在老师批阅的基础上基于学情遴选出来的，具有纠正性、典型性的特点，学生通过自己的自主解答有了进一步交流的内容，学生有话可说，参与的热情自然高涨。

总之，复习离不开解题，而解题不是为解而解，它解出的是题目，巩固的是"四基"，训练的是思维，提高的是能力。这才是复习课的原始出发点和最终的归宿。

二、结构求联，整体立意，凝聚思想

教材是按知识块螺旋上升安排的，教学又是把每一个知识块分解为知识单点或知识片段来讲授的，孤立的知识点无法构建出良好的认知结构，也难以内化为学生解决问题的能力。平时学习由于时限，难以形成系统，通过复习需要把这一课补上。复习的功能之一就是把零散的知识版块化、系统化，统整的知识进入了系统中才会有活力，才能前后关联，左右逢源。就如同水滴进入了大海，才不至于干枯，才会在系统中借力结构关联发挥其张力，知识的生命才会真正得以延续。因此，复习时需要执教者树立起系统观下的整体意识，而不是围绕知识点的散状复习，要站在系统高度，用联系与整合的观点统摄知识、把握知识，主动将有关的知识进行必要的拆分、加工与重组、融合，力达融会贯通，如此才能把"四基"盘活，把"四能"涵养。

另外，在复习的过程中还需要以解题为载体凝聚数学思想。思想是融通知能的血脉，融入数学思想的题目运用于课堂，我们的教学才会更加朝气蓬勃、充满生机。用数学思想武装起来的学生，他们解决问题将更具有洞察力和卓识远见。恰如布鲁纳所言，掌握数学思想和方法可以使数学更容易理解和更容易记忆，更重要的是领会数学思想和方法是通向迁移大道的"光明之路"。由于数学思想的存在，才使数学知识不再是孤立的单点，使得数学解题不再是刻板的套路。数学思想将造就学生智慧的大脑，面对中考复习，做好了"思想"的文章，才能引领学生更好地驾驭自己的知能储备，学生思维的发展才不会落空。

四个课例四条路，但它们共同凝聚在系统观下，通过核心题目整体统摄，把复习的核心知识、技能、基本活动经验、基本思想方法巧妙嵌入，形成一条思维链，引领学生在问题的发现、解决过程中整体把握数学的本质、核心。

其中，课例一的"例3"彰显了函数与方程思想、数形结合思想；课例二的"一图一课"的（不规则化规则的割补、化斜为直、化线为点等）化归思想、数形结合思想以及建模思想，从广口的低点开放到高端的思维进阶，数学思想贯通其中；课例四独立研究数形结合，更是力量聚焦，思想通达。可见，每一个课例都注意了数学思想的渗透。

三、凸显主体，开放问题，开放思维

不论怎样的课型，尊重学生在教学过程中的主体地位，应该是课堂教学永恒的主调。基本的知识点、简单的知识梳理可以放给学生来完成，让他们体验到复习的自主之趣和学以致用的成就感，以强化学生对知识的记忆。复习课的效果离不开学生的主动思维，学生主动参与了的学习过程一定印象深刻，此即为"绝知此事要躬行"。

对学生而言，复习不是知识的终点，不是重复与再现，而是一个新的起点，是一次特殊的经历问题并发现问题、解决问题的过程。中考复习提倡开放、自主和创

新。为此，复习教学可通过适度的开放问题激发学生参与，让每个学生都有话可说，这样参与度自然提升。当然，开放的问题还需要开放的教学，这样的开放才是真正的开放。郑毓信教授也多次撰文论及"开放题与开放式教学"。因为只有开放的教学才能使开放题题尽其能，否则会出现开放后的自然封闭，非但起不了开放之用，甚至会走回头路，这样既浪费了时间，又磨灭了情致。

另外，创编问题也不失一条开放之路。中考题对于学生而言，似乎有着一定的神秘性，大家一谈中考题就感觉不简单。为了让学生了解中考题就是稀松平常之题，消除对中考的畏难情绪，我们可采用师生共同编题的活动，与学生一同编题，编出中考题，在亲身经历中，感触中考题的亲近，不是"此曲只应天上有，人间能有几回闻"的高蹈神曲，而是源于我们平民之手的小调。数学教育家威弗赖登塔尔指出，数学知识应由学习者本人去发现或创造，教师的任务是帮助和引导学生进行"再创造"，而不是把现成的知识灌输给学生。复习时，若立足再创造，从"一点、一图、一式"等出发，给平静的复习课投以石子，激起学生的思维涟漪，引导学生通过添加、补充、组合、逆转等手段，不断创编出"新"问题，然后教师再适时点化说明，"这就是某某市、某某年中考题"，自然会给学生带来愉悦，那种积极的情绪会化作向上的力量，推动学生心悦诚服地去复习，义无反顾地去攻坚克难。

课例一，给了学生充分交流的机会，但又不失教师适时的引领与点睛，前半程的课堂组织得有声有色，其中"例2"后的巩固练习是一道开放性问题，开而有度的交流，实现了教学的初衷；"例3"的问题虽然不是开放题，但教学过程颇具开放性，注意了对学生多角度的引领，把方程、函数有机链接。

课例二，低起点开放开场，给了学生见仁见智的机会，后续的补充条件成为一道道新的题目，除了老师不断增补条件外，也不时有教师引领下的学生自主添加，有了学生创编考题的意味，学生的兴趣浓郁，起到了较好的效果，不过其中也有瑕疵，后文将谈到。

课例三，规划了学生对知识、图式的自我梳理和归纳，建构知识网络，这是对学生主体的关注，也一定程度地展现出教学的开放性，但课堂中没有很好体现；特别是对课堂挑战环节的教学，对开放的关注不够，该给学生的尝试机会淡失，执教者形式化浓一些，事先牵引多一些，有意无意关闭了学生思维的大门。

【几点商榷】

首先，案例四的教学目标表达混乱。

　　除了目标三维分立外，教师对三维的表达也有失偏颇，如情感、态度、价值观的表达，"在应用数形结合思想解题的过程中"，这显然是过程的表达，其实三维需要融合，如此表达只能混乱，因为过程、方法需要知识技能的依托，情感态度需要过程中的体验，它们彼此相谐，融为一体，不可分割，割开就难以完整地表达。关于这一点，章建跃博士不止一次地撰文呼吁调适，但现实仍不容乐观。

　　其次，从教学实录来看，小结均显仓促。

　　课堂小结基本是老师自说自结，当然原因可能是时间不足所致。因为少了有质量的小结，学生的认识完整性就会受到影响，整节课的质量就会打折扣。四则课例一般都给了小结一分钟左右的时间（课例二稍长，但已经严重超时），显得"吝啬"了点，给人虎头蛇尾之感，开头倾注了大量的心血，"闪亮登场"，而到了终场草草而结，实为遗憾。

　　课例一，课例三小结无特色，基本是走了个过场。

　　课例二，用思维导图的形式小结，设计得很好，可惜的是没有时间的支撑，只能一键展示，成了教师的一言堂，其实，整个板书基本上把这一结构揭示出来了，稍加引导点化就可以成为小结，即可节省时间又不用另起锅灶，一箭双雕。

　　课例四仅是寥寥几言就结课了，缺少归纳与提升。教师可通过反观三个问题后追问，让学生感知以形助数、以数助形的优越性，把体验延伸至课外，以增进学生对数形结合直观之美、简单之美的价值感，进而潜移默化应用到自己的解题中，思想的血脉才能润泽学生的智慧。

　　纵观四则课例，笔者认为它们的后半场均有待优化。前半场除了课例三，其他三则课例都组织得较好，但到了后半场，时间显得不够用，处理起来就打了折扣，尤其是小结，分配的时间已寥寥无几，并且课例二、三都在超时的状态下完成，值得再斟酌。

　　最后，课例二预设与生成关系的拿捏有待优化。

　　课例二，面对只有一个顶点求抛物线解析式时，既然一名学生说可以，为什么不让这名学生说完呢？执教者反复地问学生："可以吗？"很显然执教者的意图是想把自己的想法实现，也就是践行预设，把学生拉到自己的轨道上来，但从课堂来看，部分学生似乎不敢做出判断，说明这个问题不是一个两个同学有疑惑，既然如此，换人意义何在？那名说可以的同学是不是被冷置一旁了？其实那名说可以的同学就是教学契机，让她说下去，当她不能自圆其说或者说不能为之时，她自己会醒悟的，这样不但可以让这位同学明白了只知道顶点不能确定一条抛物线的道理，还会警示其他同学。这是多么好的一个现场性"情境"！既然条件不足，就需要补充条件去完成，不用老师直说白道，学生早已心领神会。我们反观那位同学的发言，设出顶点式后，她说再代入一个点，这不就是思路吗？可见，她已经把问题解决了，只是她不知道，还需要"另外"一个条件（学生的潜意识中可能是把顶点又作为一个代入点了）。

求△ABC 的面积时，最简单的方法是发现△ABC 是一个直角三角形，直接利用两个直角边的积的一半就可以，简单易行，但执教者为了展现本题方法的多样性，为自己的预设服务，不惜代价，广泛求索多种形式的割补方法，有点给人"为赋新词强说愁"的感觉。其中一名同学虽然方法笨拙，历经坎坷，但体现了三角形面积最基本的求法，老师在评价这一方法"太麻烦"的同时，并未意识到这一通法的重要性。即使为了强化割补法求面积的方法，但也不应该不把这一通法纳入，毕竟对这个题目而言，通法最简单，因为这是个特殊的三角形——以∠C 为直角的直角三角形，两条直角边口算即可完成。因此，若为了凸显割补法的重要性，可让△ABC 一般化，如此设置，基本方法就不是最简的了，有效避开了特殊的干扰，效果就不同了。

四、课例三有过度模型化之嫌

"一线三等角"很是叫响，实际上把这个模型摆出来，无助于学生思维的发展，本来简简单单的两个等角的寻找，何必弄一个模型出来？只要搞清这些题目之间的共性就够了。

课例三的例题、"变式1""变式2"其实就是特殊到一般的认识，执教者先行反复的演示（用几何画板）、强调、引领意义何在？其实把这三个题目编成一个题组，可先给学生尝试，学生在尝试过程中会感悟到它们之间的关联，这比老师强化模型要好得多，若学生不能发现这三个题目之间的关系教师再引导不迟，若学生能自己发现，何苦老师越俎代庖？置于从特殊到一般的变化，估计学生也能发现，若不能，可通过老师的追问，引导学生观察，这种"有意识"之为足以让学生深度思考，从特殊到一般的过程中变中的不变就会显现出来，问题的本质将得以揭示。

模型思想是数学的重要思想，数学建模也是数学的核心词，但我们不能让模型泛化，纵然面对中考，一旦模型泛滥，学生势必将被机械记忆缠绕，不堪重负，这是不好的导向，往往会强化定式，无益于学生思维的良性发展。

另外，这一课例的整堂课屏幕与师生活动经常性不同步，声音、画面不清晰，给人凌乱、无序之感，当然这些可能是受客观条件的限制造成的。

五、课例四之思想方法呈现顺序

这个课题应该是一节课下来后的"水到渠成"，直接开篇就是这一思想方法的学习，那学生的思路是不是就囿于这个思想方法，我们知道所谓的数学思想应该内蕴于问题解决的过程中，属缄默性知识，更多地表现为意会而难以言传。它的心领神会需要的是"润物无声"，而不是"疾风暴雨"。

课例四，执教者开门见山，说今天要研究数形结合思想，未免太直白了，笔者认为，通过三个问题的逐步解决，最后通过追问的形式引起学生的回顾、思考，让这一思想"瓜熟蒂落"更合适。

本节是在初中学段三类函数完成后的一次梳理，意欲通过对这三类函数的集中研究把数形结合思想显化出来，揭示出来，以利于后续的应用，让学生在三个问题的解决过程中领悟数形结合的魅力与神奇，这种体悟来自学生自己，而不是执教者的先行告知和"替代"之悟。

为了彰显数形结合的作用，"问题2"的变式可隐去"请你画出示意图并找到答案"，这样，过于直露，数形结合的魅力也就降低了，若去掉这句话，看学生能否主动地画图写答案，这既是对成果的检测，也是对学生的督促。

参考文献：

[1] 孙守超.一次函数：从图像中获取信息[J].中学数学教学参考.2017(03)：24-27.

[2] 陈世文.一图一课之二次函数[J].中学数学教学参考.2017(03)：27-29.

[3] 陈军晓."图形的相似"单元复习课(第1课时)[J].中学数学教学参考，2017(03)：29-31.

[4] 叶媛媛.数学思想方法之数形结合[J].中学数学教学参考.2017(03)：31-33.

——本文发表于《中学数学教学参考》2017年第四期

微课共欣赏，设计相与析
——微课视频《利用全等三角形测距离问题》[1] 点评

笔者拜读了《利用全等三角形测距离》的微课文本并仔细观看了其微课视频，很是受益，深切地感受到这个微课微而不小，小设计中见大格局，小问题中见大思想，以下从欣赏和商榷两个视角做一评点。

一、欣赏视角
（一）源于生活，贴近学生

史宁中在《数学基本思想18讲》一书中有两段精辟论述："数学教学的最终目标，是要让学习者会用数学的眼光观察现实世界，会用数学的思维思考现实世界，会用数学的语言表达现实世界。而数学的眼光就是抽象，数学的思维就是推理，数学的语言就是模型。""在数学研究和学习的过程中，抽象、推理、模型这三者之间常常是你中有我，我中有你。"本节小微课可以说是对以上论断的阐释和具体表征。"小小荷塘"成为研究的载体，这本身就是用数学的眼光看世界，从中抽象出线段模型并构想出测量方案，然后用图形语言和符号语言去表征，这就是模型思想的展现，而后通过说明缘由或者方案的合理性，用的就是逻辑推理这一数学思维。可见，抽象、推理、模型嵌入一个现实问题中，让笔者见到了"你中有我、我中有你"的真实版，如此的设置指向了数学学科所承载的"核心素养"。以此贴近学生又颇具挑战性的实际问题，拉近了数学与生活的距离，便于激发学生用数学的意识，冰冷的几何活泼起来。

（二）全等变换，和声共美

基于构造全等三角形的基本方向，设想出了从"方法1"到"方法2""方法3"的具体方案，它们依次展现了旋转、平移与轴对称等全等变换，让转化思想有了可倚靠的"器"，这三个基本思路凝聚成全等变换的体系，全程展现出了全等变换的魅力，形成了转化手段的自洽，可谓一次和声共美的几何变换之旅。进一步思考的话，不难发现，"方法1"与"方法3"均是基于对称观的，一个构造中心对称，一个构造轴对称，二者联袂，统摄对称，不啻一种美中寻真的历程。

另外，"和声共美"还体现在方案预设下全等的判定方法上，要证得对应边相等，可用 SAS，可也用 ASA（AAS）去探索全等，三个方案体现出了两条路径的统一。

总之，整个微课，处处可见转化的印迹，数学的思想充盈，数学的本质凸显，变换之美、自洽之美充盈其中。

二、商榷视角

（一）环节 1 有噱头之嫌

环节 1 在微课的文本简案中没有见到具体的设计，原以为在微课视频中会有所体现，没想到期待终究还是期待，环节 1 在微课视频中只是一晃而过，看不清、道不明，有点形式主义，那这个环节值得质疑。李玲玲老师可能是为了展现微课设计的完整性而设，由于这不是重点便草草而过，但既然预设了这一环节，纵然它不是本微课的重点所在，也不应该成为匆匆的过场。或者可以干脆不设这一环节，直接开门见山，朝向问题情境。

（二）方法从哪里来

整节微课比较流畅，笔者在欣赏之余顿生疑惑，这些方案是怎么来的？如何想出来的？其实本节课的难点就是如何想到这些方案，至于方案呈现出来了的理由阐释是重点但并不算难事。李老师定位的难点是"利用给定的条件构造全等三角形"，其背后就是方案的获得。但整个微课"见其然——其所以然"，但不见"何由以知其所以然"，说直白了还是结果性教学。这些方法都是结果性的，都是基于某人告诉的，只是借用学生小 U、小 Q 的嘴把方案之迷揭开的，而为什么这样想、如何想到的，在设计和微课中都没有丝毫体现，而这又恰是想不到方案的人最想知道的，进而言之，这就是本节课如何突破难点的问题，可其在本微课中淡出了，而这恰恰是本次核心素养指向的"重难点突破"创新教学微课示例及点评设计的价值定位。

（三）开放的是否仅仅是问题

本节微课通过一个方案开放的问题切入，为思路的多元营造出了探索的氛围，几个方法的呈现体现了这一点，这是开放带来的收获。但笔者感到惋惜的是课堂的开放不足，主要表现在每一个方案的得出给人突如其来的感觉，缺乏追问的跟进，没有打开学生思路的"天窗"。如何想到这个思路的？好的念头如何出现的？这些"想"的印迹微课中见不到，只见到了成型的物化方案。陈省身先生认为"数学是教思考的"，开放的问题需要开放的思维，如此才能确保开放的真实，才让开放有意义、有价值，若开而不放，让"开放"成为标签而走向封闭，那样带来的往往是"赔了夫人又折兵"的尴尬。

参考文献：

[1] 李玲玲.利用三角形全等测距离[J].中学数学教学参考，2019（08）：27-28.